送教下乡培训的理论与实践

朱福荣 ◎ 主编
黄吉元 贺晓霞 杨旭 ◎ 副主编

西南师范大学出版社
国家一级出版社 全国百佳图书出版单位

图书在版编目(CIP)数据

送教下乡培训的理论与实践 / 朱福荣主编. -- 重庆：西南师范大学出版社，2016.10(2021.10重印)
ISBN 978-7-5621-8291-7

Ⅰ. ①送… Ⅱ. ①朱… Ⅲ. ①中小学－乡村教育－师资培训－研究 Ⅳ. ①G635.12

中国版本图书馆CIP数据核字(2016)第250511号

送教下乡培训的理论与实践

朱福荣　主编
黄吉元　贺晓霞　杨　旭　副主编

责任编辑：符华婷
装帧设计：立翔设计·汤立
排　　版：夏洁
出版发行：西南师范大学出版社
　　　　　网址:http://www.xscbs.com
　　　　　地址:重庆市北碚区
　　　　　邮编:400715
印　　刷：重庆荟文印务有限公司
幅面尺寸：180mm×230mm
印　张：18
字　数：300千字
版　次：2016年10月　第1版
印　次：2021年10月　第3次印刷
书　号：ISBN 978-7-5621-8291-7
定　价：55.00元

序言

一口气读完书稿。"北碚味"的送教下乡培训,跃然纸上,活色生香,直呼开卷有益,其益有三:

一抓眼球,有用处。

二入脑子,有价值。

三开情怀,有精神。

用处在哪?

您是老师,建议在书中翻翻例子。书中案例超过一半的篇幅,或整篇、或片段,诊课、观课、研课、磨课,问题解决、行动研究,观念如何更新、教法如何创新、学法如何导新,既可拿来便用,更可活用出新。

您是教研组长,建议在书中找找法子。教研组是一线战壕,要的是带好兵打好仗的法子。一条路:聚焦问题—查阅文献—交流讨论—教学设计—上课观课—研讨改进—反思跟进。两抓手:团队能力提升,同课异构,异课同构;个性问题解决,三步磨课,初建定点,再建改组,重建优化。

您是校园长,建议在书中理理路子。校本研修,如何做真做实做优?一要建体,建立学习共同体。体落何处?基于自律自治,基于专业学习,基于同质异构,基于虚拟社区。二要重组,以教研组为基础,组建专题组、年级组;以联片教研组为基础,连接教师工作坊、名师工作室。三要转型,从单打独斗到共研共进,从日常事务到聚焦问题,从经验判断到课堂实证。四要探路,针对校小人少,跨校结对,主客轮换,主题辩课,成果汇聚。五要常态,研训一体的模式,工学一体的机制。

您是培训团队成员,建议在书中学学样子。搭好架子是基础,知内涵,明设计,走四步,建体系,实评价。迈好步子是重点。走实三段,做细四环,每环三清:为什么?懂价值。怎么做?学经验。如何做?研案例。第一环,诊断要准,内容看四标,方式用三法;示范要优,优设计,优教学,优反思。第二环,研课重团队,研有效教学策略,学有效研课方式;磨课助个体,优化磨课流程,整合经验文献,定位专家作用。第三环,成果展示提信心,"三课"看进步,"三微"看发展。第四环,总结提升促常态,创模式,建资源,可持续,重辐射。

价值在哪?

破解"送教"难题。曾经的"送教下乡",乡村教师说高不可攀,"不是我要的课";一送了之,"不能变成我的课。"接地不接气。北碚送培团队创新模式,对症下药,诊断需求在先,紧贴需求示范在后,同课异构研课接上,磨课改进了自己的课。这样一改,老师很受用,"我知道怎么做了,我明白为什么这样做,我也能做到。"

聚焦"成长核心"。佐藤学有一个根本性的追问:"什么才是对教师的成长最为重要的?"他听了一万多节课后,才发现"从课堂事件中学习是影响教师成长的决定性因素"。如何学习?又是如何决定的?书中做出了这样的回答:"在研课过程中,教研组教师全员参与,进行思维碰撞,发现教学中存在的共性问题,并聚焦为研究主题,找准研课的点;查阅文献资料,分享自己的教学方法,提炼解决问题的不同策略;再设计不同的课例验证策略,又或是通过同课异构来归纳教学策略。"诊断课、示范课、研课、磨课、展课,怎一个课字了得? 课是学和教复杂的情境和现场,教师在经历"碰撞—发现—聚焦—找准—查阅—分享—提炼—验证—归纳"等行动中认知后,又经历"处方式"解决问题的实践性知识形成过程,所以书里书外一直在讲述着教师课堂成长的案例故事。

助力"常态机制"。教师素质是在学校常态工作中养成的。在三段四环有效实践中常态初具,"诊断问题—设计方案—送培行动—反思总结—再发现问题",构建了常态教研路径;备课上课与研课磨课结合形成了工学一体的常态研修机制;以课例为载体的"行动教育"与"以问题为导引"的"行动研究"优势互补,夯实了研训一体的常态研修模式;以乡村学校为"结点",建立多元研修组织,强调校内校外多元经验分享,架设了常态研修网络;成果展示提振信心与总结提升螺旋推进,激发了教师自主常态研修的意愿。

精神在哪?

服务精神。为谁服务?以教师学习为中心。全程彰显重心下移、一线情怀、实践取向。说大的,诊断,急老师之所需;示范,给老师之所想;研磨,解老师之所困。说小的,设计问卷调查,"一是用语准确,如果题干用词不当,容易给老师造成心理偏差。二是用语亲切,要以一种和老师平等对话的语气来设计问卷。三是用语通俗,少用专业术语和华丽辞藻,要用明白浅显的语言表述。"用心细微,服务到位。

工匠精神。神在精细。送教下乡培训,精才能下得准,细才能下得实。为什么,做什么,如何做,怎么做,事无巨细,应有尽有,堪称"送教下乡培训"的小百科全书,拿来便可用,极具操作性。如教学内容诊断共有13条标准,课堂观察量表例案就有四份,学科诊断报告细说五个要素,其中概述有八个要点,每个要素下均有例证。又如一节语文示范课,示范点在"怎样使句子生动具体",示范老师一定、二引、三问、四导、五结,给听课老师精细示范。再如研课走"七步",用"三式",落"四定"。这样的精,老师才能获取真知,这样的细,老师才能得到实惠。

专业精神。常听一线老师说:"要我们专业化,你们做培训的专业吗?"北碚送培团队在本书字里行间留下了追求专业精神的真实足迹。一是"浇根型"的专业理念:根植专业情意、人文情怀、科学文化、教育思想,帮助老师先为人师,再做经师。二是

"三合一"的专业角色定位:老师唱戏我搭台,当好引导者、点拨者和提炼者。三是"实践性"的专业知识:研修目标,培育生本意识,习得实践性知识。研修角色,"和老师一起设计观课量表";研修内容,"关注教法转向关注学生";研修方式,互动式、参与式、实践式;研修评价,"为改进而评价";"与其说是上课的优劣、提问的技巧和教材的钻研,不如说是基于课堂的事实,讨论学生在何处是顺利的、何处有障碍。"四是"反思性"的专业技能:聚焦老师的核心实践——课程的创造与学习的设计,立足"经验改组,行为改善",运用诊断技能,揭示原初经验,运用示范技能,植入优质经验,运用研课技能,汇聚同伴经验,运用磨课技能,改组自身经验,着力培养老师以"反思""判断"为支撑的专业智慧。

三更读书香,夜未央,为专业的人做专业的事,路还长。感恩朱福荣院长带领的专业团队,让我"美餐"一顿。祝福在明天太阳升起的时候,和北碚送培团队一起走在乡村学校的小路上……

先睹为快者 宋冬生

2016年10月30日曙光初露时

宋冬生 安徽省人文社科研究基地合肥师范学院教师教育研究中心常务副主任
　　　　 教育部"国培计划改革实施方案研究"课题组组长
　　　　 教育部《教师教育培训课程标准》综合组副组长

目录 CONTENTS

绪 论 ··· 1
　一、送教下乡培训提出的背景 ··· 1
　二、送教下乡培训目标的定位 ··· 4
　三、送教下乡培训的创新价值 ··· 7
　四、送教下乡培训的意义 ··· 10

第一章 送教下乡培训的内涵 ··· 14

　第一节　送教下乡培训的界定 ··· 14
　　一、送教下乡培训的概念 ··· 14
　　二、送教下乡培训的目标任务 ··· 15
　　三、送教下乡培训的实施流程 ··· 17
　　四、送教下乡培训的职责分工 ··· 21

　第二节　送教下乡培训与其他培训的区别 ··· 22
　　一、送教下乡培训与送教下乡的区别 ·· 22
　　二、送教下乡培训与传统教师培训的区别 ·· 24

　第三节　送教下乡培训的理论基础 ·· 26
　　一、成人学习理论 ··· 26
　　二、建构主义学习理论 ··· 27
　　三、反思学习理论 ··· 29
　　四、社会交往理论 ··· 30
　　五、"场域—惯习"理论 ··· 30

第二章 送教下乡培训的设计 ……………………………………… 32

第一节 送教下乡培训的设计主体 ………………………………… 32
一、省(市)教育行政部门 …………………………………………… 32
二、区(县)教育行政部门 …………………………………………… 34
三、县级教师发展中心〔区(县)教师研训机构〕 …………………… 35
四、送培团队 ………………………………………………………… 38
五、乡村学校 ………………………………………………………… 40
六、乡村教师 ………………………………………………………… 41

第二节 送教下乡培训设计的原则 ………………………………… 42
一、统筹性原则 ……………………………………………………… 42
二、简约性原则 ……………………………………………………… 42
三、阶段性原则 ……………………………………………………… 43
四、主体性原则 ……………………………………………………… 44

第三节 送教下乡培训规划设计 …………………………………… 44
一、规划设计概说 …………………………………………………… 44
二、规划考虑的要素 ………………………………………………… 45
三、规划的注意事项 ………………………………………………… 47
四、规划方案的撰写 ………………………………………………… 49

第四节 学科送教下乡培训方案的设计 …………………………… 59
一、培训主题的确立 ………………………………………………… 59
二、培训课程设计 …………………………………………………… 60
三、培训成果设计 …………………………………………………… 62

第三章 "诊断示范"的实施 …………………………………… 69

第一节 诊断示范的价值 …………………………………… 69
一、诊断的价值 …………………………………………… 70
二、示范的价值 …………………………………………… 71

第二节 诊断的实施 ………………………………………… 73
一、诊断的内容 …………………………………………… 73
二、诊断的方式 …………………………………………… 76
三、学科诊断报告的撰写 ………………………………… 84

第三节 示范的实施 ………………………………………… 90
一、示范的内容 …………………………………………… 90
二、示范的方式 …………………………………………… 95

第四节 案例评析 …………………………………………… 98
一、诊断案例评析 ………………………………………… 98
二、"示范"案例评析 …………………………………… 101

第四章 "研课磨课"的实施 ………………………………… 103

第一节 研课磨课的价值 …………………………………… 103
一、促进教师个体专业成长 ……………………………… 104
二、促进教研群体的建设 ………………………………… 108

第二节 研课的实施 ………………………………………… 109
一、研课的目标指向 ……………………………………… 110
二、研课实施的形式 ……………………………………… 114
三、研课注意事项 ………………………………………… 118

第三节　磨课的实施 ……………………………………………………………119

一、磨课的目标指向 ………………………………………………………………119

二、磨课的实施策略 ………………………………………………………………122

三、磨课的注意事项 ………………………………………………………………130

第四节　案例评析 ………………………………………………………………131

一、研课案例评析 …………………………………………………………………131

二、磨课案例评析 …………………………………………………………………134

第五章　"成果展示"的实施 ……………………………………………141

第一节　成果展示的价值 ………………………………………………………141

一、提振参培教师教学的自信心 …………………………………………………141

二、检验和提升前两个培训环节的成效 …………………………………………143

三、促进参培学校和参培教师间的相互学习与借鉴 ……………………………144

第二节　成果展示的内容和形式 ………………………………………………145

一、三课展示 ………………………………………………………………………145

二、三微展示 ………………………………………………………………………150

第三节　案例评析 ………………………………………………………………155

第六章　"总结提升"的实施 ……………………………………………159

第一节　总结提升的价值 ………………………………………………………159

一、优化送培的项目实施 …………………………………………………………160

二、促进参培学校的发展和提升 …………………………………………………160

三、助推参培教师的后续发展 ……………………………………………………162

第二节 "总结提升"的任务 ··· 162

一、总结送培模式 ·· 163

二、建设培训资源 ·· 163

三、延伸培训内容，辐射培训成效 ······································ 165

第三节 总结提升的形式 ··· 165

一、梳理送培经验 ·· 166

二、反思送培问题 ·· 167

三、明确改进方向 ·· 168

四、生成具有代表性的成果 ·· 168

五、构建校本研修机制 ··· 169

六、制订个人成长发展规划 ·· 170

第四节 案例评析 ·· 174

第七章 乡村教师专业发展支持体系建设 ························· 179

第一节 乡村教师专业发展支持体系建设的价值 ······················ 179

一、提升送教下乡培训效果 ·· 180

二、持续支持乡村教师专业发展 ·· 180

三、改善校本研修机制 ··· 181

四、创建符合乡村教师需要的资源库 ·································· 182

第二节 乡村教师专业发展支持体系建设的内容 ······················ 182

一、支持体系主体建设 ··· 182

二、教育资源建设 ·· 184

三、校本研修制度 ·· 186

第三节　乡村教师专业发展支持体系建设的形式····················188
　一、建立学习共同体··188
　二、培育研修文化··191
　三、建立制度保障··192
　四、开展乡村教师专项培训··192
　五、送教专家延伸指导··194

第四节　乡村教师专业发展支持体系建设案例························195

第八章　送教下乡培训的评价····································199

第一节　送教下乡培训评价的理念····································199
　一、送教下乡培训评价的理论基础··································200
　二、送教下乡培训评价的理念······································201
　三、送教下乡培训评价的原则······································203
　四、送教下乡培训评价的特点······································204

第二节　送教下乡培训评价体系的建构································206
　一、送教下乡培训的评价主体维度··································206
　二、送教下乡培训评价内容维度····································207
　三、送教下乡培训评价方法维度····································210

第三节　送教下乡培训评价的实施····································212
　一、分阶段评价··212
　二、分层次评价··218
　三、回访式跟踪评价··222

第四节　送教下乡培训评价案例评析 ·· 224
一、培训的满意度调查 ·· 224
二、送教下乡培训感言 ·· 228
三、对送教下乡培训的建议 ·· 230

附　录

附录一 ·· 233

附录二 ·· 237

附录三 ·· 243

主要参考文献 ··· 268

后记

绪论

这是一个变革的时代,教育同样如此!这是一个创新的时代,乡村教育尤应如此!这是一个追求教育公平,不断致力于均衡发展的时代,乡村教师亦不能缺席!正是在这样一个教育变革的时间节点上,乡村教师素质提升和专业化发展需要上升到国家的战略意志和思维。

国务院办公厅2015年发布的《乡村教师支持计划(2015—2020年)》(以下简称《乡村教师支持计划》),全面部署了乡村教师队伍建设工作。这是我国深化教育领域综合改革的一项重大战略举措,对缩小城乡师资水平差距、统筹教育资源均衡配置、阻止贫困代际传递具有十分重要的意义。

"送教下乡培训"的实施,从本质上说,是"国培计划"在教师队伍建设上的一次有效转型。由原来的面向全体教师培训转变为面向乡村教师培训,充分体现出重心下移、聚焦乡村教育与乡村教师的特点,很好地体现了送教下乡培训"雪中送炭"的作用。

有效开展送教下乡培训,只有对项目实施的背景、目标定位以及国家从战略层面推进乡村教师发展的重大意义加以厘清和体认,才能使"送教下乡培训"真正走出传统意义的"送教下乡"视域,充分彰显其"教育扶贫"的价值。

一、送教下乡培训提出的背景

"送教下乡"(Agricultural Extension)最早诞生于美国。19世纪末到20世纪初,一场旨在"将从事现代农业的知识与技能传播至田间地头、村户农舍,将旧时代农民改造成为新职业群体"的送教下乡运动在全美兴起。在美国农业现代化发展进程中,送教下乡运动的最重要贡献当属"孕育"现代农民培育体系和"深入乡村、重塑农民"的教育价值。进入20世纪,世界各国开始把这一理念运用于农村教师教育中。

2001年，印度实施"培养本地教师项目"(ShikshaKarmi Project SKF)，以改善拉贾斯坦邦边远地区及社会经济相对落后的村落的初等教育，实现教育的高质量普及。在美国中西部，大部分学区都提供了"新任教师支持计划"，如密歇根州92.8%的农村学区、印第安纳州83.7%的农村学区、俄亥俄州92.1%的农村学区都采用这项计划[①]。农村学校对新任教师的帮助包括简化教案、提供精心安排的进修项目、定期安排听课、加强新任教师与学校其他工作人员的交流。这些举措，不仅能改进教学、发展教师专业能力，也能有助于农村教师克服孤独感，获得专业成就感。

我国是较早将"送教下乡"这一理念和方式运用于农村教师发展的国家之一。2003年，由联合国开发计划署、英国国际发展部和我国政府共同出资的现代化远程培训项目，对包括甘肃、云南、四川在内的我国西部三省九个县最贫困地区的小学教师，特别是女教师、代课教师、少数民族教师等提供培训，旨在通过应用远程教育技术大规模提升我国西部贫困地区的教师质量，自此，"送教下乡"这一概念开始运用于我国的教师教育实践。

（一）现实背景

近年来，在教育均衡发展的政策下，尽管乡村学校的面貌发生了深刻变化，但硬件改善和教师发展不同步的现象更加突出，整体薄弱的状况使得乡村教师专业素质令人担忧。广大乡村，尤其是山区、海岛和西部的乡村教师，普遍存在着教育观念滞后，学历偏低，知识结构单一，知识面狭窄，知识陈旧、老化，教育方法比较落后，新课程适应能力较差，教育创新能力和实践技能不足，收集、处理运用信息的技能较差，综合适应能力弱等问题。随着基础教育新课程的实施、多媒体及网络技术的广泛应用，乡村教师的专业发展问题就显得更为突出。

与城市学校相比，乡村学校更缺的是高素质的教师队伍和如何提高教师的专业水平的举措。今天的乡村教师，他们空的不是"口袋"，而是"脑袋"。许多乡村教师由于外部条件的限制和自身的一些原因，职业自信心不足，自我效能感不强，工作还停留在经验化、模仿化的水平上，研究意识淡薄，研究能力较差，自我发展意识不强，离教师专业化还有较大差距。

---

① 孙德芳.保障农村教师发展的国际经验[J].中国教育学刊，2012(12).

由于缺乏有效的乡村教师发展机制,一些乡村教师从教多年,专业水平不但没有提高,反而呈现弱化和老化的趋势,只增教龄不增水平的现象十分普遍。是什么阻碍了乡村教师的专业成长?如何让乡村教师专业的成长不会成为一潭死水?提升乡村教师专业地位和专业素养,更新教育观念、提高教育教学技能、加快专业成长,已成为乡村教师发展的现实需求。因此,促进乡村教师的专业发展,提升他们的专业素质已成燃眉之急。

(二)发展背景

乡村教师相对于城市教师,所处的教育环境很特殊。存在工作条件比较艰苦、交通不便、信息闭塞、负担重、发展机会少等情况。从乡村教师群体来看,一方面,乡村教师流动性大,教师队伍长期处于不稳定状态;另一方面,乡村师资力量薄弱,学科专任教师数量严重不足;再一方面,在"乡村"这一特殊的语境下,乡村教师往往被定位为"文化弱势者",难以在培训过程中形成参培者与培训者、培训材料之间的"深入对话"。

同时,传统的培训往往是单向的、外控的,很少能满足教师发展的个性需求。在传统的"培训"与"被培训"这对矛盾中,培训者对参培者管理效力较弱,参培者学习自主性难以提升,教师培训机构的作用比较弱化,导致培训设计与实施者对参培者需求把握的不确切,培训信息反馈链没有形成。在乡村教师参与培训主动性总体不强的问题长期得不到改善的背景下,以单向度为特征的培训实效性被不断稀释,日益增加的培训项目反而会被参培教师视为额外负担而排斥。

越来越多的有识之士深刻地认识到,在教师专业发展的历程中,要减少专制性,强调参与性,鼓励和增加学校对教师专业发展的自主性和责任,以形成培训团队、学校和教师互动的学习共同体。同时,教师专业发展不再是一次性的活动,而是强调持续性的跟进与支持,帮助教师将所学运用到课堂实践中,不断改善自己的教学行为。

因此,我们需要一套完整的教师培训体系的建立和一种主体性的教师学习文化的培植,再结合其他各类教师管理手段的综合运用才能突破乡村教师专业发展的困境。

(三)政策背景

乡村教师是教育改革与发展的重要力量,其发展水平直接决定着教育发展的质量,促进乡村教师发展对于推进农村教育发展、提升农村教育质量意义非常重大。为此,《国家中长期教育改革和发展规划纲要(2010-2020年)》中明确提出:"以农村教师为重点,提高中小学教师队伍整体素质"。2015年6月,经过中央深化改革领导小组讨论通过,由国务院办公厅发布的《乡村教师支持计划(2015-2020年)》体现了中央将乡村教师队伍建设机制创新纳入深化改革总体布局,将乡村教师队伍建设摆在了优先发展的重要地位。在党和国家促进城乡基本公共服务均等化、缩小城乡差距、实现教育现代化的背景下,人们普遍认识到乡村教育、乡村教师队伍整体水平仍然是薄弱点。全面提升乡村教师能力素质,关键在于有效的乡村教师培训,尤其是教师主动参与的培训和乡村教师专业发展的支持体系的建立。

2015年,教育部办公厅、财政部办公厅连续出台的《关于做好2015年中小学幼儿园教师国家级培训计划实施工作的通知》《关于"国培计划"——中西部项目和幼师国培项目实施工作若干事宜的通知》《关于改革实施中小学幼儿园教师国家级培训计划的通知》等文件都强调了培训方式变革的要求,并选择了通过送教下乡培训来探索和实现提高乡村教师教学能力,以达到全面提高乡村教育质量的要求。

教育部《送教下乡培训指南》(以下简称《指南》)的发布,标志着变"输血"为"造血"的乡村教师培训已经转型。仔细解读《指南》,我们不难发现:

(1)就培训空间而言,送教下乡培训突破了"培训就是集中起来听讲座"的传统观念,将培训空间拓宽到乡村教师任教学校的教学场域之中。研究表明,教师任教学校在其专业成长过程中具有关键和不可替代的作用,乡村教师任教学校是教师在职培训的主要阵地。

(2)就培训时间而言,送教下乡培训往往根据一定的教学问题,灵活地安排培训时间、确定培训主题和选择培训方式,并围绕这些问题进行知识的、技能的、观念的多元化培训,重视对乡村教师从多角度、多层面进行教学能力的培训。

二、送教下乡培训目标的定位

《乡村教师支持计划》指出:到2020年全面建成小康社会、基本实现教育现代化,薄弱环节和短板在乡村,在中西部老少边穷地区。因此,要搞好送教下乡培训,首先必须把项目的实施放到"全面建成小康社会,基本实现教育现代化"这个大背景下来思考,有效找准乡村教育、乡村学校及乡村教师基于现实需要的发展和成长路径。只有这样,"送教下乡培训"才能真正立足乡村教育环境、着眼乡村教师发展、凸显教育精准扶贫、聚力城乡教育和谐发展,培养既具有乡土特色,又有较强专业素养和技能的乡村教师。

(一)立足乡村真实教育环境

乡村教育不仅是作为以城市为中心的现代教育体系的参照和延伸,而且是现代教育整体框架中的重要组成部分。教育本身与社会环境紧密相连,要准确解读乡村教师的专业发展,离不开具体的教育环境。正如杜威所言:"我们从来不是直接地进行教育,而是间接地通过环境进行教育。"[①]

乡村学校受地理环境、经济发展、文化底蕴以及留守儿童等诸多因素的制约,在教育教学方面与城市学校存在诸多的差异,如果我们在乡村教师培训上,撇开城市和乡村教育的具体环境差异而搞培训模式的"一刀切",势必会造成培训目标方向的偏离,致使乡村教师的培训并不能为乡村教育发展所用,进而背离了国家出台《乡村教师支持计划》的初衷。

因此,送教下乡培训对于乡村教师发展的目标定位,务必要结合乡村教育实际,将乡村教师的培养植根于乡村日常生活环境之中,立足于日常教育教学经验基础之上,在真实的乡村教育教学实践中,促使专业发展历经反复检验、沉思与发展的过程,让乡村教师了解乡村,熟悉乡村,洞悉乡村社会发展的动态、趋势和对教育工作的需求。从这个意义上讲,"送教下乡培训"应以培养适应乡村基础教育发展和改革需要的乡村教师为基本取向,也就是说,既要让乡村教师具备较好的教育教学素养,还要其具有对乡村教育的热爱和眷恋之情。

(二)着眼乡村教师专业发展

城乡教育均衡发展是一个动态的发展过程,因而,作为教育发展最为关键因素的

---

①杜威.民主主义与教育[M].北京:人民教育出版社.2001:38.

教师,对其培训的目标定位也是不断发展的。

乡村教师的培训要为乡村教育、乡村学校的发展服务,以促进乡村教育、乡村学校的发展,这是城乡教育均衡发展的基本目标。但乡村教师之于乡村教育、教学,并不意味着要一辈子留在乡村。随着我国城镇化进程的加快,城乡师资的互动与交流将会更加密切。因此,对于乡村教师专业发展的目标定位,不能简单地将乡村教师的发展囿于乡村,而应基于乡村,放眼于城乡教育均衡发展,以发展的眼光来看待乡村教师的培养和乡村教育的发展。

这样的目标定位,对乡村教师而言,既要具备城市教师的专业素养,又要兼具一定的乡村特色。一方面,必须掌握先进的教育教学理念、娴熟的教育教学技能;另一方面,更要懂得乡村的实际教育和乡村学生的生活与个性,以便将先进的理念、娴熟的技能与之相衔接。

(三)凸显教育精准扶贫价值

《中共中央、国务院关于打赢脱贫攻坚战的决定》,给教育扶贫赋予了"阻断贫困代际传递"的使命,其实现路径被描述为"让贫困家庭子女都能接受公平有质量的教育"。第31个教师节到来之际,习近平总书记在给"国培计划(2014)"北京师范大学贵州研修班参培教师回信中再次强调:"扶贫必扶智。让贫困地区的孩子们接受良好教育,是扶贫开发的重要任务,也是阻断贫困代际传递的重要途径。"

从2016年开始,进入全面建成小康社会决胜阶段的中国,让7000万贫困人口走出贫困,是期许,更是责任。在这一过程中,教育更责无旁贷地成为治本的力量源泉。

《乡村教师支持计划》也特别强调:"发展乡村教育,帮助乡村孩子学习成才,阻止贫困现象代际传递,是功在当代、利在千秋的大事。"该计划更是提出了"以乡村教师发展,促乡村教育质量,助乡村孩子成才"的宏大命题。

孩子成长的关键在于教师,教师成长的关键在于找到科学的方法和路径。"送教下乡培训"就其行为指向来看,强调"服务到学校、送培到课堂、指导到现场、支持到校本、聚焦到个人",让乡村教师"人人有计划、个个有研磨、处处有展示、时时有提高",因此,它是乡村教师"家门口"高质量的培训,具有极强的"精准扶贫"价值。

（四）聚力城乡教育和谐发展

城市与农村相融、质量与特色并重,是城乡教育均衡发展的目标追求。仔细分析内在逻辑,我们发现,"均衡"既是一种手段,又是一种目标,它以城乡教育互动沟通、资源共享、优势互补为手段,以缩小城乡教育差距,实现城乡教育公平为目标。因而,要实现城乡教育均衡发展,我们必须在一种具有结构性的组织下思考城乡两种教育的发展和责任,在一种动态性的体系下思考城乡两种教育的互动与互惠。

送教下乡培训不仅要发挥乡村教师自身的优势和特长,而且城乡之间更需要融会贯通,以保证培训资源利用的最优化。

不以城市为主导支配乡村,不以乡村为衬托点缀城市。送教下乡培训既要充分发挥城市的优质资源,又要将乡村教师固有的优良传统充分挖掘并加以传承、创新和凸显,构建既面向现代化,又不失乡土特色的乡村教师"城乡一体、研训合一"的培养模式,共同促进乡村教师专业素养和专业技能的提升。一方面,"送培团队"要定期深入了解乡村教育环境和乡村学生的特点,以保证对乡村教师的培养符合乡村教育发展的需要;另一方面,乡村学校除了要让乡村教师熟悉、了解乡村教育和学生的特点之外,也要以先进的理念、娴熟的技能来促进乡村教师的成长,使乡村教师的培训既能适应于乡村教学也能适应于城市教学,以契合教育均衡发展的需求。

三、送教下乡培训的创新价值

送教下乡培训的目的和意义在于激活乡村教师,增强自身的"造血"功能。而传统意义上的"培训"往往是光"培"不"训"。"培"注重的是输入,是教育,而"训"才是"培"的目的。对于乡村教师来说,只有把"培"的内容转化为具体的课堂教学行为训练,实现个性化问题的解决,才算是完成了整个培训过程。因此,送教下乡培训的提出与实施,是对教育理论的丰富和培训方式的完善,具有较强的创新价值。

（一）强化价值认同

从"送教下乡"到"送教下乡培训"的变化,表明国家对乡村教师发展的关注在不断地提高,对教师培训的力度在不断地加强。这种变化,标志着我国教师培训由"间断性、零散性"到"持续性、系统性"的转变。这种转变的特质,更多地表现为宽泛的"继续教育"指向更为明确的"专业发展"的转型,因此,它彰显着由"关怀普及"到"追求合适"的价值追求。

1.关怀普及

选择"关怀普及"作为送教下乡培训的基本定位,有着传承思想薪火的意蕴。"关怀普及"是一个有着思想渊源的教育观念,民国时期,陶行知、晏阳初和梁漱溟等大师就一直致力于推动乡村教育和平民教育的普及,"人人学习、人人发展"是他们对教育理性本质的诠释。这些诠释对今天的教师教育而言,仍具有穿越时空的意义和价值。它既可以充分彰显教师的生命内涵和价值,又可以唤醒和激发并保持乡村教师主动发展的内驱力,从而让每一位乡村教师养成对自己专业发展负责的精神和品质。

2.追求合适

追求合适体现为乡村教师发展的内源性。合适的发展必须是自主的发展。培训团队不以任何事先设计好的框架和方案去开展培训,不以培训与被培训的关系来定位彼此之间的关系,不以对象化的培训遮蔽真实教育情境中的教育现象,而是以建构生成的方式与合作者、教师在真实的教育情境中开展合作研修,揭示真实问题、共同改善实践,而乡村教师则要在这种智慧互补、文化融合的合作中逐渐优化和强化自主发展的意识:自我审视、自我批判与扬弃、自我选择与担当,努力通过自己的智慧来解决自己的问题,从而找到"适合"自己的专业发展之路。

(二)追求研训合一

"送教"的目的是"帮教"。既然是"帮",那就不能"越位",不能将"送教"定位在简单的"送课"层面上。要将"送"的过程变成乡村教师发现问题、分析问题、解决问题的过程,变成提高乡村教师素质和课堂教学能力的一体化研修过程。

1.问题导向,在个性化环境中展开

一般而言,城市学校教师具有良好的校本研修环境,其培训需求更多集中在教学"艺"的层面。而乡村教师人数少,其教学缺乏共同研究的氛围,这使其更关注教学"技"的层面,因此,送教下乡培训更关注具体的教学实践问题,适合问题导向式培训。

问题发现的方式:一是在与教师座谈交流中筛选、提炼问题;二是在观课、议课中筛选、提炼问题；三是在教师的反思、改进中筛选、提炼问题。

培训团队要对乡村教师存在的问题进行归纳，并根据不同的问题组建不同的研修共同体或研修工作坊，在实践中诊断并解决问题，从而变"培"为"训"，增强培训的问题解决意识。

2.专业引领，在全程指导中优化

一是"课例式"引领，"送教下乡培训"改变了过去那种"我讲、你听""我问、你说""我提要求、你执行"的讲座模式，要求教师以课例为载体先提出问题，再组织教师们一起研讨，寻找教学问题的原因；二是"点拨式"引领，以教师亟待解决的问题为专题，指导的方式是"问题+案例+分析"；三是"示范式"引领，送培团队根据送培的需要，选择适当课题，现场执教，把先进的理念在课堂中体现出来，然后组织教师研讨，吸纳教师的宝贵意见；四是"跟踪式"引领，指导团队跟班观课，掌握教师基本的教学情况，然后在这位教师自己认真备课的基础上，就某一问题进行集体讨论，促使其反思、改进教案，再进行现场观课、议课。通过送培团队和同科教师的点评、启迪，再让这位教师进行第二次、第三次反思、重构课堂并改进教学。

3.持续跟进，在实践中固化

一是同课异构，同一内容有多种不同的教法，就会出现不同效果，从而为对比分析提供素材；二是对比分析，即对所上的课作对比，分析出教法的优劣；三是重新设计，在教师们对比分析的基础上，去劣存优，形成共识。在共识的基础上进行二次设计，形成最佳教学方案；四是展示交流，将重新设计后的课向同组教师开放，供教师们学习和借鉴，达到固化培训成果，改善教学行为的效果。

(三)凸显校本价值

"送教下乡培训"强调送培学校的主体性。由于"送培"是基于学校自主需求的交流、碰撞、共享，是全面、深度的创造性合作，它既充分体现学校教育的主体地位和发展需求，又直接指向学校教育的主要阵地——课堂，有助于激发学校追求、达成发展愿景。

但是，任何一种培训，其培训毕竟时间有限，怎样保证乡村教师专业发展的持续性？为此，送教下乡培训特别强调"以校为本"研修机制的建立。

一是在培训过程中，要指导好该学科的校本研修，如集体备课方法、同课异构的教研方法、专题研讨的归纳方法等；二是培训后没有彻底解决的问题,应让该校教师们在校本研修中继续研究,以便下次来校后商讨解决；三是把校本研修作为问题的生成与解决的重要媒介,在下一环节送教下乡培训前,从中获得问题、预设方法和必要的准备。

实践证明,送教下乡培训是一项长期和有效的培训模式。作为培训机构,应注意跟踪培训以发挥其长期效应。诊断校本研修、指导校本研修、改进校本研修,要从多方面调查了解教师对所学到的经验在课堂上的落实情况,将"引"和"促"有机结合起来,才能取得最好的效果,同时也有利于下次送教时有针对性地解决具体问题,将校本研修作为乡村教师专业成长的重要支撑平台。

四、送教下乡培训的意义

在新的历史阶段,促进乡村教师良性发展,提升乡村教师队伍整体素质,是一项事关基础教育课程改革、城乡教育均衡发展、实现教育公平和社会主义新农村建设的战略性、全局性和基础性工程。

(一)适应国家战略有效推进的重要举措

党和国家历来高度重视乡村教师队伍建设,在稳定和扩大教师规模、提高教师待遇水平、加强教师培养培训等方面采取了一系列政策举措。

20世纪90年代后期,"人民教育人民办"的体制运转不灵了,乡镇政府由于没有足够的资金办教育,曾出现了拖欠农村教师工资、农村学校"借债普九"的情况。世纪之交的时候,出现了农村教育经费严重不足、农村初中辍学率偏高等问题。为了解决这些问题,2001年国家出台了《国务院关于基础教育改革与发展的决定》,农村义务教育的管理体制开始由"以乡为主"向"以县为主"转变。2003年国务院又召开了新中国成立以来第一个农村教育工作会,2004年实施"两基攻坚",2005年实行农村义务教育经费保障新机制,2007年农村义务教育免费,以及后来实施的农村学生营养改善计划、乡村教师生活补助计划等,每一个重大政策的出台都是国家根据当时的实际问题而采取的重要应对措施。

2015年《乡村教师支持计划》的出台更是在"实现中国梦"这个关键的历史节

点上。现在离2020年还有不足5年的时间,要"基本实现教育的现代化",任务仍很艰巨。

为此,《乡村教师支持计划》明确指出:发展乡村教育,教师是关键,必须把乡村教师队伍建设摆在优先发展的战略地位。

对于我国330万乡村教师而言,这无疑是场"及时雨",有助于解决当前乡村教师队伍建设领域存在的突出问题,带动和促进教师队伍整体水平提高。这是一件功在当代、利在千秋的大事,同时也是到2020年全面建成小康社会、基本实现教育现代化必须要补上的一块"短板"。因此,有效推进和实施"送教下乡培训",既是实现教育公平正义之必然,也是推动城乡一体化建设之必须。

(二)提升乡村教育教学质量的重要抓手

教师是一切教育活动的基石,乡村教育尤其如此。要"基本实现教育现代化"这一目标,只有抓乡村教师专业发展这一根本。

课程改革的不断推进,对乡村教师提出了新的挑战。它要求乡村教师必须从根本上转变自己的角色,更新教育观念,变革教学方式,改革教学评价,坚持以学生为本,尊重学生个性差异,促进每个学生主动地、生动活泼地发展。但由于受诸多条件的制约,我国乡村教师的发展显现出许多问题,因此在一定程度上成为课程改革的阻抗因素。

实施课程改革以来,尽管乡村学校作了许多艰苦努力,但和城市学校相比还存在较大差距,在新课程的实施水平、教师的适应能力、课堂教学的变化等方面明显滞后于城市学校。乡村课程改革作为深化基础教育课程改革的重中之重,在推进与深化进程中遭遇许多困难,一些学校在前几年热闹一阵子以后,现在几乎是停滞不前了,已成为基础教育课程改革中的一个薄弱环节、一个难点。探究其个中原因,乡村教师发展问题首当其冲。

作为乡村基础教育课程改革的实施者和承担者,广大乡村教师面临着从未有过的危机和挑战。无论是新课程的各种理念,还是与此相应的教学方式对他们来说都是空前的、革命性的。这使他们陷入双重困境:既要背负课程改革的重任勇往直前,又因为自身的素质问题要面对困惑与无助。缘此,"送教下乡培训"无疑是改变这一状况的良方。

"送教下乡培训"直接指向乡村教师发展的关键问题。不仅要解决教师教学实际问题,更要更新教师的教学观念,提高教师的理论素养,增强服务乡村教育的意识,发展教师的反思和研究教学实践的能力,以利于整体提升学校教学质量与办学水平。

(三)促进教育均衡、公平发展的重要载体

《乡村教师支持计划》特别强调:实施乡村教师支持计划,对于稳定乡村教师队伍,带动和促进教师队伍整体水平提高,促进教育公平、推动城乡一体化建设、实现中华民族伟大复兴的中国梦具有十分重要的意义。

乡村教育是促进乡村经济和社会发展的基础,是中国教育系统中最重要、最广大的一部分。作为乡村教育系统中的"人力资源"部分的教师,对于乡村教育的发展具有至关重要的作用。

尽管国家在乡村教师队伍建设方面投入了大量资金,也出台了一系列重要政策,增加了乡村教师的数量,稳定了乡村教师队伍,提高了乡村教师待遇,但由于乡村教师队伍的特殊性,乡村教育中"劣质师资出不去,优质师资进不来",教师队伍呈现出缓慢的新陈代谢状态和相对凝滞的发展格局。

当下乡村教师存在的种种问题,影响了乡村教育的发展和质量提高,这些问题如果长期存在而得不到解决,将最终影响基础教育的均衡发展,同时也会加剧乡村教育不公平问题的产生。

为此,我们应在促进城乡教育均衡发展,推动教育公平的价值追求中,切实关注乡村教师的专业成长,从而促进乡村教育的可持续发展。

实践表明,教师专业化发展是一个动态的发展过程,是教师成长、成熟的终身历程,是多主体共同合作努力的过程,是教师与教育环境不断互动的过程。乡村教师要改变缺乏专业发展空间的现状,缺乏必要的专业引领等诸多困境,根本的出路在于创新乡村教师专业发展机制。

"送教下乡培训"把乡村教师培训看成是"问题诊断+示范引领+培训支持+提供条件+行动跟进"的过程,通过高校专家、培训机构、乡村学校、乡村教师的共同努力,以建构生成的方式让教师在真实的教学情境中开展合作研修,揭示真实问题,共同改善实践。在这种智慧互补、文化相融的合作中,乡村教师逐渐优化和强化自主发展的意识:自我审视、自我批判与扬弃、自我选择与担当,以自己的智慧来解决自己的问题,

从而找到适合自己的专业发展之路。

乡村教师发展好了，乡村教育质量就会提升；乡村教育质量提升了，乡村孩子就能得到更好的发展。故此，促进乡村教师良性发展，提升乡村教师整体素质，提高乡村学校的教学质量，使广大乡村孩子接受优质的教育，是促进基础教育均衡化发展和实现教育公平的重要举措。

(四)服务社会主义新农村建设的重要力量

"推进社会主义新农村建设"是《乡村教师支持计划》的核心要义之一。建设社会主义新农村，乡村教育要先行。乡村教师不仅对我国乡村教育起着决定性的作用，而且是我国乡村社会物质文明和精神文明建设的根基。

作为乡村社会发展的支持力量和乡村教育活动主导者的乡村教师，他们应该成为先进生产力的代表。"在乡村教育与乡村互动的环境中，不断地接受、理解、构建和转化人类的科学技术成果，以简捷、高效、科学的方式把人类知识成果传达给未来的劳动者，并引导年轻一代探索与理解自然、社会和人类自身的奥秘，发现、构建并运用新的经验，缩短知识与科学技术的物化过程，促进乡村社会物质生产的繁荣。"[①]

同时，乡村教师还应成为乡村的文化精英。他们动员、发动农民，开展文明、健康的文体活动，开创文明先进的风气，及时向农民传达政府意愿和党的方针政策，认真对待并向农民解释社会主义新农村建设过程中的精神内涵及价值取向等问题，引领与培育农民社会主义核心价值观，组织与塑造崭新的农村精神。因此，在社会主义新农村建设中，乡村教师已经不再充当传统意义的教书匠角色，他们应该成为乡村文明传播和创新的主导力量。

要实现这一目标，就必须建构起"以师为本"的乡村教师发展支撑体系，有效促进乡村教师良性发展，不断促使他们成为社会主义新农村建设的知识力量和文化力量。

综上所述，"送教下乡培训"所彰显的"开放性、互动性、针对性、实效性和持续性"特征，能有效激活乡村学校自主办学、协作发展的愿望、需求和能力，能最大限度地发挥乡村教师自我发展、主动发展的能动性。只要扎实开展、有序推进，就能让更多的乡村教师在教育的田野上找到他们专业成长的路径和幸福。

---

① 罗建河.试论乡村教育的错位与乡村建设主体的虚空[J].教育学术月刊.2009(11)

第一章
送教下乡培训的内涵

送教下乡培训,以其"重心下移"的务实作风、创新的乡村教师培训模式——三段四环,赢得了基础教育界的广泛关注,得到了乡村教师的积极响应。从各地的培训评价反馈信息来看,送教下乡培训的很多经验和做法值得总结和推广。为了加深对送教下乡培训的理解,明确其具体要求、目标任务和操作流程,本章将从送教下乡培训的界定、送教下乡培训与其他培训的区别、送教下乡培训的理论基础三个方面对"送教下乡培训"的内涵进行阐释。

❖ 第一节 送教下乡培训的界定 ❖

为确保送教下乡培训的顺利开展和有效实施,教育部发布了《送教下乡培训指南》(以下简称《指南》),对送教下乡培训的概念做了明确的界定,对送教下乡培训的目标任务、实施流程、职责分工等做了详尽的规定。

一、送教下乡培训的概念

"送教下乡培训"是教育部自2015年始针对中西部地区乡村中小学、幼儿园教师实施的一项"国培计划"项目,旨在通过送培团队深入课堂,聚焦教学问题,实施现场指导,着力提升乡村教师课堂教学能力,同时带动校本研修,创新乡村教师培训模式,提升乡村教师培训实效,为乡村教师专业化发展提供长足的保障与支持。该培训由省市教育行政部门统筹规划,建立培训机制保障;区县教育行政部门制订计划与实施方案,区县研训机构与高等院校协同开展。实现"四到"培训,即服务到村校,送培到课堂,指导到现场,支持到校本。

为了帮助乡村教师解决课堂教学问题,送培团队综合应用多种方法开展调查、研究与干预,其行动特点是"工作+研究",以探究乡村教师课堂教学中存在的实际问题,改变乡村教师的教学行为,并以理论与实践相结合的方式,促进乡村教师对自己的教学理念、知识及教学实践进行有目的、系统化、批判性的研修,从而提升其教学实践能力,最终获得专业成长。

二、送教下乡培训的目标任务

《指南》提出了送教下乡培训的总体目标,"以送教下乡培训带动校本研修,创新乡村教师培训模式,提升乡村教师培训实效",明确了送教下乡培训的六大任务。

(一)组建送培团队

送培团队要求结构合理、水平高。实践证明,一个优秀的培训者不仅应该拥有渊博的教育教学理论知识,而且必须熟悉中小学教育教学实践,能将教育理论和基础教育实践紧密结合。因此,在送培专家的遴选上,一定要遵循"既有理论功底,又有实践经验"的原则,组建结构合理的、高水平的送培团队。从专家来源看,既要有本地专家,又要有域外专家;从团队成员构成来看,既要有高校专家、教研人员,又要有一线名师,还可以吸纳乡村教师中的"草根专家"加入。这样的异质性团队,既能"报天气",又能"接地气",从而使送教下乡培训"上得了天,入得了地",真正成为乡村教师"家门口"的高质量培训。

(二)开展主题式送培

主题式送培能聚焦教学问题,聚合研修力量,提高培训实效,能够比较彻底地解决教学问题,从而提升教师的专业水平。如重庆市在实施送教下乡培训时,采取了

"一个项目、一个学科、一个主题"的"三个一"模式,取得了很好的效果。丰都县2015年小学语文培训主题为"小学语文阅读教学主问题设计",黔江区2015年初中数学培训主题为"初中数学教学环节设计的有效性策略",北碚区2015年幼儿园培训主题为"幼儿语言活动的组织与设计技能"。主题式送培不仅仅是送课,还送研究方法、教育理念、培训资源,真正让这些方法和理念"进教师的脑,入教师的心,过教师的手",以避免"全面开花,蜻蜓点水"式培训的弊端。

(三)指导开展校本研修

校本研修是促进乡村教师专业发展最为实际也最为有效的途径之一,也是支撑乡村教师专业成长的重要平台。送教下乡培训带动校本研修,让教师经历研修实践,从中习得研究方法,提高研修团队的整体研究水平,这才是解决乡村教师自身"造血功能"的长远之计。因此,指导乡村学校和教师开展好校本研修,是送培团队的重要任务之一,为此,送培团队必须深入乡村学校,将对校本研修的指导贯穿到送培的全过程。

(四)提升乡村教师课堂教学能力

着力提升乡村教师课堂教学能力是送教下乡培训的出发点与归宿。如何才能切实提升乡村教师的课堂教学能力呢?这就需要"对症下药",即必须找准乡村教师课堂教学中存在的突出问题,根据不同层次乡村教师的能力差异,采取相应的培训方式。实行个性施培、差异施培、分层施培,在此过程中,努力生成一批合格课、优质课、精品课。

(五)生成本土化培训课程资源

对乡村教师的培训是一项系统工程,不能一蹴而就,必须持续施培。但送培团队不可能长期蹲点一地或一校,因此,在培训中生成本土化培训课程资源,以备乡村教师后续培训所需就尤为重要。这些培训资源主要以专家讲座、教学设计、课堂实录(名师示范课、学员磨课、专家点拨式讲座、校本研修资源等)、过程研讨、专家点评、培训反思等形式呈现,而生成这些资源的过程也是教师对教学实践进行反思总结的过程,将感性的实践经验上升为理性的教育理念,实现行为转变、理念建构的双重提升。

(六)完善支持服务体系

乡村教师培训是一个持续的过程,必须集合高校、县级教育发展中心、片区研修中心和乡村学校四方力量,建立相应的制度保障、人力保障、经费保障、资源保障,形成"四位一体"的乡村教师专业发展支持服务体系,为乡村教师专业发展提供长足的支持和有力的保障。

三、送教下乡培训的实施流程

送教下乡培训的实施流程概括为"三段四环节"。"三段"是指整个培训分为培训准备、培训实施和培训跟踪指导三个阶段,"四环节"是指培训实施这一核心阶段分为诊断示范、研课磨课、成果展示、总结提升四个环节。送教下乡培训的实施流程如图1-1所示。

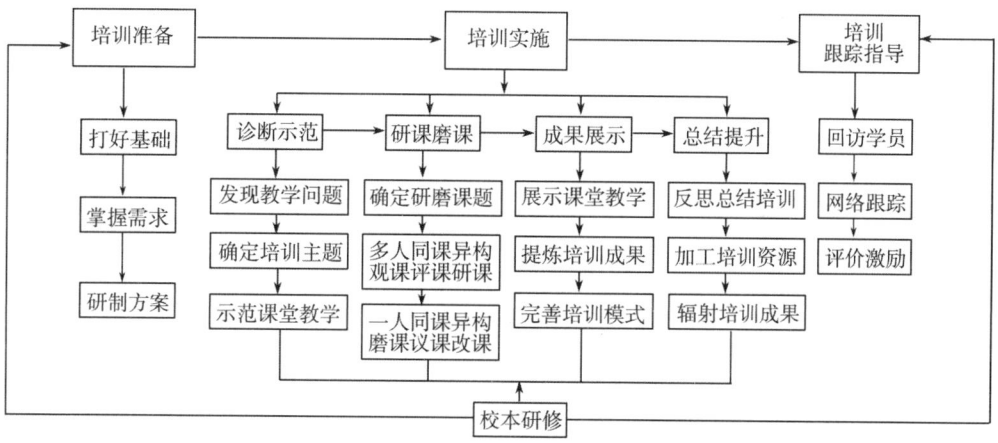

图1-1 "送教下乡培训"的实施流程

(一)培训的三个阶段

1.培训准备阶段

培训准备是否充分,直接关系到培训实效的高低。通过实践,我们总结出培训准备"三步走"的实施方式,即打好基础、掌握需求、研制方案。

（1）打好基础。打好送教下乡培训的基础，要做好四方面的工作。第一，做好相关配套政策的制订工作。从组织领导、经费投入、教师配备、地位待遇等方面对乡村教师发展提供保障。第二，做好宣传发动工作。面对乡村地处偏远、教师老龄化、职业倦怠、理念落后、学校没有研修氛围、教师没有提升意识、没有学习习惯等诸多问题，必须加强送教下乡培训的宣传工作，形成"层层宣传、人人知晓、踊跃报名、积极参与"的局面。第三，推进研训整合。《教育部、财政部关于改革实施中小学幼儿园教师国家级培训计划的通知(教师〔2015〕10号)》提出了"县级教师发展中心应实现教师培训、教研和电教等部门的整合"的要求，其目的就是要推进研训整合，提升培训实效。第四，构建资源库支持和平台支持，确保乡村教师培训工作顺利开展。

（2）掌握需求。为确保送教下乡培训的效果，制订切合乡村教师专业发展需求的培训课程至关重要。为此，送培团队必须深入乡村学校现场，通过课堂观察、师生访谈、参与校本教研、工具测评等方式"把脉问诊"，找准乡村教师课堂教学和学校学科校本教研存在的突出问题。把握培训的根本需求，为规划方案的研制、培训课程的设置、课程内容的选择奠定基础，以增强培训的适切性和针对性。

（3）研制方案。培训准备的第三步是研制三年培训规划，年度实施计划和学科培训方案。主要从教师的现状及需求分析、培训的理念和目标、培训形式、培训对象、课程设置及师资情况等方面撰写培训方案。

2. 培训实施阶段

培训实施阶段分为"诊断示范、研课磨课、成果展示、总结提升"四个环节。四个环节环环相扣，前一个环节为后一个环节奠定基础，后一个环节既是对前一个环节的深入展开，也是对前一个环节的回应。因此，每个环节都必须做细做实（每个环节的价值、要求、做法等见本书第三至第六章）。

3. 跟踪指导阶段

送教下乡培训的终极目标是实现乡村教师的专业发展，而教师的专业发展是一个持续的、动态的过程，是终身学习的过程。教师教学理念的更新，教学行为的转变，都需要外部不断为其提供指导和服务。因而必须对乡村教师进行跟踪指导，跟踪指导主要包括回访学员、网络跟踪和评价激励三种形式。

在集中培训阶段，参培者反映出来的问题因时间关系未能得到彻底解决，在培训结束后，参培者在返岗研修中可能又发现了新的问题，产生了新的困惑。如果这些问题得不到及时解决，又将成为阻碍教师专业发展的屏障，因而，后续跟踪指导必须及时跟进，对问题进一步聚焦，形成相应的研究主题，开展持续性研究，尽可能帮助乡村教师形成研究教学问题的能力。

在回访学员的同时，应定时组织参培者借助网络平台，在专家引领下进行主题研讨，群策群力寻找解决问题的策略。同时，参培者还可以在网络平台上分享学习成果、进行经验交流；学科送培专家为参培者及时提供他们所需的学习和教学资源。

培训后续跟踪指导必须采取激励评价方式，激发教师的研修热情。激励评价一般采用发展性目标评价模式，这种评价模式以实现参培者任职学校和参培者自身需求的程度为基础，着眼于改进学校研修评价工作，使评价对象的工作和学习激情得以维持，形成自我完善的自觉。

（二）培训实施阶段的四个环节

"诊断示范、研课磨课、成果展示、总结提升"四个环节是送教下乡培训实施阶段的规定动作，它们环环相扣，层层递进，构成有机整体。

1. 诊断示范

行动始于问题，只有找准了问题，行动才有了方向。因此，诊断是示范的基础，是研修主题确立的依据，为研课磨课环节提供靶向。在这一环节，送培团队要深入乡村学校现场，通过课堂观察、师生访谈、工具测评等方式，对乡村教师存在的问题进行梳理、筛选，聚焦突出问题，确立研修主题。然后由送培团队针对问题，选择契合主题的课例，采取说课、上课、评课等多种方式为乡村教师提供示范教学，同时，送培团队不要忘记对校本研修活动的诊断，以便为乡村教师提出明确的研修任务。

如针对某一个乡镇数学教师的培训，聚焦问题，形成了"如何上好计算课""如何激发学生课堂参与性""如何有效备课"三个研修专题，将参培者分成了三个研修小组，每个小组研究一个专题，各小组教师带着问题与送培专家互动，变"被动"培训为"主动"研究，增强了参培者的问题解决意识。

2. 研课磨课

在研课磨课环节，参培者在送培团队的指导下，亲身经历课堂改进实践，在行动中学习，在改进中发展。参培者根据诊断示范环节所聚焦的研修主题和所提出的研修任务,在送培团队的现场指导下,以课例为载体,对自己的教学设计和课堂教学进行反复研磨。多人同课异构,团队共研共进谓之"研";一人同课多构,个体经验反思改进与提升谓之"磨"。通过对课例的反复研磨,进行对照反思,突出经验学习,不断改进教学,并在此过程中,力争生成合格课、优质课、精品课。研课磨课的过程实际上也是送培专家引导研修团队开展校本研修活动的过程。此过程可以与课题研究相结合,以课例研究为载体,以课堂教学为落脚点,形成"三课两反思"的校本研修模式,如图1-2所示。

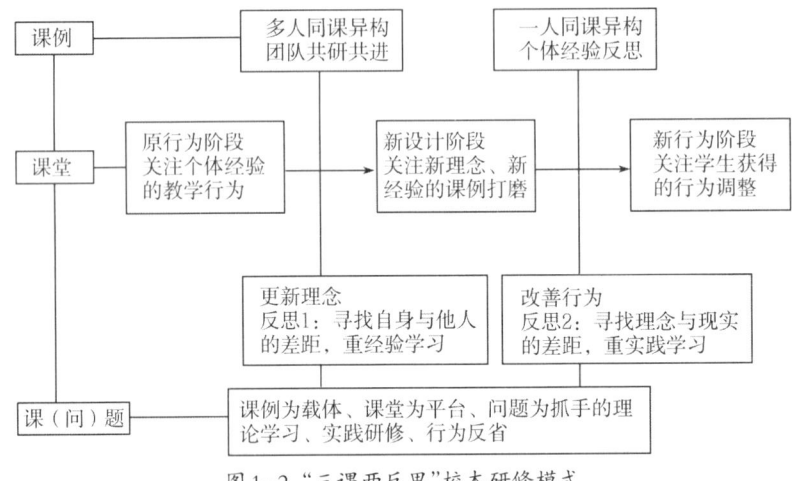

图1-2 "三课两反思"校本研修模式

3.成果展示

该环节是送培团队与乡村学校或研修片区开展的阶段性研修成果展示,采取说课、上课、评课等方式展示教学改进成效,通过微课例、微案例、微故事等形式展示研修成果,通过学科教研活动展示团队培训与研修成果,以总结经验、提炼成果、提升教师自信,体现送教下乡培训的增值效应。

4.总结提升

送教下乡培训的长远目标是激活乡村教师的教学经验和教学智慧,增强自身的"造血"功能。总结提升环节一方面要"基于现实",送培团队指导乡村学校和教师对年度送培工作进行系统总结、梳理经验、反思问题、明确改进方向,生成代表性成果;另一方面要"立足长远",县级教师发展中心(培训教研机构)要做到对各个送培团队课程及学校研修的代表性成果进行加工,形成本土化培训课程资源,支持学校校本研修和乡村教师专业自主发展。

以上"四环节"的实施,为乡村教师专业发展找到了一条"一体统整设计、阶段衔接严谨、组织形式多样、充满乡土特色"的培训之路。

四、送教下乡培训的职责分工

为确保送教下乡培训的实效,需要多方联动,为此,《指南》对"省市、区(县)教育行政部门、送培团队、乡村学校、乡村教师"等的相关职责均有明确要求,归纳整理如表1-1所示。

表1-1　送培主体职责分工表

行为主体	职责分工
省(市)教育行政部门	1. 统筹规划,完善制度,建立机制　2. 经费支持 3. 做好指导、监管评估　4. 总结做法、推广经验
区(县)教育行政部门	1. 制订计划和实施方案　2. 建立"四位一体"支持服务体系 3. 组建送培团队　4. 落实培训经费 5. 健全管理制度　6. 加工生成资源并推广 7. 过程监管和绩效评估　8. 宣传推广做法经验
送培团队	1. 提升送教培训能力　2. 完成送教培训任务 3. 提出解决问题策略　4. 创新培训方式方法 5. 总结送培经验成果
乡村学校	1. 制订本校方案　2. 做好协同实施 3. 负责研磨活动　4. 汇聚整理资源 5. 本校监管评估　6. 督促指导教师
乡村教师	1. 参加诊断示范,制订个人研修计划　2. 参加研课磨课,提升课堂教学实效 3. 参与展示活动,提炼生成个人成果　4. 认真总结反思,制订个人发展计划

第二节 送教下乡培训与其他培训的区别

送教下乡培训之所以受到基础教育界的特别关注和乡村教师的热情欢迎，是因为它与送教下乡活动和传统培训相比，更加务实和讲求实效，更加指向课堂、注重教学行为的改善，具有更鲜明的特征。

一、送教下乡培训与送教下乡的区别

送教下乡培训是在一种全新的培训理念指导下的新型培训方式，它与传统的送教下乡有很大不同。两者在培训对象、培训目标、实施主体、组织管理、培训环节、培训特点、培训成果上均有明显区别，如表1-2所示。

表1-2 送教下乡与送教下乡培训的比较

	送教下乡	送教下乡培训
培训对象	部分农村教师，覆盖面小	乡村全员教师，覆盖面广
培训目标	通过对口扶贫式送教，力求提高农村教师素质，提高农村教育质量。	通过聚焦主题式送教培训，着力提升乡村教师课堂教学能力，通过指导校本研修，完善支持服务体系
实施主体	单一培训机构实施	区县研训机构与高等院校协同开展
组织管理	主体不同、组织管理有别	严密组织、严格程序、严肃任务
培训环节	专题讲座+教学示范	三段四环，其中四环节是：诊断示范、研课磨课、成果展示、总结提升
培训特点	扶贫型、友情型、短期型	主题式、任务型、持续型、改善型
培训成果	缺乏系统总结和成果要求	系统总结，展示教学改进成效，生成代表性成果，明确乡村学校和教师发展计划

下面再从送教下乡培训与传统送教下乡的培训性质、表现特征、行为模式、研修要求、成果形式等方面，阐述二者的区别。

(一)培训性质不同

"送教下乡"多数属于教育学校开展的一种活动,一般以送课为主,缺乏长远规划,没有建立起对农村教师专业发展的支撑体系。而"送教下乡培训"是在"国培计划""精准扶贫"的理念指导下的一种新型、有长远规划、有年度计划的覆盖乡村教师全员的培训。有规范的实施流程——三阶段四环节,从培训准备到提炼培训成果、构建对乡村教师专业发展的支撑体系,有一套完整的系统。送教下乡培训将乡村教师在课堂教学中存在的问题聚焦为研究主题,注重问题来源于教学实践,反过来又在切实解决实际问题的过程中,引导教师去概括、提升并探索教学规律。它采用的是主题式培训,对解决教师在教学中遇到的问题更具针对性,特别是有利于解决新课程改革中和在课堂教学中出现的疑难问题或困惑,把教学中产生的困惑作为必须解决的问题,继而上升为研究的主题,积极反思实践和行为跟进。所以,送教下乡培训的方式和过程有别于传统意义上的送教下乡。

(二)表现特征不同

送教下乡是以教材、教法为中心开展常规性的教研活动,通常是按学习单元计划和安排,先教后研,研后无续,组织的交流多局限于单一问题的解决,而缺乏持续的跟进和改善,问题的解决不彻底。送教下乡培训是以教学问题的研究为中心的主题式培训,具有极强的针对性,是一种基于行为改进的持续性研究,问题解决更为彻底。它改变了教材本位思想,体现的是以教师为研究主体的整体性教师培训,培训的对象、内容和功能等都发生着变化,注重培训问题的生发性、问题研究的过程性、培训效果的价值性,从而在实践中产生出"共生、共研、共享"的研修合力。

(三)行为模式不同

送教下乡的形式主要是"上课——听课——说课——评课",这里的"课"要么是专家上的课,要么是教学名师上的课。教师对研修活动的参与、表达或接受在很大程度上是被动的,这是因为这些课往往是上课者根据自己的优势设计出来的,对于参培教师的教学问题不一定具有对应性。而按"诊断示范——研课磨课——成果展示——总结提升"四环节来实施的送教下乡培训,是"按需送培"的主动研修模式,参培教师在专家的引领下全程参与实施，能够极大地调动他们自主参与研修的积极性，因为这样的培训是为了解决自己的教学实际问题或困惑，并希望可以在同伴互助中受到启迪。在研修中生成的本土性资源，为教师进一步研究自己存在的教学问题提供借鉴，教师必然会产生再实践、再研究、再思考的主动意向和行为。送教下乡培训改变的不仅仅是教师的教学行为，还改变着教师的研修方式和教学理念，是更高层次的专业引领。

（四）研修要求不同

送教下乡一般是按学科事先制订的教研计划、学校设定的教研时间，一学期开展一次集中性教研活动，这从表面上看是为了规范要求和实施，实质上忽视了教师的培训需求，存在着预设性和盲目性，很难体现教研活动的针对性和成果形成的价值性。而送教下乡培训是以教师产生的问题为培训内容，将问题入组，先以组为单位确定一个研修主题，并以此拟定实施计划，开展经常性的、基于课堂教学实践的反思及研修活动，及时记录教学研修及实践反思情况。每次研修活动必须有明确的指向性，记载定期研究反思的问题和推进研究的情况，及时向送培团队反映需要解决的问题和反馈研究进展情况，确保教学问题研究向纵深发展。

（五）成果形式不同

送教下乡的有效成果，主要反映在两方面，一是研究课的展示和自发的、零散的感悟文章；二是常规的教研工作总结。送教下乡培训体现的是"问题—设计—行动—反思总结—再发现问题"的行动研究，研究具有目的性、持续性和价值性，它的有效性呈现是多纬度的，如经常性开展问诊课、示范课、研究课、课堂观察反思记录、教育叙事、教学案例、教育叙事研究报告、教学问题研究报告、专家讲座等。围绕问题展开的有效研究，其成果呈现形式也必然是多样化的。

二、送教下乡培训与传统教师培训的区别

较之传统的教师培训，送教下乡培训具有更强的实践性、更大的开放性和更高的交互性。

(一)更强的实践性

传统的教师培训是"听中学",将大部分时间用来集中培训,脱离教师实际的教学环境,培训专家并不深入到教学现象之中,教师被排斥在教育知识的生产之外,仅仅成了教育知识的兜售对象和消费者、旁观者,被动地接受专家生产的知识。而送教下乡培训是"做中学",它以其"走向教学实践"的培训方式避免了传统教师培训的上述弊端,以培训双方对教学实践的深刻体悟与全面把握为出发点,在反思、研究教学实践的过程中开展教师培训工作,以改进教师的教学实践为宗旨。

(二)更大的开放性

就培训空间而言,送教下乡培训突破了"培训就是教师集中在教室里听讲座"的传统观念,将培训空间拓宽到参培学校和参培者的课堂之中。研究表明,教师任教学校在其专业成长过程中起着关键的和不可替代的作用,教师任教学校和教师的课堂成了教师在职培训的主要阵地。

就培训内容而言,送教下乡培训往往根据学科教学进度,基于一定的教学问题,灵活地安排培训时间,确定培训主题和选择培训方式,并围绕这一问题进行知识的、技能的、观念的多元化培训,重视从多角度、多层面对参培者的决策能力进行培养。

就培训时间而言,传统的教师培训一般是"终结性培训",训后无续,而"送教下乡培训"是延时性培训,在培训结束后还有跟踪指导服务,为教师后续发展建立了一套完整的支持体系。

(三)更高的交互性

传统的培训主要采用集中式培训,将参培者视为学生,以学科为中心,采取讲授式的方法来实施培训。这种培训忽略了成人学习的特点,即成人学习希望相互尊重和合作,尤其是乡村教师更渴望合作和交流。送教下乡培训的交互性充分体现在基于对话、交流与合作的交往和互动上,送教下乡培训不是一次性的"快餐"服务,它着眼于教给教师专业成长的方式和方法,在有效机制的建立中,搭建培训者与参培者交流的平台,在更宽阔的活动空间内真正实现参培者与培训者之间民主地交往,平等自由地对话,构建起良好的互助合作关系。

第三节　送教下乡培训的理论基础

任何培训的实施效果首先取决于该培训设计的科学性。送教下乡培训的设计，无论从目标定位，还是从操作实施层面，都有其坚实的理论基础。

一、成人学习理论

以往的教师培训成效不佳，其主要原因在于教师继续教育沿用的是普通教育的模式，没有关注参培者作为成人学习者的特点。成人学习理论是指结合成人教育的指导思想和培训学习理论，以成人的生理及心理特征、学习欲望和系统为基础而总结的针对成人学习的教育理论。美国著名教育心理学家马尔科姆·诺尔斯（Malcolm Knowles）在《忽略的群落：成人学习者》一书中认为，以往的学习心理学大多建立在有关动物和儿童学习实验的基础上，不适合成人学习的心理特点，其在书中提出了成人学习的三大特征。

（一）强调实用性

成人学习通常不会盲目地接受研训机构的安排，其学习意愿取决于学习内容对自己的职业是否具有实用性。根据成人学习的这一特点，送教下乡培训确立的培训主题来自于教师教学中存在的、真实且急需解决的问题，符合教师的职业需求，能够激发教师的培训期待和参培热情。送教下乡培训基于教师的需求调研来设计培训课程，这给了参培者更多的课程决策权和对教学内容的发言权。在送培过程中，送培团队会根据教师的培训反馈及时调整教学内容，摒弃传统培训过于强调培训内容的系统性、结构性的弊端，以研究主题或专题来组织教学内容，切实解决教师课堂教学中存在的问题，使其能更高效地完成工作任务。正因为如此，送教下乡培训的针对性强，使教师能够学以致用，解决自身的教学问题。

（二）基于经验的学习

成人学习常常依赖于用自我的经验来判断或评价新经验和新知识。作为成人的一线教师有着长期的教学实践,在他们的认知结构中储存了大量教育教学方面的感性经验和理性经验,这些经验就是一笔巨大的培训资源。送教下乡培训将教师的经验引入培训之中,将培训课程内容与教师的教学经验联系起来,采用头脑风暴式的研讨,激发教师群体的经验和智慧,让教师有机会根据自己的知识经验去认识问题、分析问题、提出假设、验证假设,最终提炼出解决问题的策略和方法。这样的培训不但能解决教师的教学问题,而且能激发教师的研究自信。

(三)以问题为中心的学习

成人学习是基于实际工作中的困惑和需求,对于教师而言,有的是教师个人兴趣,有的是教学中遇到的困难、面临的挑战等。由于成人学习是以解决现实问题为中心,所以送教下乡培训以解决教师的课堂教学问题为指向,激发教师参与教学研究的主动性,以解决问题带动教师理念的转变、教学行为的改变,以解决现实困惑和问题为契机,培养教师的教育情意。

送教下乡培训正是运用了成人学习理论,关注教师的培训需求,充分利用其丰富的教学实践经验,采用以解决问题为目的的主题式培训,取得了良好效果。

二、建构主义学习理论

建构主义学习理论认为"情境""协作""交流"和"意义建构"是学习环境中的四大要素或四大属性。

(一)情境

建构主义学习理论认为,学习环境中的情境必须有利于学习者对所学内容的意义建构。这就要求教学设计不仅要考虑教学目标分析,还要考虑有利于学习者建构意义的情境的创设问题,并把情境创设看作是教学设计的最重要内容之一。送教下乡培训为乡村教师设置了鲜活的学习情境——课堂,课堂是教师的职业场所,它既是教学问题产生的现场、研究教学问题的场所,又是教学问题解决的落脚点。送教下乡培训实施的诊断示范、研课磨课环节都在课堂里进行,其研究的方式是课例研究。而课例是源于教师课堂教学实践,但又不是简单的教学实录,它渗透着对特定教育问题的深刻反思,在具体的情境中包含一个或者多个引人入胜的问题,同时也包含有解决这些问题的方法和技巧,有具体情境的介绍和描述,也有一定的理论思考和对实践活动的反思。送教下乡培训基于真实的教学情境,研究真实的教学情境,以促进教师在真实的教学情境中改变自己的行为。

(二)协作

协作贯穿学习过程的始终,它对学习资料的搜集与分析、假设的提出与验证、学习成果的评价直至意义的最终建构均有重要作用。送教下乡培训注重"协作"对乡村教师的影响,送培团队、学校研修团队、每位参培者在整个培训过程中都处于团结协作的状态中,在研讨交流中有协作,在研课磨课中有协作,在课堂观察中有协作。协作不仅仅是相互提供教学帮助,聚合教师的研究智慧,更有助于打破教师的封闭心理,形成开放包容的心态,从而提升研修实效。

(三)交流

交流是协作过程中的不可或缺的环节。学习小组成员之间必须通过交流,商讨如何完成规定的学习任务;此外,协作学习过程也是交流过程,在此过程中,每个学习者的思维成果(智慧)为整个学习群体所共享,交流是达到意义建构的重要手段之一。在送教下乡培训中,送培团队基于乡村教师的需求,举办切合主题的微讲座、提供教学示范、进行研课磨课等环节时有交流;教师之间的研讨互动有交流;课堂上的师生互动也有交流。可以说,整个培训过程就是一个交流的过程。通过交流,教师未知的变为已知的,已知的得到传播;通过交流,专家团队加深了对乡村教师及其教学问题的理解,乡村教师加深了对教学理念的认识,改变了自己的课堂教学行为。

(四)意义建构

意义建构是整个学习过程的最终目标。所谓意义建构是指:事物的性质、规律以及事物之间的内在联系。在学习过程中帮助学习者意义建构就是要帮助学习者对当前学习内容所反映的事物的性质、规律以及该事物与其他事物之间的内在联系达到较深刻的理解。学习者获得知识的多少取决于其根据自身经验去建构有关知识的意义的能力,而不取决于学习者记忆和背诵教师讲授内容的能力。学习者要想完成对所学知识的意义建构,最好的办法是让学习者到真实环境中去感受、去体验,即通过获取直接经验来学习,而不是聆听别人关于这种经验的介绍和讲解。

教师对问题的解决过程就是建构策略和方法的过程。为此,送教下乡培训借鉴了建构主义所提倡的抛锚式教学,以真实的教学问题或课例作为基础(即作为"锚"),为教师学习提供真实的教育情境,采用多样化的培训形式,给教师提供更多自主学习的机会,为其提供更多的学习和研究资源,如理论支持、课例支持、研究方法支持等,使其在经历教学改进的实践中,建构起解决问题的策略、方法,以确保培训的实效。

三、反思学习理论

反思的意思是对照自己的过去,进行自我检查,以知己之短,从而弥补短处,纠正过失。在两千多年前,曾参曾说:"吾日三省吾身。"可见,曾参之所以成为孔子弟子中的"七十二贤"之一,与他善于反思不无关系。因此,"反思"也是一种学习方式。对于教师的专业发展而言,反思尤其重要。美国学者波斯纳(Posner)认为只有经过反思,教师的经验方能上升到一定的高度,并对其后续行为产生影响。他提出教师成长的公式:经验+反思=成长。

反思是一种间接认识,获得这种间接认识的媒介就是实践、就是经验,这些实践、经验既可以是自己的,也可以是他人的。乡村教师一般都有着丰富的实践经验,缺乏的是对实践经验的反思及反思的方法。送教下乡培训基于反思学习理论,特别重视教师的观察、分析、解释和决策等反思能力的培养,引导他们学习反思的方法。送培团队采用课堂观察、研课磨课、课后反思、训后反思、撰写课例等方式,让参培者学习如何反思,进而促使其逐步树立反思意识,展示提升环节更是为其提供了反思交流的平台。

如在课堂观察中,教师既是观察者,又是学习者,更是反思者。观察课堂中教师教的行为、学生学的行为以及师生之间的交互行为,学习他人好的教学设计、巧妙的教学方法等,反思师生行为背后的原因及理论支撑,总结教学策略或教学规律。这种反思学习是基于他人实践经验的学习,教师还要善于反思自己的实践经验,送培过程中的磨课就是培养教师的自我反思能力。反思是对感性经验进行的理性观照,是从实践经验向理念世界进发的必由过程。

四、社会交往理论

卡尔·海因里希·马克思(Karl Heinrich Marx)开创了社会交往理论,他认为交往是人与人之间的交互活动,社会交往有利于个体成长,它是文化传播的手段,是社会构成与发展的基础。德国学者哈贝马斯(Habermas)进一步发展了社会交往理论,他认为交往行为是指主体间遵循有效性的规范,以语言符号为媒介而发生的交往行为,其目的是达到主体间的理解和一致,并保持社会的一体化、有序化和合理化。也就是说,通过语言的交往可以达到相互理解、行为合理和普遍共识,并以此来整合社会。社会交往理论提倡民主平等、对话交流。

基于社会交往理论,送教下乡培训改变了传统培训"自上而下"的培训模式,通过与乡村教师的交流来完成整个培训。培训主题和课程内容来自于教师的需求调研,实施阶段的四个环节在送培团队、研修团队、参培者的交往中完成。这种交往在民主平等的氛围中进行,以商讨的方式实现,即使是专家,也是以平等的身份与学员交流,在这个共同体中,成员们相互倾听、对话、分享,而不是强加和权力性质的领导,每个成员都互为交往主体。这种平等的交往,营造了良好的互帮互助氛围,排除了交流障碍,实现了高效交流。一位学员在培训后的反思中说:"本次培训活动让我改变了对专家的看法,原来专家也可以这样和蔼可亲,完全不是'只可远观而不可亵玩'的高冷范儿,而是亲民范儿啦!让我可以畅所欲言,没有以往那种怕说错话的顾虑,怕被人看低的卑怯。在与专家的交流中,我学到了很多很多……我喜欢这样的培训!"

五、"场域—惯习"理论

"场域—惯习"理论是法国社会学家皮埃尔·布迪厄(Pierre Bourdieu)实践社会学的重要组成部分。"场域(field)"是指一个社会空间而不是地理空间,布迪厄认为整个社会世界是由具有相对自主性的无数个小世界组成,在他看来这些"小世界"就是各种不同的"场域",相当于我们平时所说的"领域"。布迪厄说:"我们可以把场域设想为一个空间,在这个空间里,场域的效果得以发挥,由于这种效果的存在,任何与这个空间有所关联的对象,都不能仅凭所研究对象的内在特质予以解释。"[①]他认为每个场

---

① 皮埃尔·布迪厄.实践与反思——反思社会学导引[M]. 北京:中央编译出版社,1998.

域都有属于自己的"性情倾向系统"——"惯习(habitus)"。在布迪厄看来,"惯习"具有"场域"性,"惯习"只有在产生它的场域中才能发挥得如鱼得水。

"教育场域"指在教育者、受教育者及其他教育参与者之间形成的一种以知识的生产、传承、传播和消费为依托,以人的发展、形成和提升为旨归的客观关系网络。送教下乡培训直接把教师培训的"场域"搬到真实的乡村教学课堂,在乡村学校课堂这个"场域"里开展研课和磨课活动。在此过程中,教师全员加入,以课例为载体,以任务做驱动,形成一个全员参与、以提升乡村教师教育教学技能为主要目的的"教育场域"。在送教下乡培训所构建的场域中,培训者制订相应的规章制度,按教师需求规划课程,对送培专家、参培者、乡村学校都形成约束,保障了培训的顺利实施和良好的实施效果。

送教下乡培训基于上述理论来设计培训方案、确立培训目标、设置课程标准、选择培训内容和培训方式,实现了培训效果的高效。

第二章
送教下乡培训的设计

古人云:"凡事预则立,不预则废。"预,即构想、设计。送教下乡培训的培训效果在很大程度上取决于设计。怎样才能做好送教下乡培训的设计呢?本章将详细阐述送教下乡培训的设计主体、设计原则、设计内容、设计方法等关键问题。

第一节　送教下乡培训的设计主体

在哲学中,主体是指实践活动和认识活动的承担者。本节中的"设计主体"是指送教下乡培训活动的承担者,包括设计、实施、参培三方面的部门和人员。根据《指南》要求,送教下乡培训的设计主体包括六个部门及相关人员:省(市)教育行政部门、区(县)教育行政部门、县级教师发展中心(区县教师研训机构)、送培团队、乡村学校、乡村教师。下面分别阐述不同设计主体在送教下乡培训中所起的作用及承担的任务。

一、省(市)教育行政部门

省(市)教育行政部门在送教下乡培训中主要起"统筹"的作用。

(一)统筹规划,制订配套政策

省(市)教育行政部门首先要解读国家教育部关于乡村教育、乡村教师发展的相关文件,如《国家中长期教育改革和发展规划纲要》《乡村教师支持计划》《关于"国培计划"——中西部项目和幼师"国培计划"项目实施工作若干事宜的通知》《教育部财政部关于改革实施中小学幼儿园教师国家级培训计划的通知》《国务院办公厅关于印发乡村教师支持计划(2015—2020年)的通知》等。这些文件体现了中央改变乡村教育现状的决心,指明了乡村教师队伍建设的方向。教育部制定的《送教下乡培训指南》更具体地指明了如何做好送教下乡培训工作。

省(市)教育行政部门在充分解读相关文件的基础上,根据文件精神和要求,制定地方配套政策,如重庆市人民政府出台了《关于加强农村教师队伍建设的意见》《关于贯彻落实乡村教师支持计划(2015—2020年)的通知》,重庆市教育委员会下发了《关于开展乡村教师发展创新实验区申报工作的通知》,从组织领导、经费投入、宣传号召等方面对送教下乡培训工作做了统筹安排。

(二)统筹预算经费

省(市)教育行政部门需要做好经费的统筹预算,合理调整重点项目的经费投入。送教下乡培训是"国培计划"改革创新系列项目之一,应做好相关经费支持。以重庆为例,2016年国培计划经费有8700万元,2025万元用于送教下乡培训,占比23.3%;市培经费每年1亿元,其中5000万元补助区县,30%用于送教下乡培训;区县经费基本达到中小学教师工资总额(含基本工资和绩效工资)的1.5%。经费支持形成常态,才能有力地推进送教下乡培训的开展。

(三)统筹监管评估

教育部制定了"国培计划"送教下乡培训质量标准体系,包括整体设计、团队建设、组织实施、资源开发、目标达成、经验特色6个主要维度、22个核心指标、34个达成度指标。根据客观性、发展性、引导性、规范性的原则,省(市)教育行政部门要制定地方的培训质量标准,如重庆市教育行政部门制定的《重庆市教育委员会关于开展"国培计划"(2015)项目区县考核评价工作的通知》,对项目区(县)开展送教下乡培训工作做统筹指导、监管评估。

(四)统筹总结推广

通过对项目区(县)培训各个环节的抽查视导,尤其是成果展示、总结提升阶段的考察评价,省(市)教育行政部门发掘区(县)先进做法,提炼典型经验,邀请专家进行论证,及时总结推广,以实现培训效益的最大化。如重庆市北碚区教师进修学院以"浇根式改善型"培训理念来精心设计送教下乡培训,他们坚持诊断乡村教师课堂教学的面达100%,对每所乡村学校的校本研本研修进行诊断,研课面达100%,磨课面达50%,分层分块多项目开展成果展示,把资源建设放到培训课程设计中,这些行之有效的做法,重庆市"国培办"在2016年的送教下乡培训工作中进行大力宣传推广,对其他区县开展和改进送教下乡培训大有裨益。

二、区(县)教育行政部门

仔细审读《指南》中关于区(县)教育行政部的八大职责,不难发现,区(县)教育行政部门在送教下乡培训中主要起组织作用。

(一)组织设计团队

根据省市要求,区(县)教育行政部门制定本区(县)送教下乡培训规划和年度实施计划,整合本地区教学科研力量,形成送教下乡培训设计团队,成员包括本地区县级教师发展中心〔区(县)教师研训机构〕负责人、域外专家、本地或周边地区高等院校研究人员等。团队共同审定培训规划,制订具体实施方案。区(县)教育行政部门对培训计划修改调整,参与实施方案的设计和论证。

(二)建立支持服务体系

区(县)教育行政部门利用行政力量,积极引进高等学校资源,有效整合本地培训、教研、电教等部门资源,建立高等学校、县级教师发展中心〔区(县)教师研训机构〕、片区研修中心和乡村学校四位一体的送教下乡培训支持服务体系。根据培训规划和职责分工,落实培训经费,健全管理制度,明确各方职责,确保各环节的工作落实到位。

(三)建设送培团队

区(县)教育行政部门组建按照培训者与本地乡村教师不低于1:30的比例建立县级送培团队,整合区域外专家资源,分学科(领域)组建结构合理的高水平送培团队(为了确保诊断参培教师课堂教学覆盖面广,研课磨课落实,送培团队的做法是尽量扩大培训团队)。尤其对于参与送培工作的骨干教师给予时间和工作安排上的合理调整。制订相关激励政策,支持县级送培团队开展送培工作。

(四)开展评价考核

依据上级制定的培训质量标准,做好对县级教师发展中心〔区(县)教师研训机构〕、送培团队和乡村学校的过程性监管和培训效果的评估工作。

(五)实现成果推广

发掘先进做法和典型经验,及时宣传推广。有效加工送教下乡培训的过程性成果,生成本土化培训课程资源,并纳入本地培训资源库,推广利用。

三、县级教师发展中心〔区(县)教师研训机构〕

县级教师发展中心〔区(县)教师研训机构〕在送教下乡培训中主要起"策划"作用。即根据教师专业化发展的要求,参培地区现实问题解决的需要,完成培训主题与项目的策划开发、培训方案的制订等工作。

(一)做好策划的前期调研

县级教师发展中心〔区(县)教师研训机构〕首先是对培训地区的文化、环境和条件的调研。不同培训地区,有自己的文化背景,这是培训设计需要考虑的要素。比如为青海省做送教培训设计,就需要考虑当地的民族问题、宗教问题。如青海省大通县是回民聚居的地方,很多教师、学生是回族,信奉伊斯兰教,在课程设计、教学活动安排上需要考虑回族的习惯、风俗、宗教信仰等因素。当地学校有普通的乡镇学校,还有较为特别的牧区学校;有的学校硬件条件较好,有的学校不具备多媒体教学条件,在设计培训时,尤其是做培训活动设计时需要考量这些学校的特殊性。

其次,是对参培者的调研。设计培训前,需要对参培者做好前期调研,为学科实施方案的撰写做好充分准备。调研内容要全面,一般需要了解参培者的数量、年龄结构、能力层次、发展阶段、发展需求等,调研具体内容根据需要做调整。调研方式要多样,可用问卷调查、访谈等方式发现问题、了解现状,也可以是送培专家听课问诊,通过诊断发现问题。对调研情况必须进行分析梳理,把调研结果作为培训设计的基础或调整培训设计的依据。

案例2-1:×××区送教下乡培训需求调研

为了提高农村中小学送教下乡培训的针对性和有效性,×××区教师进修学校在全区开展乡村中小学送教下乡培训需求调查工作。

第一步:采用需求调研问卷、电话访谈等方式进行调研,调查涵盖培训课程设置、培训内容、培训方式等8项内容。

第二步:整理调研情况,基本情况如下表所示。

农村中小学"送教下乡培训"需求调查项目内容表

序号	农村中小学"送教下乡培训"需求调查项目内容	比例
1	有工作需要、认知需要	100%
2	喜欢"阶段学习+现场观摩+教学研讨"的方式	92%
3	喜欢"微讲座+跟进学习+形成报告"的模式	89%
4	喜欢培训内容(教材分析、新课程理念应用、教学专业技能培训、教学案例分析)	96%
5	培训课程要突出专业性、操作性、针对性	88%
6	关注新课程、素质教育、教育改革	65%
7	希望通过培训提高自身的发展水平	96%
8	参加培训的目的是为了提升教学能力	97%

第三步:根据调研,发现参培者的培训需求,调整送教下乡培训设计。

比如对于课程设置和课程内容的设计,设计者就根据乡村学校实际选择课程设置,针对一些典型问题设计课程内容,寻找解决问题的办法与措施。理论性内容应该有,但不宜过多,方向性的、针对性的、可操作性的课程应占一定比重,突出学科教学方式改革、新课程理念应用等。内容以教材分析、教学实践等方面的有效经验为主。培训方式多采用现场观摩,且现场观摩学校应该是那些与一般学校条件相差不大的优秀学校,从中获得适合于教师专业发展的有益经验。

评析:从以上案例可以看出,培训需求调研对送教下乡培训设计起到了三个作用:一是使培训设计有了针对性,针对乡村教师教学存在的不足和所遇到的困惑;二是让培训内容设计有了适切性,培训设计从教学实际出发,把理论探讨与教学实践相结合,用理论解决教学中存在的问题,使参培教师不仅知其然,还能知其所以然;三是让培训设计有了实践性,参培者不仅要用耳听,用脑思,还必须动手做,运用教学理论设计教学、说课、评课、上课、进行课题研究等。

(二)精选学科实施方案的设计者

研训机构要精心挑选学科方案的设计者,根据送教下乡培训的特殊性,学科实施方案设计者必须具备两个方面的素养:学科教学素养和教师教育素养。

1. 设计者应该是学科教学专家

送教下乡培训要求设计者必须具有本学科的教学素养,包括以下三个方面:

(1)精通学科专业知识。设计者要清楚地了解学科原理、教学法知识,对该学科的基本知识有广泛而准确的掌握,对学科的基本结构有深入的理解,能熟练运用学科教学技能。设计者只有精通学科专业知识,才能够精准地找到参培者课堂教学存在的教学问题,从而进行透彻的分析,形成培训主题。

(2)具备总结教学规律和提炼教学策略的能力。设计者要有丰富的经验积累,能通过大量的教学课例,包括学科教学的特殊案例、个别经验等,从中总结归纳出教学规律,提炼出有效的教学策略。设计者只有拥有处理学科教学问题的方法与策略,才能设计出高质量的培训课程和培训活动,有针对性地提高乡村教师解决课堂教学问题的能力。

(3)了解学科领域的思维方式和方法论。包括了解学科发展的历史、学科发展动态和趋势、学科研究的最新成果,了解推动学科发展的因素,关心该学科教学成败的原因,也包括学科认识世界的独特视角、域界、层次及思维的工具和方法,让培训课程设计的既能符合学科发展的特点,又能满足时代发展的要求。

2.设计者应该是教师培训专家

送教下乡培训要取得良好效果,作为设计者还应具备教师教育素养,换句话说,设计者不仅应该是培训专家,而且应该是教师培训专家。设计培训方案时首先要了解培训的新理念和新方式。比如,德国的科翰(Knrt Hann)和其他人创办的高登斯通学校(Gordonstoun School),以"做中学"的教育思想为主导,训练年轻海员在海上的生存能力和船触礁后的生存技巧。美国哈佛的教授大卫·库伯(Darid Kolb)从哲学、心理学、生理学角度做了很多研究,构建了一个体验式学习模型——"体验式学习圈",提出有效的学习应从体验开始,进而发表看法,然后进行反思,再总结形成理论,最后将理论应用于实践。强调共享与应用的体验式学习已成为众多培训专家采用的一种培训方式,作为送教下乡培训的设计者应该了解诸如此类的前沿的培训理念和培训方式,以备设计方案时合理选用。

其次要了解培训对象成长与发展的特点。设计者不仅要了解成人学习、校本研修等理论知识,还要具有针对特定对象的相关培训知识和方法,如教师团体辅导以及指向个体态度与行为改变的指导技术等。送教下乡培训的对象是某区域的乡村教师,设计者还需要了解他们的学习起点、学习和研修的特点等,根据这些具体情况设计相应的培训课程和培训活动。

此外,设计者还必须具备策划培训、设计课程的能力。设计者需要对参培地区的教育教学情况,参培学校的具体环境、条件、需求,参培者的现状做细致科学的分析,以便在设计中准确定位培训目标,包括中长期目标、阶段性目标、近期目标。设计者还要清楚地了解可以运用的各种资源,包括人员、时间、场地、经费等,以备培训方案设计的需要;还要了解培训参与各方的职责和能力层级,以备设计时明确各方职责、制订相应的管理制度。在此基础上,才能够撰写出切实可行的实施方案。

四、送培团队

送培团队在送教下乡培训中与参培者面对面,起直接"指导"的作用。送培团队的工作方式、效率,团队成员的个人素养、培训方式直接关系到参培者对培训内容的接受度和培训效果的持久度。

(一)送培团队的职责

送培团队有五大主要职责:提升送教培训能力、完成送教培训任务、提出解决问题策略、创新培训方式方法、总结送培经验成果。

送培团队必须组织协调各方人员,切实执行实施方案,在施培中注意内容适度、形式适合、方式多样,根据培训中的实际情况进行有效调控;梳理、研究乡村教师课堂教学的突出问题,提出解决方法和策略;创新培训方式方法,提升送培实效;涉及需要多方协调时,要明确各方职责,确保合作良好;做好档案管理,合理使用经费;能够客观分析并能够恰当使用评价结果,在此基础上不断改进,进一步总结提炼培训方法。对培训成果要进行科学的预设,成果种类多样,有物化成果,有能力提升,有资源建设;有显性成果,有隐性成果。在培训结束后,做好总结推广,使其达到价值最大化。比如对送培课程及生成性培训成果进行收集和加工,资源加工的方式主要是梳理文本材料、视频材料,分学科构建培训资源包。丰富培训资源扩充培训资源库,以备送培结束后的后续指导使用或区域培训使用。

(二)送培团队的组建

1. 队员有共同的团队愿景

送培团队成员要愿意为改变乡村教育而努力,为乡村教师的专业成长服务,在此过程中要克服艰苦条件,沥尽心血,投入大量精力。大家能在培训活动中遵循共同准则,要善合作、参与、体验、服务、引领。

2. 队员构成具有异质性

组建多层面、多指向的送培团队,成员在性别、年龄、特长、职称、地区上有一定差异,比如有的更擅长理论阐释,有的更擅长教学设计,有的更擅长课堂教学;有的激情澎湃,有的娓娓道来,有的诙谐幽默;有的来自北方,有的来自南国。各有各的特点,这种差异本身就是丰富的培训资源。成员可以包括高校专家、教研人员、一线名师,甚至还可以吸纳乡村教师中的"草根专家"加入。这样的团队成员,各有所长,既能"报天气",又能"接地气"。

3. 队员具有流动性

送培团队主要是一个动态性的团队,除了团队的领军人物和核心成员相对固定外,其他的团队成员具有一定的流动性。根据参培学校、教师的不同需求,适时调整送培团队的结构。成员的流动不断给组织带来新鲜血液,促进送培团队不断更新与发展。同时,由于团队成员的流动,也在扩大团队的影响,也从另一个层面促进着团队的发展。

五、乡村学校

乡村学校在送教下乡培训中要承上启下,负责本校参培教师的组织、管理、监督、评价,协助送培团队开展培训,在培训过程中主要起"协同"的作用。

(一)制订本校方案

乡村学校将送教下乡培训纳入校本研修规划,认真研究送培团队的学科实施方案,根据方案和学校实际制订本校实施方案,实现送教下乡培训和校本研修的有机整合。

(二)做好协同实施

乡村学校会同送培团队做好培训各个环节的实施,如在诊断示范环节,要求教师展现真实课堂,提出真实问题;制订激励机制,调动教研组和教师的积极性;主动向送培团队提出教学问题;配合送培团队开展活动,提供有利的培训条件等。

(三)负责研磨活动

做好参培者的工作安排,根据学科实施方案调整课程和研修时间,做好研课磨课活动所需的时间、人员、硬件设施等保障工作。

(四)汇聚整理资源

收集整理过程性资料,如研讨记录、课堂实录、课件、专家讲座视频等,作为后期教学研究的资源,还可组织教师反复学习,并在后期的教学实践中加以运用。

（五）本校监管评估

对本校教研组、学科教师的研修情况、研修效果进行监管评估，对于研修情况好、进步大的小组和人员进行表彰鼓励，激发他们持续学习的热情。

六、乡村教师

乡村教师是送教下乡培训的主体，也是最大受益者，在培训中要起到"参与实践"的作用，做到"人人有计划，人人有研磨，人人有展示，人人有发展"。

（一）参加诊断示范，制订个人研修计划

乡村教师要带着热情积极参与培训，敢于展现自己的真实课堂，让送培团队的专家帮助自己找准课堂教学中存在的突出问题。明确研修的目标任务，制订个人研修计划。

（二）参加研课磨课，提升课堂教学实效

虚心听取送培团队意见，对于不理解的地方要多问、多研讨；主动尝试送培专家提出的教学方法，试着用一种新的角度看课堂，用一种新的方法来施教；不拒绝理论，不做井底之蛙。认真参加研课磨课，借鉴示范课例，优化教学设计，及时学以致用，促进自身专业成长，切实提升课堂教学实效。

（三）参与展示活动，提炼生成个人成果

认真学习课程，积极参与活动，如积极参与"说课、上课、评课"和"微课例、微案例、微故事"等展示活动，提炼生成个人代表性成果。

（四）认真总结反思，制订个人发展计划

培训结束，要认真进行个人总结，梳理经验、反思问题、明确改进方向，制订个人的下一步发展计划，促进自身专业发展，为乡村教育添砖加瓦。

第二节 送教下乡培训设计的原则

设计作为整个送教下乡培训系列中的第一项工作,受到诸多因素的制约,只有认真分析,充分考虑这些因素,设计才可能有效。送教下乡培训设计需要遵循哪些原则呢?本节将对此做具体阐述。

一、统筹性原则

这里的统筹,包括以下几层意思:一是培训项目的分散统筹安排。一个培训机构,一年需要开展多个培训项目,如重庆市北碚区作为培训项目区县,一年有十余个区内培训项目。这些培训项目中,既有五年80个学时的专项培训,也有干部培训、核心能力培训、送教下乡培训、信息技术能力提升培训、农村专项培训等。同时,作为实施单位的北碚区教师进修学院,承担了众多的国培计划、市培项目。在这么多培训项目中,对于送教下乡培训,必须做好统筹安排。虽然培训项目各不相同,但作为培训对象的教师,很可能一个人要参加多个培训项目,再加上学科教学任务重,教师分身乏术,内心可能焦躁不安,这样就不利于培训。因此,针对同一个片区或学校,特别是落实到教师个体时,培训项目尽可能单一。二是参培区域及学科的系统统筹安排。培训需要做规划,从时间上、地域上对参培的片区、学校、学科进行统筹安排。用几年的时间来完成全县(区)的培训,每年确立哪些地区、学校参加哪些培训项目需要作通盘考虑,做到心中有数。在同一学段中大学科与小学科要统筹兼顾。送教下乡培训,既要兼顾全面,更要着力于乡村薄弱地区、薄弱学校、薄弱教师。要真正实现教育的均衡发展,只有农村薄弱地区的教育发展起来,才谈得上教育的均衡。送教下乡培训,理所应当为均衡教育的发展做出贡献。

二、简约性原则

送教下乡培训,持续时间为一年,但分四个环节实施,一般为8~12天。要真正实现教师行为的转变,送培主题必须简约,课程内容必须聚焦。在这个方面,我们曾有深刻的教训,在一次送教下乡培训中,在进行课堂诊断中,发现教师的教学存在诸多问题,如阅读教学内容选择不当、主问题设计不清晰、写作教学效益低下……最开始希望能把这些问题都解决,因此在示范阶段,既有阅读教学的示范,也有写作教学的示范。虽然教师们在培训过程中反映很好,但在研课磨课阶段,发现教师们对前面的课堂示范缺乏深入的认识,更别谈行为的转变了。因此,我们在后阶段的培训中,果断调整了主题,聚焦于写作教学中的难点——写作精准知识的传递来开展研课磨课,由于内容聚焦了,效果也就好了。

三、阶段性原则

阶段性原则,有两方面的含义:一是针对区县的三年规划,须阶段推进。三年规划,一年计划,一个项目,一个方案,构建起完整的培训体系,据此逐步实施。二是针对每个送教下乡培训项目的实施,要依据诊断示范、研课磨课、成果展示、总结提升四个环节,逐环推进。每个环节都有各自的任务,比如诊断示范环节,就需要准确把握参培者教学中存在的问题,并据此形成送培主题和送培课程,在此基础上,开展有针对性的课堂示范,为下一环节的研课磨课"树标立靶"。研课磨课环节要针对参培者存在的共性问题展开研究,生成解决策略,针对参培者的个性问题展开磨课,形成"一师一优课"。这样的实践过程才能改进教师的教学行为,提升学员对学科教学的理解力、设计力、实施力。而成果展示阶段则需要学员展示成果,理性反思,增强自信;总结提升阶段则需要学员总结成果,建设资源,送培团队反思改进培训策略。除此之外,阶段性原则还包括每两个环节之间的间隔时间,需要学员展开延伸培训。如学员在诊断示范环节学习了课堂观察工具的制订及课堂观察方法,在诊断示范与研课磨课环节的间隔中,就要将这些方法运用于校本研修之中,从而提升教师观课议课的水平。在研课磨课与成果展示的间隔中,需要学员把课例的研磨方法运用于日常备课上课之中。只有这样,才能把10天的集中培训延伸、连结为一期的培训,从而真正实现教师对培训内容的消化、吸收、转变、迁移,达成最好的培训效果。美国学者布伦特·彼得森(Brent Peterson)将花在培训上的时间与花在培训相关的其他活动上的时间进行比较,分析影响培训有效性的因素时,得出了"倒二八现象":组织在培训项目本身投入85%的资源,但是这些投入只产生24%的有效性。由此可见,对于培训有效性有更显著作用的是培训的后续工作。因此,我们务必要重视环节之间、培训之后的延伸培训,以实现培训效益的最大化。

四、主体性原则

送教下乡培训作为一种成人培训,必须充分尊重参培者的主体地位,按照成人学习的特点和规律,发挥其主体作用。结合对送教下乡培训的实践思考,可以理解为送教下乡培训主体性原则主要体现在:送培主题让学员共同来建构,送培课程基于学员主体经验来设计,送培实践让学员主体来经历,送培成果让学员主体来生成。在送教下乡培训的形式上,应包括多种形式:有讲座有实作,有观课有反思,有设计有上课,有集中有分组……通过多种形式,让每位参培者充分卷入,在过程中、在经历中、在理论学习中、在实践操作中逐渐成长。给予教师足够的自主空间,让其像野花一样自由生长,拥抱阳光,散发芬芳。

第三节　送教下乡培训规划设计

《教育部办公厅关于印发乡村教师培训指南的通知》(教师厅〔2016〕1号)明确指出:"区(县)教育行政部门要将送教下乡培训纳入乡村教师全员培训规划,制订送教下乡培训周期计划与年度计划。原则上同一乡镇同一学科每年送培不少于4次,每次不少于2天,确保送教下乡培训实效。"送教下乡培训要有序开展,需要进行全面的规划,循序渐进地展开,才能确保培训的效益。

一、规划设计概说

培训设计分为宏观规划、中观计划、微观方案的设计。宏观规划一般是指区域(市、区、县)的周期计划,一般由教育行政部门制定。中观计划一般是指一年的培训计划,由教师培训机构(进修校或教研室)制订。微观方案是指学科的培训方案,包括送培团队、参培者的组织、送培课程的安排等方面的内容,由学科送培团队制订。为表述的方便,周期计划和年度计划将之统称为规划。

对于教师培训而言,发展转型很快。前些年更多的是骨干教师培训、乡村教师培训、置换脱产培训,而当前送教下乡培训则成为热点,实施的方式由离岗培训到在岗培训,由集中培训到远程培训等。鉴于培训的发展变化较快,建议培训规划时限设为三年。

二、规划考虑的要素

培训规划要考虑哪些要素呢?一般需要考虑乡村学校、乡村教师、送培团队、培训经费这四个主要因素。

(一)乡村学校

送教下乡培训,是针对乡村学校的培训。因此,必须对区域内乡村学校的情况进行分析,以便分类送培,高效实施,确保培训实效。对乡村学校的分析,可从以下三个方面入手。

(1)从类型来分析,主要包括高级完全中学、乡镇学校(乡镇九年一贯制学校、乡镇初中、乡镇中心小学)、村小这三类。高级完全中学,规模相对较大,教师人数较多,有一定的校本研修氛围;乡镇学校情况各不相同,有的规模大一些,学生人数上千,而有的则偏小,学生仅有一两百人;至于村小,规模就更小。

(2)依地域来划分片区。依据相邻的地理位置,可将全区或全县划分为若干片区。各片组织成片区研修协作学校,或者组成片区联盟。

(3)依学校教学情况来划分,如以质量优、中、差来划分乡村学校。

基于学校类型及片区情况的分析,在做培训规划时,可以有几种思路:一是抓大放小。把送培重点放在一些规模相对较大的学校,把这些学校的培训做好,整体质量就能得到大幅度提升,同时通过这些学校教师的培训,以点带面,辐射周边。二是片区推进,以片区为单位逐片开展培训。通过一个一个片区的培训,将乡村教师全覆盖。在片区送教下乡培训中,研修学校要尽可能兼顾片区内的多所学校,不能只是集中于某一个校点。三是治差补薄,将送培重点放在一些师资质量较差的薄弱学校,或者根据各学校学科教师的能力状况,将送培重点放在一些薄弱学科,这样才能够有效地提升学校的教学质量。

(二)乡村教师

乡村教师是送教下乡培训的主体。培训设计时,需要对他们的情况、需求进行深入的分析。应从乡村教师的人数、年龄情况、学历情况、工作情况、学习内驱力、学习需求、家庭住址等方面进行分析。

如重庆市北碚区教师进修学院在进行送教培训规划时,首先就对全区的乡村教师情况进行了分析,见表2-1。

表2-1 北碚区乡村教师情况统计表

学校	中小学幼儿园总数(个)	乡村学校数量(个)	乡村中小学数量(个)	乡村幼儿园数量(个)	村小数量(个)	教学点数量(个)
	170	141	53	88	26	0
教师	中小学幼儿园教师总数(人)	乡村教师数(人)	乡村中小学教师数(人)	乡村幼儿园教师数(人)	村小教师数(人)	教学点教师数(人)
	6410	4150	2819	1331	567	0

此表清晰地呈现了各级各类乡村教师的数量情况,为培训规划设计提供了很好的依据。教师的年龄、学历、任教年限等情况,在区(县)教委(教育局)一般都能查到;工作情况可以采取学校领导访谈、座谈的方式了解。目前培训存在的最大问题是工学矛盾,许多学校的领导不愿意让教师参与培训。虽然送教下乡培训大大减少了教师外出学习的时间,但作为一种培训,即使是片区研修,也需要不时调课参与,这需要各学校领导的支持。了解教师的工作情况,有助于合理安排培训项目和培训时间,减少学校协调教师工作带来的压力。教师的学习内驱力和学习需求,可以通过问卷调查的方式进行。了解教师的培训需求,才能更好地设计培训项目的内容与形式。

(三)送培团队

送教下乡培训,与其他培训的不同之处在于,是送培到校且要连续完成四个环节的任务,因此,要求送培团队的领军人物和核心成员相对固定,其他成员具有一定的流动性。团队来源,包括本地团队和域外专家。尽可能以本地团队为主,域外专家为辅。专家的组成包括高校专家、教研员和一线骨干教师,这样可以高低搭配,既有理论支持,也有实践指导能力。团队成员的要求是:高水平、分学科、结构合理。只有尽可能遴选优秀的教师,才能对参培者起到指导作用。送培团队既要有学科教学理论方面的专家,也要有示范上课的、指导教师教学设计及能研课磨课的名师,还要有能够指导教师进行校本研修方面的教研能手。一般而言,每个培训学科需要5~10名专家。

如果本地区缺乏送教培训的专家,也可以委托高校、外地教师研修机构。如果采取外包形式,由于成本的因素,送教培训涉及的教师覆盖面就需要更大一些,可以采用分学科错时培训的方式,开展送培活动。在开展培训的过程中,也要求外来的专家团队分组,每组在送教下乡培训的各个环节中,覆盖的学校尽可能多一些,不能仅停留于某一所学校。如重庆市北碚区教师进修学院对青海大通的送教培训,每个学科都涉及了十余所学校,基本实现了涵盖全县所有乡村学校的目标。

(四)培训经费

送教下乡培训,离不开培训经费的支持。专家的课酬、差旅费、教师的生活补助、资料印刷、资源建设、研修场地设施设备的配备都需要一定的经费,需要多方面筹措送培经费。目前,从国家教育部到各级地方,都非常重视送教下乡培训。每个送培项目经费使用的多少,一是取决于送培团队的组成,如果是以本地专家为主,则培训经费会大大降低;如果是委托外地机构来送教培训,则培训经费会大幅度增加。二是取决参培教师人数的多少。我们可以根据地区的经济状况来确定送教下乡培训的经费,然后根据经费来设计培训项目。经费多一些,可以采取分片区的方式,每个送培项目的参培人数少一些,以确保培训效果;经费少一些,每个送培项目参培人数就多一些,覆盖的面就可以更广一些。

三、规划的注意事项

(一)统筹兼顾

由于目前各类培训项目繁多,国培计划、市培、继续教育学习培训、送教下乡培训、骨干教师培训、信息技术能力提升培训等。乡村教师培训，又属重中之重，它包含了乡村教师访名校项目、乡村教师置换脱产培训、送教下乡培训、乡村教师网络研修与校本研修整合培训等。这些培训项目，主管部门各不相同，有的是教育行政主管部门，有的是电教馆，有的是教师研修机构。如果这些机构之间沟通不畅，就可能导致同一批教师同时要参与多个培训项目的情况，让教师疲于奔命，怨声载道。这样的情况，必须避免。因此，教育行政部门，必须要注意统筹协调各个培训项目，可以采取错时错地培训的方式进行，如开展送教下乡培训的片区，就尽可能避开其他的培训。

（二）系统安排

送教下乡培训是一个系统工程，要做系统安排。根据教育部文件《乡村教师支持计划》的相关要求，实现乡村教师培训的全覆盖，需要形成系统的培训规划。在一至两个周期（每个周期三年）内，把区域内的乡村教师都培训一遍。培训的渠道可以多种，如送教下乡培训、乡村教师访名校、"国培计划"项目等。培训机构进行培训规划，分期、分批培训。学校应建立教师培训档案，确保在一个培训周期内不漏掉一人。有的学校为避免工学矛盾，专门安排教学能力差、未上课的教师参加培训，使其成为了"培训专业户"，这是对培训资源的巨大浪费，也是不负责任的表现。

（三）调研先行

规划不能闭门造车，在规划之前必须进行周详的调研，调研的核心内容就是培训对象的需求，以此作为规划的依据。培训需求分析要关注四个维度：社会需求、组织需求、岗位需求和学员个体需求。社会维度的培训需求分析属于宏观战略层面的分析，要求把教师培训工作置于社会变革背景下，与时俱进，体现社会发展需要。组织维度的培训需求分析属于中观战略层面的分析，是以被培训的教师工作单位作为分析对象。岗位维度的培训需求分析属于微观执行层面的分析，其分析对象可能是某学科、某年级教师岗位的某项工作任务与要求。最后，学员个体维度的培训需求分析属于另一微观执行层面的分析，其对象是学员本人的兴趣、意识或意志作用下产生的对培训的要求与愿望。[①]

---

① 余新.影响教师培训有效性的五个基本环节[J].北京教育学院学报,2009(06).

需求调研的对象包括：教师教育培训专家、基层学校领导、教师。调研的内容包括教师需求、学校需求、课堂教学情况、送培团队的构成情况等。调研的方式可采取问卷、访谈、课堂观察、会议等形式。

（四）评价督促

在规划之中，评价督促是必不可少的一个部分。没有评价，就难以保证培训效果。对培训项目的实施，教育行政部门要求培训组织机构每一个周期、每年提交送教下乡培训效果的评估报告，培训管理机构也应要求每个培训项目组提供学科培训项目的评估报告。评价的方式多样化，可以是网络满意度调查、参培教师访谈、资料查阅等方式。评价的实施可委托第三方机构评价，也可自己组织专家评审组进行评价。

四、规划方案的撰写

规划包括三年的规划和一年的总体方案。三年的规划撰写可以自由一些，没有明确的规定；一年的总体方案，关系到实施，需要细化一些，具体来讲，主要包括目标任务、送培对象及分析、送培模式、阶段安排、团队建设、课程内容、资源建设、考核评价等几个部分。

（一）目标任务

《指南》对"目标任务"做了如下阐述。

省市统筹，区县组织，依托本地培训团队，整合区域外专家资源，采取任务驱动方式，定期开展送教下乡培训，以送教下乡培训带动校本研修，创新乡村教师培训模式，提升乡村教师培训实效。主要任务如下：

(1) 分学科组建结构合理的高水平送培团队。

(2) 分阶段开展主题鲜明的送教下乡培训。

(3) 现场指导乡村学校开展校本研修。

(4) 提升乡村教师课堂教学能力。

(5)加工生成一批本土化培训课程资源。

(6)完善乡村教师专业发展支持服务体系。

以上是送教下乡培训的总体目标与任务,各地区在制订培训目标时需要结合本地区实际进行具体化,使之清晰、适切,具有可操作性。

案例2-2:送教下乡培训目标

(1)通过名师的示范引领,完成覆盖全区乡村教师的新一轮新课程理论的通识培训,加深农村教师对全面实施素质教育重要性和紧迫性的认识,理解新课程背景下教师角色及职责的转变,提高其对新形势、新理念的理解和把握能力。

(2)以区级教师培训团队为主体,整合区域外专家资源,结合具体的学科教学研讨,帮助形成新的课程意识,改进传统落后的教学模式,逐步建立符合学生学习规律和成长规律的新的课堂模式,切实提高乡村教师课堂教学能力。

(3)通过名师和当地教师"同课异构或异课同构"的主题研修方式,聚焦课堂的实践性环节,开展现场诊断、评课、议课、磨课等参与式活动,发展农村教师的开放性、多元化思维,有效提升其驾驭课堂的施教能力。增强农村教师对教学实践的行动观察、自我反思、感悟体验、行动设计等有效教研的专业引领能力。

(4)搭建名校、名师、教研员、农村教师之间交流互动的平台。通过名师的成长经验分享,解答教学疑惑等研修方式,促使农村教师主动规划自我专业发展的有效路径,提高名优教师的示范辐射能力。

(5)以信息技术能力提升工程为契机,推广微课、慕课制作,使中青年教师的现代教育技术、互联网应用能力实现升级,实现新质量观下的全区教育教学质量的明显提升。

(引自《×××区2015—2016年送教下乡培训方案》)

(二)送培对象及分析

国际教师教育学倡导教师学习的三大定律——越是扎根教师的内在需求越是有效;越是扎根教师的鲜活经验越是有效;越是扎根教师的实践反思越是有效。[1]送培方案设计的参培对象为乡村教师,更具有特殊性。因此方案中要对送培对象做明确

---

[1] 冯大鸣.美国以问题为中心的教师培训模式[J].中小学教师培训,2002(1).

阐述,包括送培片区、学校、学科、教师人数,并对这些对象的培训需求进行分析。

案例2-3:送教下乡培训对象分析

2015年度,北碚区对送教下乡培训的歇马镇(48中学、晏阳初中学)、澄江镇(23中学)三所农村初中语文、数学、英语、物理、化学、历史6个学科,教师182人。具体统计见下图。

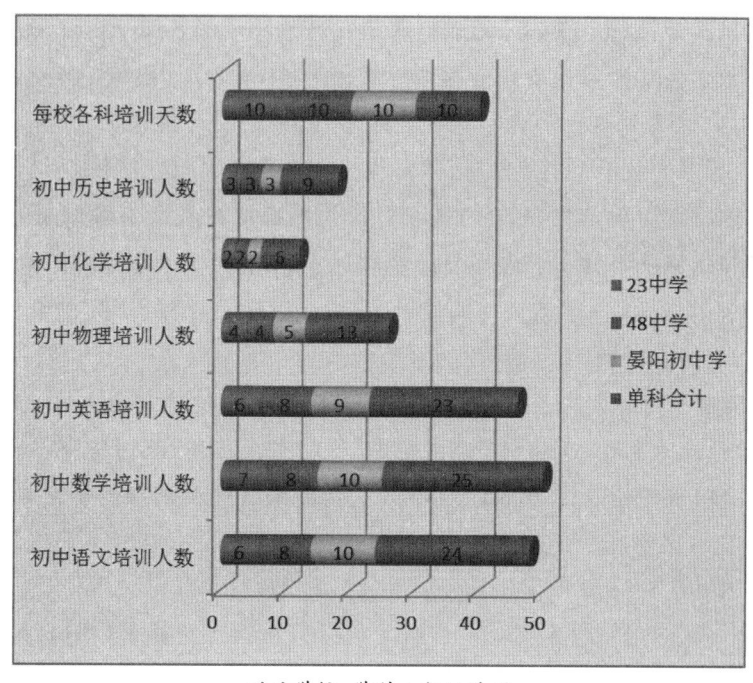

送培学校、学科人数统计图

(引自《北碚区2015年送教下乡培训方案》)

采取图示的方式来表述,一目了然,直观清晰地呈现出各学校,各学科教师的人数差异。

在选定培训乡镇后,北碚区教师进修学院对该两镇三校的182名初中全学科教师进行了问卷调查与访谈,掌握了该片区三所农村初中教师专业发展的基本情况与培训需求:

1.音乐、体育、美术、信息技术等四科教师人数少,我区刚进行了区级专项培训,三所调研学校均建议本次送教培训选择初中语文、数学、英语、历史、物理、化学等学科,实现一个片区初中课堂教学生态的改善,进而通过持续的校本研修跟进,引领其他片区的初中课堂教学发展。

2.94%(152名)的教师表示我区于2012年起连续3年举行了学科性全员集中培训,对各学科2011年版学科课程标准、学科教学关键问题进行了系统的培训,希望能针对学生"学科核心素养"培养为目标开展培训;96%(175名)的教师希望在"课堂教学目标定位、课堂教学内容分析、课堂教学结构优化、课堂教学方法改进"四项核心教学能力上实现提升;95%(174名)的教师希望在送教培训形式上采取以课堂教学案例分析与课堂教学实践的课例研究为基本形式;90%(164名)的教师在接受大量的连续集中性培训后,需要到自己的教学现场开展培训,分小组开展培训,分阶段内化培训内容,在自己的课堂教学中实践改进,不断提升自己的教学能力。

3.各学科教师均表示在10天的送教时间内不可能完成所有学科教学内容的示范、送教,建议选择一个核心教学主题开展培训,而不是对学科教材内容开展培训,如中学语文为写作教学、中学英语为阅读教学、中学数学为思维教学、中学物化为实验教学、中学历史为史料教学。

4.根据调研并结合我院开展的日常学科研修活动,我院确定此次送教培训的定位是:以1个学科教学主题,通过四阶段五环节"浇根式改善型"课例研修培训,提升6个基础学科的4项教学核心能力,盘活1个片区的校本研修机制和教育发展生态,带动邻近乡村片区的课堂教学改进,服务区域乡村教师支持计划,促进乡村教育优质特色发展。

(此案例由刘玫老师提供)

(三)送教下乡培训模式

送教下乡培训模式,即送教下乡培训采取的方式、流程与结构,它是对课程组合、流程环节安排、培训实施呈现出来的特质的概括,它渗透着培训者的思想理念,决定着培训的效益。在确立培训模式时,除了吸收原有的培训模式之外,要力求有所创新,如近年来的工作坊模式(见案例2-4)、内生培训模式(引导学员借助网络资源自主研修生成成果)、辩训模式(围绕研训主题辩论)等。

案例2-4:北碚区2015年送教下乡培训模式

(1)"1+1+1+1"学科工作坊研修。即每个学科配备1名高校学科课程教学指导者、1名教师研修机构学科教学研修人员、1名优质中学骨干教师与1名送教学校学科教师结对,以学校教研组为基础,建立学科教师研修工作坊,组成学科研修发展共同体,变短期送教机制为长效教师发展机制。

(2)"浇根式改善型"课例研修。以"问题反思+教学实践+互动研讨+专业引领+跟进改善"课例研修为主要送教模式,着重围绕学生"学科核心素养"和教师"课堂教学目标定位、课堂教学内容分析、课堂教学结构优化、课堂教学方法改进"四项核心教学能力,开展"浇根式改善型"培训,促进教师从课程理念到行为改变。

(3)"四环五步"跟进研修。其核心内涵是以教师核心教学问题为出发点,参培者经历"四环"(诊断示范、研课磨课、成果展示、总结提升)"五步"(反思教学找问题—看送培示范课找标准—互动研讨定标准—上实践跟进课达标准——课堂教学展示亮标准)送教培训和自我修炼,重在促进教师素能的改进和教学行为的改善。

(4)"1+N"一体化校本研修。"1"即送培研修主题为基于学校校本研修的问题衍生的关键性问题,送培主题与校本研修主题一致;"N"即研修活动的互补,送培研修活动重在解决片区内的共同问题,在开展"1"次片区送培活动后,根据学科特点及学校工作实际,间隔"N"周(一般为2~3周),以学校教研组开展校本研修和教师个体反思实践。

(此案例由陈家尧老师提供)

(四)阶段安排

按照送教下乡培训的三个阶段四个环节,落实时间、地点、人员等内容。如表2-2所示。

表2-2 "乡镇片区送教培训"活动安排表

第一次送教培训(每个片区50人,共200人)					
时间	地点	内容	负责人	授课教师	培训主题
9月23日-25日	××小学	语文	×××	×××	随文识字 集中识字
9月23日-25日	××蒲吕小学	数学	×××	×××	解决问题 计算教学

续表

第二次送教培训(每个片区50人,共200人)					
时间	地点	内容	负责人	授课教师	培训主题
10月15日—16日	×××小学	数学	×××	×××	几何知识
10月15日—16日	×××小学	语文	×××	×××	批读文阅读教学 略读文阅读教学
第三次送教培训(每个片区50人,共200人)					
时间	地点	内容	负责人	授课教师	培训主题
11月11日—13日	×××小学	语文	×××	×××	口语交际教学 习作教学
11月11日—13日	×××小学	数学	×××	×××	数学文化
第四次送教培训(每个片区50人,共200人)					
时间	地点	内容	负责人	授课教师	培训主题
12月17日—18日	×××小学	数学	×××	×××	课堂练习设计
12月17日—18日	×××小学	语文	×××	×××	展示提升

(五)课程设计

送教下乡培训的课程设计,一要紧扣送培的四个环节——诊断示范、研课磨课、成果展示、总结提升的要求;二要清晰明确,最好是以模块呈现。下面提供一种课程模块示例,见图2-1。

第二章 送教下乡培训的设计

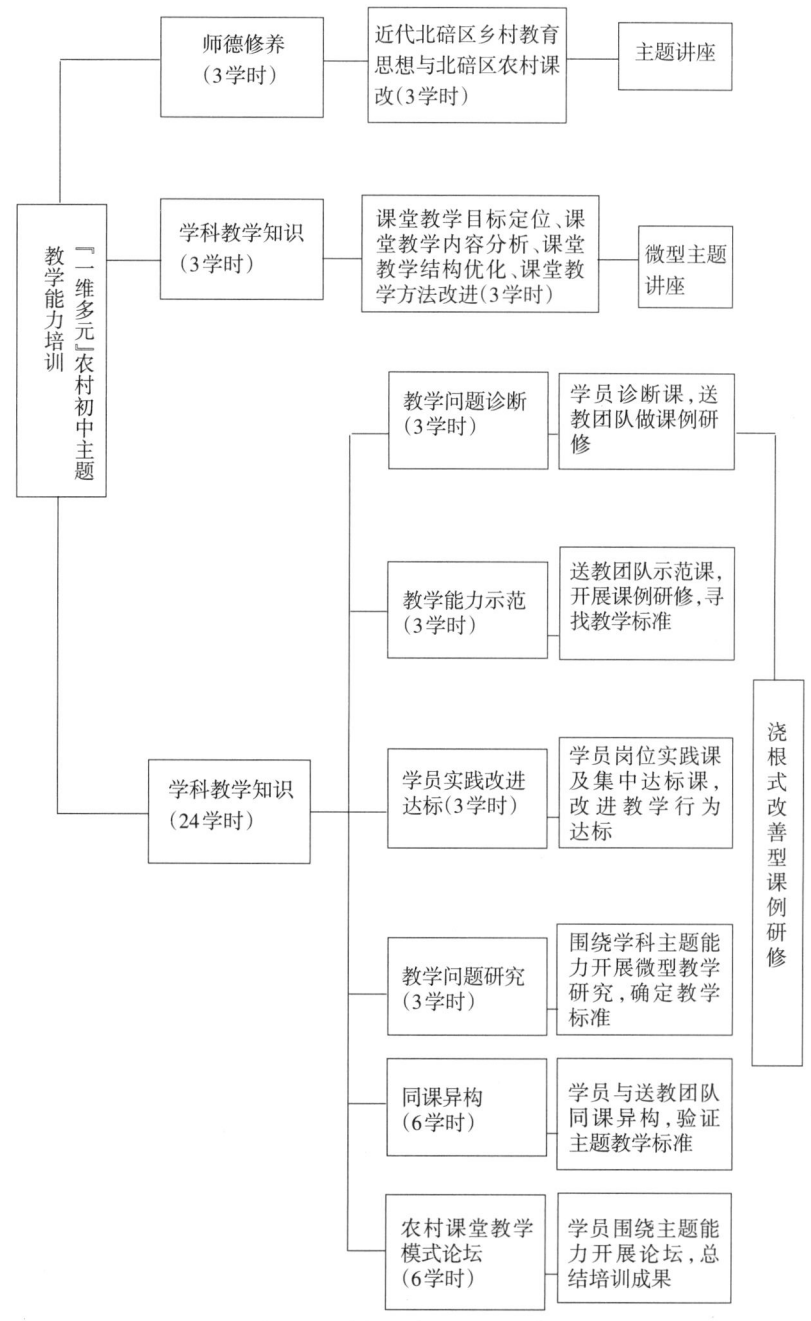

```
                          ┌─ 师德修养 ──── 近代北碚区乡村教育思想与 ──── 主题讲座
                          │  (3学时)      北碚区农村课改(3学时)
                          │
                          │  学科教学知识  课堂教学目标定位、课堂      微型主题
                          ├─ (3学时) ──── 教学内容分析、课堂教学 ──── 讲座
                          │              结构优化、课堂教学方法
                          │              改进(3学时)
"一维多元"农村初中         │
主题教学能力培训 ──────────┤              ┌─ 教学问题诊断 ──── 学员诊断课,送教
                          │              │  (3学时)          团队做课例研修
                          │              │
                          │              │  教学能力示范    送教团队示范课,
                          │              ├─ (3学时) ────── 开展课例研修,寻
                          │              │                 找教学标准
                          │              │
                          │  学科教学知识 │  学员实践改进    学员岗位实践课     浇根式
                          └─ (24学时) ───┤  达标(3学时) ── 及集中达标课,   ── 改善型
                                         │                改进教学行为达标     课例研修
                                         │
                                         │  教学问题研究    围绕学科主题能力
                                         ├─ (3学时) ────── 开展微型教学研究,
                                         │                确定教学标准
                                         │
                                         │  同课异构       学员与送教团队同
                                         ├─ (6学时) ────── 课异构,验证主题
                                         │                教学标准
                                         │
                                         │  农村课堂教学    学员围绕主题能力
                                         └─ 模式论坛 ───── 开展论坛,总结培
                                            (6学时)        训成果
```

图2-1 送教下乡培训课程模块

55

(六)团队建设

团队建设包括专家团队建设和管理团队建设。为了加强团队建设,必须制订团队管理制度,促使团队成员既各负其责,又相互协作,以确保送培实效。

案例2-5:××区送教下乡培训的团队建设

1.送培团队组建

专家团队:以本地教师培训团队为主体,整合区内外专家资源,分领域组建送培专家团队,开展送教下乡培训。

管理团队:在重庆市教委"国培计划"办公室统筹指导下,由××区教师进修学校、北碚区教师进修学院及各片区研修中心抽调优秀管理人员,组成本次送教管理团队,协同承担送培任务。

2.团队工作安排

专家团队:依据教育部2015年"国培计划"文件精神,培训前严格按照本次培训要求参与课程体系设计、培训方案撰写;培训过程中参与专题讲座授课,研讨交流,实践活动指导;培训结束后跟踪指导等工作。

管理团队:

(1)由××区教师进修学校负责确立培训项目,选择培训机构,组建工作团队,进行方案申报,组织参培学员,负责培训管理及统筹资金使用。

(2)由北碚区教师进修学院负责研制培训方案,协助项目申报,组建专家团队,组织培训实施,协助培训管理。

(3)由乡镇片区研修中心负责选择培训实践幼儿园,提供教学场地,协助组织教学观摩活动。

3.团队建设制度

成立送教下乡项目领导小组,由区教委主任任组长,主管培训的副主任与区教师进修学校校长任副组长,下设项目办公室,负责项目的组织管理、实施、服务与指导。

(1)实行项目负责人管理责任制。培训负责人负责项目申报、组织教学与管理、评估等工作;配备专职教务、后勤干事负责教学教务及后勤管理工作。

(2)严格实施管理制度。目前已建立的制度主要有:送教下乡培训课程建设制度、送教下乡专家选拔与教学考核制度、送教下乡教师集体备课制度,送培片区及学校主要职责、送培实践教学基地遴选制度等。通过发放教师听课意见反馈表及学生填写课堂学习意见反馈等措施,对专家授课情况进行跟踪调查,确保培训质量。

(3)加强信息反馈。通过问卷调查了解参培者的培训需求,定期召开座谈会,认真听取参培学校和教师的意见和建议,总结经验,改进管理,增强培训的针对性和实效性,提高培训质量。

(4)强化后续跟踪。建立送培网页,及时更新信息,顺畅信息渠道,收集所有授课专家的课件及其他学习、研讨与活动的音像、文字、通讯资料,结合校本研修组织再培训,加强对后续学习的指导。

(此案例由李奕奕老师提供)

(七)资源建设

资源建设是培训规划中较为重要的部分,可以为教师自主研修及后续的校本研修提供支撑,同时也是对参培者的研修任务安排,因此,在设计时要充分考虑。

案例2-6:送教下乡培训资源建设设计

1.拟使用的课程资源

(1)我区已经统一购买中国教师研修网提供的学科网络课程资源,并且已经自主建立北碚区视频课例资源库,作为送教培训的主要视频课例资源。

(2)我区已经购买中国知网(CNKI)资源,为每位教师建立了账号,我院各学科根据送教培训主题内容,编印选学文章目录,作为培训的文本理论资源。

(3)我区组织了三次中学"卓越课堂"教学大赛和两次中学"卓越课堂"、校本研修培训班,收集整理了学科教学设计,作为培训的教学设计文本资源。

(4)我区组织了两次优课、微课大赛,评选出的学科优秀作品已经上传北碚区教育云平台,作为送教培训的数字课程资源。

(5)每学科选定一本与培训主题高度相关的教学书籍(如英语学科选择王笃勤主编的《英语阅读教学》、历史学科选择邓志勇主编的《历史教学设计》)作为培训学习参考书籍。

2.拟开发的课程资源

(1)在本次培训中,拟对主题导引、教学研讨、课堂论坛视频做二次开发,作为培训课程资源。

(2)拟对每位学员选择一个优秀教学设计、教学设计改进分析(课例研修报告)教学视频实录案例进行二次开发,形成100个优秀教学设计、100个教学设计改进分析(课例研修报告)、100个教学视频实录案例,作为实践性教师教学资源。

(3)拟对教学研修活动中的各学科课堂观察工具、各学科课堂教学标准进行再加工,作为农村地区课堂教学观察工具和课堂教学评价标准。

(引自《重庆市北碚区2015年送教下乡培训方案》)

(八)评价考核

评价考核包括对送培团队和参培者的考核,在撰写时要写明考核内容、考核方式以及考核结果,评价考核要力求既具有科学性,又具有可操作性。

案例2-7:送教下乡培训的考核评价细则

1.送培团队考核

专家团队:通过访谈及书面问卷等形式进行授课实效性检查、监督。

管理团队:通过访谈及书面问卷等形式进行培训组织、培训服务满意度检查。

2.参培学员考核

本次培训将采取过程评价与结果考核相结合,自我评价与专家评估相结合,定性分析与定量测评相结合的多元化考核原则,倡导减少行政化,强调专业化。

(1)培训态度评价(30%)

①学习期间,严格出勤,针对缺勤$\frac{1}{4}$者不得结业,不发结业证书。

②实施学员档案管理制度,通过问卷调查和培训档案的分析,重点对学员学习过程的态度进行判断。档案中的材料主要有:培训前后问卷、简历、培训计划、案例、感想、评语、日志等。

③评价方式上采取自评和他评相结合,自评主体为学员,他评主体为导师、班主任及班委组成的团队。

(2)培训结果考核(40%)

①"六参加"(参加集体备课、课堂教学研讨、听课评课、校本研修、问题反思、网络研修平台的活动)。

②完成规定的"五个一"(做一节课的教学设计,上一节课,写一篇案例分析,写一篇培训心得,做一次讲座)。

(3)培训实践运用(30%)

培训结束后,教师回学校后,将方案结合本校实际,进行修改完善,并邀请专家上门指导,开展各类校本研修活动,促进自身专业发展。

(引自《××区2015-2016年送教下乡培训方案》)

第四节　学科送教下乡培训方案的设计

三年规划是"形而上"的宏观蓝图,年度计划是"形而中"的分步实施构想,学科培训方案是"形而下"的行动手册。学科送教下乡培训方案是学科送教培训的具体行动指南,需要明确地指出该培训项目的培训主题、培训课程设计、培训成果设计等内容。

一、培训主题的确立

(一)主题确立的方式

学科送培主题是着力解决乡村教师课堂教学中存在的主要问题。送培主题的确立有两种方式,一是基于调研生成,二是基于课堂诊断生成。

1.基于调研生成

在制订学科送教培训方案前,必须开展学科情况调研,可通过问卷调查、教师访谈、与参培学校领导交流、与送培地区教师沟通等方式,掌握参培地区的学科发展状况,从而确立送培主题。如重庆市北碚区教师进修学院通过对某县的学科调研,确立了"语文教学内容的选择"的送培主题。基于调研生成的送培主题,设计安排培训的内容和方式。有了送培主题,在课堂诊断之前,先让学员根据这一研修主题来设计课堂观察量表,并用此表对课堂进行观察,分析课堂教学内容选择中存在的问题,同时也在课堂观察量表的运用中改进观察量表。从实施的效果来看,是非常好的。

2.基于课堂诊断生成

送教下乡培训与其他培训很大的不同之处在于是基于课堂诊断来发现问题,通过对这些问题的梳理和遴选来确立送培主题。如送培专家对某地区小学语文学科进行听课问诊,发现当地乡村教师存在文本解读薄弱这一问题,决定将送教下乡小学语文学科培训主题定为"阅读"。培训设计者与一线教师和专家团队进行反复磋商,将该主题培训细化为三个关键点:"解读·文——课程标准的有效体现""感受·情——阅读转化的有效实现""表达·技——写作内需的有效激发"。

(二)送培主题确立的要求

送培主题的确立要求内容聚焦、具有针对性、前后一贯。内容聚焦,即主题要明确、简约。如在本章第二节的案例中,送培专家因为想解决更多的问题,效果反而不理想,最后主题单一后,效果反而提升了。因此,要想效果好,研训内容必须聚焦,不能胡子眉毛一把抓。前后一贯,就是确立了一个主题之后,必须要把这个主题转化落实到一系列的培训课程之中,形成在该主题统帅下的课程体系。

二、培训课程设计

培训课程主要包括培训环节、课程模块、培训内容及实施建议、培训成果等。送培实施阶段的四个环节,在本书第一章、第三章至五章均有详细阐述,本处不再赘述,重点谈谈课程模块和培训内容及实施方式。

(一)课程模块

课程模块是对培训主题的分解,是对培训课程的整合。由于在学科送教培训课程表中,呈现出来的课程分散于各个阶段,不易把握。如"基于语用视角的小学语文阅读教学送培"课程设计就可以包括以下课程模块:师德修养、基于语用视角的阅读教学理论、基于语用视角的阅读教学实施、校本研修与课堂研究。每个课程模块的内容与实施的方式都有所差异。如"基于语用视角的阅读教学理论",应该着重于对"语用"这一核心概念的内涵理解,实施方式可以运用讲座、研讨、课例示范等。

(二)培训内容及实施方式

如果说课程模块是对培训主题的分解,那么培训内容及实施方式就是对课程模块的细化与落实。

表2-3 基于语用视角的小学语文阅读教学送培课程

培训环节	模块	专题	形式	课时	具体内容
研课磨课	课标教材解读	解读语文课标中有关"语用"的理念	微讲座+课例研究+分坊研讨	3	①微讲座:解读语文课标中有关"语用"的理念 ②课例观摩:参培教师执教研究课《牧场之国》 ③分坊研讨:坊内互动,课例剖析,探讨本堂课是如何体现阅读教学中关于"语用"的理念
		语文课标中关于"语用"的理念如何落实到课堂教学中	课例研究+分坊研讨+微讲座	3	①课例研究:以参培教师研究课《军神》为例,重点研究:语文课标中关于"语用"的理念如何落实到课堂教学中 ②分坊研讨:坊内互动,课例剖析:课堂教学如何体现"语用"理念;全班交流 ③微讲座:培训专家结合课例和参培教师的研讨,阐述如何将"语用"的理念落实到课堂教学中
	教学目标设计	基于"语用"视角的教学目标的拟定	课例研究+微讲座+分坊研讨	6	①教学设计:参培教师以《珍珠鸟》为例,撰写教案,重点分析如何确立基于"语用"视角的课时目标 ②同课异构:参培教师同课异构《珍珠鸟》,思考:基于语用视角的教学目标的拟定是否恰当 ③微讲座:培训专家以参培教师的教学设计和课堂教学为案例,对比研讨,总结归纳如何基于"语用"视角来确定教学目标 ④分坊研讨:坊内互动,课例剖析;全班交流
	教学内容确定	基于"语用"视角的阅读教学内容的确定	同课异构+微讲座+分坊研讨+行动跟进	6	①同课异构:参培教师与送培专家同课异构《天鹅的故事》 ②微讲座:基于"语用"视角的教学内容选择 ③分坊研讨:坊内互动,课例剖析;全班交流 ④行动跟进:在研讨基础上,参培教师再上研究课《天鹅的故事》
	教学方法选择	基于"语用"视角的教学方法选择	同课异构+案例分析+分坊研讨	3	①参培教师与送培专家同课异构《唯一的听众》 ②微讲座:基于"语用"视角的教学方法选择 ③分坊研讨:坊内互动,课例剖析;全班交流

续表

培训环节	模块	专题	形式	课时	具体内容
研课磨课	教学效果分析	基于"语用"视角的阅读教学效果分析	微讲座+互动研讨	3	①微讲座：送培专家对"研课磨课"环节呈现的所有课例，进行梳理、小结，引领学员运用基于语用视角的课标理念进行评课及效果分析 ②分坊行动跟进：每个工作坊从前期呈现的课例中选一节再研讨、再备课、再上课 ③全班交流：从"基于语用视角的阅读教学效果"角度分析坊内课例

（引自《重庆市北碚区2015年小学语文送教下乡培训方案》）

评析：表2-4的课程内容把几个模块的课程融合到了一起，如"理念如何落实到课堂教学中"既属理论课程，又属实践课程；基于语用视角的教学目标的拟定、教学内容的确定、教学方法的选择，既属于理论课程，也属实践课程，同时也兼有校本研修与课堂观察的课程性质。

在每一个专题之后有具体的内容建议，如"解读语文课标中有关'语用'的理念"，在实施中就明确了"语用"理念的微讲座，《牧场之国》的课例观摩，关于"语用"的分坊研讨，这就把听、看、思、说结合起来了，这样的课程就富有实效。

三、培训成果设计

培训要做到让学员听进去、做出来、写出来。其中做出来与写出来就是成果呈现。在送教培训中，一定要有成果意识，让学员在成果的提炼中，在任务的驱动下实现质的提升。因此，方案设计，对培训成果要进行科学的预设。

《指南》指出："要通过说课、上课、评课等方式展示教学改进成效，通过微课例、微案例、微故事等展示研修成果。"我们概括为"三课""三微"。此外，呈现形式包括文本材料、视频材料，分学科构建资源包等。这些成果的提炼，就是对培训过程中资源的整理，对教师能力的提升，如研课磨课过程的几次上课就可以写成教学案例或课例研究报告。乡村教师大多缺乏成果意识和收集整理的习惯，这就需要提前设计，以便在实施过程中随时收集。成果提炼出来之后，也可以作为今后送教下乡培训及区培使用的课程资源。

表2-4 基于教学内容和学情解析的小学数学送培课程

培训环节	模块	专题	形式	课时	内容建议
诊断示范	师德修养	乡村教育发展展望	专题讲座 互动讨论	3	①解读《乡村教师支持计划(2015-2020年)》到"晏阳初博物馆(乡建学院)"现场学习乡村教育思想 ②乡村教育今昔对比案例介绍，激发乡村教师做好乡村教育的信心
		乡村教师师德修养与人文情怀	专题报告 案例学习		①感动人物，"以案述德" ②优秀乡村教师现身述说，扎根乡村教育的事迹，催生乡村教师的教育情怀
	问题诊断	乡村学校小学数学课堂教学共性问题发现	随堂观课 课例研究	3	深入送教学校听课，观察参培教师的课堂教学或课例视频，发现教师教学中的主要问题，并针对问题确立"研讨专题+送教内容"
			参与教研 会诊问题		参加乡村学校或片区教研活动或校本研修活动，发现教研问题并研究改进教研的意见
			问卷访谈	3	通过填写乡村教师教学调研问卷或参与访谈，整理存在的课堂教学问题
			座谈互动		教师与培训团队专家座谈，互动交流，破解教学难题，共同讨论梳理课堂教学问题
			反思自省		教师通过读课标、教材、观课堂，回顾自己的教学经历，整理出课堂教学问题或困惑
	示范教学	同课异构现场问诊	同课异构 互动研讨	3	①以2名参培乡村教师的同一课题的随堂课为例，对比分析，找出优点与不足 ②观、议、评相结合，发现教学中的优劣 ③讨论提炼出乡村小学数学的好课标准
		示范教学 优课赏析 ①《探索规律》 ②《认识时分》	课例赏析 专业引领		①针对前面发现的问题，设计课堂教学，上示范课，现场说课、上课、评课 ②解析如何更好地理解教学内容、分析学情，并基于二者设计教学和展开教学

续表

培训环节	模块	专题	形式	课时	内容建议
第1环节结束后,布置第2环节的研修任务,利用校本研修活动,对第1环节呈现的课例进行研究,梳理本校数学教师在理解教学内容、分析学情、设计教学、课堂教学等方面存在的突出问题,初步梳理解决乡村教师针对教学内容提高课堂教学能力的几条措施,提出研课磨课的方向,为开展主题式研课磨课做好准备。					
研课磨课	课标教材解读	课程标准核心理念如何落实到课堂教学	课例研究+微讲座+互动研讨	3	①以《线段、直线、射线》为研究课例,重点研究与本课相关的课程标准核心理念如何落实到教学设计和课堂教学中 ②培训专家以上述课例为点,阐述如何在小学数学教学设计及课堂教学中将课程标准的核心理念予以落实
研课磨课	课标教材解读	小学数学学科核心素养在课堂教学中的落实	课例研究+微讲座+互动研讨	3	①以《可能性》为研究课例,研讨本课程体现了小学数学哪一个或哪几个核心素养,教学中如何落实的 ②培训专家以上述课例为点,分领域分析核心素养,讨论如何在课堂教学中落实
研课磨课	教学目标设计	基于教学目标分解与落实的教学实践	课例研究+微讲座+互动研讨	3	①全体参培教师以《小数的意义》为例,写教案或学案,重点分析如何从课程目标到学科目标,再到单元目标或课时目标的分解 ②观察《小数的意义》课堂教学,思考课时教学目标的确定是否准确 ③培训专家以参培教师的教学设计和课堂教学为案例,对比研讨、总结归纳如何从数学课程标准到教科书到单元再到课时,逐级确定并分解教学目标
研课磨课	教学目标设计	基于教学内容与学情分析的教学目标分析	课例研究+微讲座+互动研讨	3	①参培教师以《植树问题》为例,分析教学内容,基于学情写教案或学案 ②观察《植树问题》课堂教学,思考为什么确定这样的课时教学目标 ③参培教师说课《植树问题》,重点说明教学目标及其确定的理由 ④培训专家以参培教师的案例为素材,对比研讨如何基于教学内容和学情制订教学目标

续表

培训环节	模块	专题	形式	课时	内容建议
研课磨课	教学内容选择	发展学生空间想象能力	同课异构+案例分析	3	①参培教师与名师以《圆的认识》同课异构 ②基于教学内容对照课程标准进行分析,以课堂教学为例,分析如何根据课标确定教什么、教到什么程度 ③微讲座:基于课程标准的教学内容选择
研课磨课	教学内容选择	发展学生推理能力	同课异构+案例分析	3	①参培教师与名师以《烙饼问题》同课异构 ②基于教学内容对照课程标准进行分析,以课堂教学为例,分析如何根据课标确定教什么、教到什么程度 ③微讲座:如何借助教学内容有效培养学生推理(归纳、合情)能力
研课磨课	教学方法选择	基于教学内容的教学方法选择	同课异构+案例分析	3	①参培教师与优秀教师以《数数》同课异构 ②基于教学内容对照课程标准进行分析,以课堂教学为例,分析如何根据教学内容灵活选择教学方法 ③微讲座:以"培养学生的数感"为话题,研究如何根据教学内容选择教学方法
研课磨课	教学方法选择	基于学情与教学环境的教学方法选择	同课异构+案例分析	3	①参培教师与优秀教师以《探索规律》同课异构 ②基于学情和教学环境,结合教学内容,如何灵活地选择教学方法 ③微讲座:以"抓住数学的核心本质"话题为例,如何灵活选择教学方法

第2环节重在让参培教师深度参与观课、说课、上课等研课磨课,80%以上的培训基于课堂真实情景进行,辅以微型讲座意在提升与引领。第2环节研课磨课之后,参培教师带着研课磨课中的思考、困惑、问题,回到自己的课堂继续研磨与反思,学校教研组以校本研修活动继续对第2环节呈现的课例进行主题式的分析研究,同时,确定第3环节成果展示的内容、形式、人员等。

续表

培训环节	模块	专题	形式	课时	内容建议
成果展示	教学设计展示	教学设计的基本规范	观摩教学设计+互动点评	3	①选择一至二个课题,分校组织参培教师进行教学设计,并相互观摩,评选出优秀的教学设计 ②培训专家对优秀的和较差的教学设计进行点评,并结合讲授教学设计的基本规范
	乡村教师论坛	乡村教师成长故事	故事会		每位参培教师准备一则亲历的教学故事,或教育管理故事,或乡村学校生活故事,分组、分班开故事会,选出优胜者在乡镇片区或学校讲故事,以展示乡村教师师德风范
	课堂教学展示	乡村教师课堂教学能力展示	说课、上课、评课专家点评	6	①以"一课三人行"的形式,说课、评课、上课,即对同一课题,确定一个主题,一人说课,一人上课,一人评课 ②参培教师人人参加展示,利用校本研修活动分组展示,在此基础上,片区或学校集中展示 ③培训专家点评,重点归纳出参培教师课堂教学的变化

第3环节中,各学校要充分利用校本研修活动,组织参培教师从不同角度、多种方式展示研修变化,每位参培教师初步归纳出点滴收获与新的困惑、问题、努力方向,为第4环节总结提升做好准备。

续表

培训环节	模块	专题	形式	课时	内容建议
总结提升	培训总结	乡村教师教育梦论坛	学员论坛 专家点评	3	①学校组织参培教师开展教育思想、教学行为、教学反思、专业成长等方面的收获体会,并推荐优秀学员 ②优秀学员论坛,培训专家点评
		共同走过的送教下乡培训路——送教培训全程回顾	视频播放		培训团队与参培教师共同总结,提出校本研修与教师发展的努力方向,将培训的过程资料制作成视频,让参培教师回味培训历程
		传递期待 传递未来	信息表达		参培教师通过手机短信、QQ空间、微信或书信等方式,对培训说(写)一句感言、一句寄语,培训团队整理成集
	培训升华	校本研修活动的组织、策划与改善	规划书		乡镇片区或学校在培训团队指导下,物化培训成果,集成培训资源包,制订新的《校本研修规划书》,启动新的校本研修

第4环节中,各学校要充分利用校本研修活动,组织参培教师从不同角度、多种方式进行总结,每位参培教师要明确自己的进步点和努力方向。学校要在专家的指导下,制订新的校本研修规划和教师培训规划,为乡村教师持续发展提供专业支撑。

课程设计说明:

1. 研修主题:基于教学内容和学情解析的课堂教学研究。

2. 课程设置按照送教下乡培训的四个环节进行,总时长为8天,各地在实施时,可以不受8天时间的限制。

3. 按照四个环节的培训目标和任务,其课程设置比例为4:8:3:1,各地在设计培训方案时,可以根据实际进行调整。

4. 校本研修贯穿各培训环节,课程契合培训主题,基于课堂教学现场,主要采用同课异构、微型讲座、互动交流等形式进行培训。

(引自《重庆市北碚区2015年小学数学送教下乡培训方案》)

评析:此方案有以下几点值得学习借鉴:一是主题明确,分解落实。确立了"基于教学内容和学情解析的课堂教学研究"的培训主题,且对此主题进行了合理的分解——教材解读、目标设计、内容选择、方法选择,从这四个方面来加以落实。二是环节清晰,有效延展。培训的四个环节各有重点,在两个阶段之间对校本研修任务做了安排,这就大大拓展了培训的时空,有利于教师对培训内容的内化与转化。三是形式多样,灵活有效。有参观访问、微型讲座、课例研究、同课异构、专家点评、互动研讨、故事讲述、学员论坛、视频放映、信息表达、规划撰写等。这些方式的设计针对不同的培训内容,显得丰富有趣。四是表格呈现,一目了然。以表格的形式呈现课程,且对每个课程都有课程建议与说明,这就能很好地保证培训的实施。学科送教方案能做到此种程度,培训效果一定很值得期待。

第三章 "诊断示范"的实施

"诊断示范"是送教下乡培训的第一环节,该环节送培团队需要完成两个重要任务:一是"诊断",送培团队深入乡村学校,通过课堂观察、师生访谈、工具测评等方式进行诊断,找准乡村教师课堂教学存在的突出问题,分析、判断问题生成的原因,多次提炼将其中最为关键性的问题生成培训主题;二是"示范",送培团队针对乡村教师课堂教学中的问题选择契合的课例,采取说课、上课、评课等多种研修方式由送培专家提供示范,并提出教师研修任务。《指南》明确指出,通过第一环节的实施,参培教师能够找准自身课堂教学存在的突出问题,明确研修目标任务,制订个人研修计划。

诊断示范如何实施?本章将从诊断示范的价值、诊断的实施、示范的实施和案例评析四个角度进行阐述。

第一节 诊断示范的价值

诊断示范作为送教下乡培训的第一环节,它的最大价值在于奠基,是所有后续环节的基础。找准了问题,明确了任务,培训才能有序、有效地进行。该环节先诊断后示范,分为两个步骤。本节将结合具体案例分别阐述诊断和示范的价值。

一、诊断的价值

什么是"诊断"?"诊断"一词来源于医学,是指诊视、判断病情及其发展情况。本书所说的"诊断"是指诊视、判断课堂教学存在的问题,简称课堂诊断,可以形象地比喻为给课堂教学"看病"。它和医生诊病有许多相似之处:一是"诊",就像医生通过望问闻切或采用现代医疗检查手段发现身体病症一样,培训专家采用课堂观察、师生访谈、工具测评等多种方式发现教学问题;二是"断",两者都要运用专业知识和专业能力进行分析论证做出判断,得出结论。

为什么送教下乡培训首先就要进行"诊断"呢?这就如同我们看病,吃什么药,用什么治疗手段,分几个疗程,依据的是医生的病情诊断书,培训专家的课堂教学诊断报告就是送培团队进行后续培训的依据。具体说来,课堂诊断在送教下乡培训中主要起到三个方面的作用。

(一)生成培训主题

送教下乡培训的开展首先要确立培训主题,只有主题确立了,才能设计相应的课程和活动,开展培训。如何确立培训主题呢? 这就要依据送培团队的诊断。

送培团队首先对乡村教师课堂教学"把脉问诊",发现问题。以小学体育学科为例,在诊断阶段,送培团队分组走进某地区农村小学体育课堂,通过随堂听课、现场交流、调研问卷等形式搜集到了大量的课堂教学信息,如"在体育课堂教学中,你目前面临的最大困惑是什么?"共收集信息152条,分析信息发现:仅在准备活动阶段,本地区农村小学体育教师就存在着课堂教学不规范,教学目标不明确,教学方法单一等诸多问题。送培团队通过精心梳理、专业分析,认为在诸多问题中,"农村小学体育教师教学目标不明确"是一个教学关键性问题,是教师学科教学能力发展的障碍点。所以,此次小学体育学科送教下乡培训主题就定为:如何确立教学目标。

诊断是送教下乡培训的起点,最基本的价值就是发现问题、聚焦问题,确立培训主题。

(二)为示范引领作准备

送培团队的"示范"是在"诊断"基础上的示范。送培团队诊断出乡村课堂教学有什么问题,就提供一个能解决这个问题的课堂教学范本,供乡村教师借鉴学习。如初中英语学科的送培团队在深入课堂听课的基础上,组织了课堂问诊分析会,会上逐一分析了这些随堂课例的优点与不足,发现乡村教师普遍注重知识目标的达成,但缺乏的是对学生能力的培养。如词汇教学,多数教师还是惯用"跟我读"(read after me)的单一方式,教单词读音,讲解单词意思,学生学了两年的英语,离开教师就不会拼读单词,词汇学习则是一味靠死记硬背。通过诊断,送培团队发现"听说课教学方式单一"是乡村学校英语课堂中存在的带有普遍性、典型性的问题。针对这个教学关键性问题,初中英语送培团队进行了关于"英语听说课教学"的示范引领,让参培教师现场观摩送培专家是如何解决这个难题的。

(三)为研课磨课提供依据

送教下乡培训的四个环节是紧密联系、环环相扣的,前一个环节是后一个环节的基础。第一个环节诊断出的课堂教学问题,就是第二个环节"研课磨课"要解决的问题。研课磨课就是对诊断出来的教学问题进行研究,并尝试解决的过程。主要是以课例为载体,教师自我反思、同伴互助、专业引领,寻找解决问题的方法和策略。比如送培团队诊断出某地区初中英语学科存在"听说课教学方式单一"的教学问题,于是研课磨课的研究内容就确定为听说课教学。通过同课异构的研课,让乡村教师发现多样的听说课教学方式;通过对教师个人听说课的反复打磨,让乡村教师找到自己能驾驭的方式、方法。诊断找准问题,研课磨课才能有的放矢。

二、示范的价值

何为"示范"?"示"在字典里的含义是把事物摆出来或指出来使人知道,"范"的释意是模范、好榜样,"示范"就是做出某种可供大家学习的典范。送教下乡培训第一个环节中的示范,是指在送教下乡培训中,送培团队成员通过特定主题的说课、上课、反思等方式,给乡村教师提供学习和借鉴的课堂教学典范。示范对于引领乡村教师进行课堂实践,改变个人教学行为起到重要的作用,具体体现在两个方面。

(一)让乡村教师在比较中反思

在以往的教学研究或培训活动中,乡村教师很多时候是扮演着一个看客的角色。教师们认为专家讲座多是纸上谈兵,示范课往往都是在地区重点学校上。有教师感慨:"说得好,上得好,但在我们那所学校,对着我们那些学生根本没作用。"校情不同、学情不同,教师们没有借鉴学习的欲望。

送教下乡培训的示范,就在乡村教师的学校,在乡村教师的课堂,名师现场说课、上课、评课。让乡村教师亲眼看到,同样的学生,同样的教学条件,不同的教学理念,不同的教学设计,不同的教学方式,能够呈现出截然不同的教学效果,关键在于执教者。

"原来课还可以这样上啊!""原来我那种教法有问题啊!"看了名师的示范,教师们思想上有很大的触动。一位乡村初中语文教师发出了这样的感叹:"此次培训,我很荣幸现场观摩了重庆育才中学胡蓉老师、重庆一中张鸣老师执教的散文教学,重庆巴川中学李永红老师、南川开学颜运静老师执教的作文教学。我发现学生还是自己学校的学生,但效果却截然不同,名师们的教学思路、教学方式完全不一样。反思我自己的课堂教学,确实有很多问题,还真不能怪学生,怪家长。以前都借口学生基础差,家长不配合,现在看来是我自己的教学水平需要提高。"正是这种相同条件下的示范,正是这种令人信服的差异比较,让乡村教师们开始重新思考课堂、思考教学,找寻名师与自我课堂教学效果存在差距的原因。

(二)提供行为示范和理念示范

对于乡村教师而言,最迫切需要的就是行为示范:上给我看,效果好我就想学;说给我听,听得懂我就试;教我做,做得到我今后就用。所以送教下乡培训提供的示范必须是接地气的示范,让教师们处于真实的教学场景中,现场观摩、亲身体会,觉得名师的教学可模仿、可借鉴,在示范中能学到具体的课堂教学方法,直接连接到实际操作层面。

更为重要的是理念示范,把教师觉得虚无缥缈的教学理念,变为看得见、摸得着的东西,让教师们知道怎样上课,还要知道为什么这么上课。课后,名师要结合课例进行教学理念、教学设计的阐释,分析课堂教学中的学科原理、教育理念、教学理念。

只有把道理讲清楚,把原理讲明白,才能让乡村教师懂得举一反三,让学习可持续。

一位初中英语学科参培学员写下了这样的学习收获:"以前就觉得刘老师的课听起来很舒服,学生学得也好,她用的很多教学方法我也知道,为什么我的课堂就没有她那样的效果呢?听了刘老师的课后解析,我明白了教学设计需要整体构思,每个教学环节需要环环相扣,教学内容要由浅入深,符合学生认知规律。刘老师的课之所以流畅,是因为她层层铺垫,课堂导入为词汇教学做准备,词汇教学为阅读做准备,阅读教学为写作做准备。她的词汇教学始终在引导学生如何根据读音知识记单词,还注意培养学生联想记单词的能力。今后在设计阅读课时,我不应该仅仅教给学生知识,更应教给学生学习的方法,让学生学到的是活的知识,能够灵活运用的知识。"可见,送教下乡培训中的示范确实让乡村教师收获很大,让他们乐于参加,乐于实践,为开展下一个环节——研课磨课做好准备。

♣ 第二节 诊断的实施 ♣

课堂诊断已经成为教学活动中极为重要的一项教育科研方法,本节将从内容、方式、运用等方面阐述诊断的实施。

一、诊断的内容

送教下乡培训的诊断应围绕课堂展开。课堂教学构成的基本要素从静态的角度看,不可或缺的是"教师、学生和教学内容"三要素,最后一项则与相关课程所规定的学科相关,三者缺一不可。[1]围绕这三要素,诊断的基本内容包含以下四个方面。

(一)教学目标的确立

教学目标是教学活动的起点和归宿,是教学活动的核心和灵魂。确立准确的教学目标,是上好一堂课的关键。按照各学科课程标准,教学目标包括"知识与技能、过

---

[1] 叶澜.课堂教学过程再认识[J].课程·教材·教法,2013(5).

程与方法、情感态度价值观"三维目标。确立目标时,要做好三维目标的整合,而不只是把三个维度简单地叠加,要以"知识与能力"为主线,渗透情感态度价值观,并充分地体现在过程和方法中。

课堂诊断时,围绕教学目标,送培团队可以从以下四个方面思考:一是学科课程标准是否细化成了具体的、准确的、可操作的课时目标;二是单元目标是否在课时目标中体现;三是教材要求是否得到了体现;四是制订目标时是否考虑了学情。

案例3-1:教学目标诊断

以小学英语学科为例,在诊断教学目标时,可以从以下角度思考:一是教学目标体现"知识、技能、情感、策略、文化"目标的和谐统一,符合英语课程标准的相关要求;二是教学目标的设定与课程标准的分级目标相吻合;三是教学目标切合学生实际和课型特点,体现"以生为本"的教育理念。

(此案例由王大芬老师提供)

(二)教学内容的选择

教学内容是教与学相互过程中有意传递的主要信息,是课堂教学中师生对话的主要依据。教学内容一般指课程标准、教材和课程等。一节课的时间有限,面对众多的教学内容,需要教师对教学内容进行合理地取舍、有效地选择。"弱水三千,取一瓢而饮"。诊断时,送培团队可以重点观察:围绕教学目标,教师对教学内容是如何选择的?这样的选择是否恰当?课堂教学容量是否合适?

案例3-2:教学内容诊断

比如在诊断小学数学学科教学内容时,要考虑教学内容的层次性和多样性,学生课业负担等问题,可以采用以下诊断标准:一是课堂容量适度,实现预定的教学目标;二是完成预定教学任务,课堂教学效率高;三是全体学生在知识与技能掌握、数学思考与解决问题能力的培养等方面的发展效果好。

(此案例由张泽庆老师提供)

(三)教学方法的运用

教学方法是教师和学生为了实现共同的教学目标,完成共同的教学任务,在教学过程中所采用的方式和手段的总称。

"教无定法,贵在得法"。新课程改革关注课堂教学中学生生命的价值,大力倡导教师在教学方法上的灵动、多元;倡导课堂教学中民主、平等、合作的师生关系;倡导多向交流的对话教学;倡导自主、合作、探究的教学方法。诊断时,送培团队应该着重观察课堂上是否运用了新课程倡导的教学方法,观察这种教学方法的运用是否有利于创设和谐的氛围,是否有利于学生是否自主学习、主动探索、合作交流等。

案例3-3:学习方法诊断

初中语文学科如何诊断课堂上学生学习方法的运用呢?可以从以下方面思考:一是自主学习:明确目标任务和流程;独立阅读、思考、实践,主动获取学习信息;大胆质疑问难;敢于运用多种方法进行探究性语文实践。二是合作有效:分工具体,职责明确;围绕重点,有序合作;尊重他人,善于倾听;人人参与,积极互动。三是展示交流:充分进行展示交流;清晰表达,观点明确、理由充分、条理清楚;善于评议,善于吸纳,及时整理巩固所学知识技能,生成探究性问题。

(此案例由杨蔚老师提供)

(四)教学效果的体现

教学效果就是一节课取得的成效。诊断时,可以从教学目标的达成度、主体参与面、课堂中师生共同体的建构等几方面来观察。

案例3-4:教学效果诊断

以初中数学为例,可以从以下几个角度诊断教学效果:一是目标达成度要高:理解掌握学科知识和方法;形成思考分析解决问题的技能;增强学习自觉性和主动性。二是主体参与面要广:主动参与面广,发言面不低于三分之一;不同层次的学生各有所获。三是形成师生学习共同体:在学习过程中,师生有效互动,共享知识、共享经验、共享智慧、共同成长。

(此案例由杨蔚老师提供)

课堂是极为复杂的,是几种要素相互作用的系统。除了上文提到诊断的四个基本内容外,课堂还有很多要素,如教学手段的使用。诊断时,既可以对课堂进行全面诊断,也可以根据目标有所侧重。

二、诊断的方式

（一）课堂观察

课堂是繁忙的场所,课堂决策复杂多变。传统的听课,更多的是关注教师的教学活动,所做记录一般也是对教学环节、教师提问所做的记录。教师很少被人系统地观察过。基于这个原因,在原有听课的基础上,送教下乡培训团队诊断的重要方式是课堂观察。

1.课堂观察概述

课堂观察,是教师或研究者凭借眼、耳、手、脑等自身的感官及有关的辅助工具（记录本、调查表、录音录像设备等）,直接或间接地从课堂情景中获取信息资料,从感性到理性的一种学习、评价及研究的教育教学过程。[①]

课堂观察一般要唱好"四部曲":一是制作观察量表;二是记录课堂现象;三是整理分析课堂信息;四是做出课堂诊断。其中"制作课堂观察量表"既是重点又是难点,制作量表的过程,实际上是一个研究课堂、理解课堂的过程。

2.课堂观察量表的制作

课堂观察量表是课堂观察的重要工具,要围绕着观课目的来制作,切忌大而空,要有可操作性。一般来说,设计时要遵循"两个标准""两个结合"。

"两个标准"即效度标准和实用性标准。效度标准是指所选择的观察指标要比较全面地揭示我们所要观察的内容,这就要求所选择的观察指标既要有代表性,又不能相互涵盖。实用性标准是指所选择的观察指标要简洁,便于速记、反思。

"两个结合"即定量和定性相结合。以观察提问为例,如果观察"提问的数量",应采用定量的观察方法;观察"情境创设的效度",应采取定性的观察记录方式;观察"学生活动创设与开展的有效性",需要采用定量和定性相结合的方式进行。

在送教下乡培训的课堂诊断中,送培团队制作了若干课堂观察量表,如表3-1、3-2和3-3所示:

[①]王文涛.观课议课的六大关键环节及实施策略[J].中小学管理,2011(10).

表3-1 小学语文"生本对话"课堂观察量表

观察维度	观察要点	研究重点	建 议
时 间	读书的时间	让学情况	
	占整堂课的用时比例		
参 与	不同层次的学生在课中的参与度,尤其关注弱势个体	关注全面	
策 略	自读、朗读、默读、批注、写字……次数、所用时间	有效性	
情 感	提示:记录1-2个典型事件	教师的导语对学生情感的影响	
效 果	提示:记录1-2个典型事件	学生的增长点	

表3-2 小学英语教学活动课堂观察量表

观察流程	教学活动创设	活动指向		
		学法指导	情感体验	学习效果
复习旧知				
感知新知				
小结拼读规则				
运用拼读规则				
观察分析				

要求:

(1)分工如下:一组重点观察:时间;二组重点观察:参与;三组重点观察:策略;四组重点观察:情感;五组重点观察:效果。

(2)请组长负责布置,分工合作,做好记录,以便分析。

观察目的:

(1)观察教师在教学活动过程中是否引导学生发现并总结出拼读规则。

(2)观察教学活动中学生能否依据拼读规则自主拼读陌生单词。

观察说明:

英语课堂是一种需要大量活动创设,让学生去体验、感知以及观察、模仿的课堂。本节课观察内容即为：教学活动创设是否能引导孩子们自主地总结出英语单词的拼读规则，能够逐渐掌握自学英语单词的方法，能主动运用方法规则与学法进行自主学习。

表3-3 初中数学课堂教学方式时间分配观察量表

	教师讲解(%)	师生问答(%)	合作学习(%)	学生自学(%)	非教学时间(%)	合计(%)
时间						
占总课时百分比						

3. 课堂观察的注意事项

课堂诊断前，应该加大对本土专家团队的培训力度，利用制作与使用课堂观察量表的契机，引导他们学习先进的教学理论，准确去判断课堂现象或者有效解决课堂问题，边诊断边研究，边研究边学习，边学习边提升，一步步迈向成熟和优秀。

案例3-5：课堂观察培训

××省××县教育局选派全县小学语文学科骨干教师，在课堂诊断前先参加观课议课培训，与重庆市北碚区送培团队现场互动交流。北碚区教师进修学院杨蔚主任作了《如何进行有效的课堂观察》的专题讲座，一位本土培训团队成员感言："今天才知道什么是专业的听评课，掌握了课堂观察技术，我观课议课才有底气。"送培团队随后又安排了实作训练：教师分组分工，在送培团队的指导下，制作观察量表。这些量表将用于下一步课堂诊断中，教师们都充满期待。

（此案例由杨蔚老师提供）

课堂观察改变了教师们的教研形式，其最终目的是改进课堂教学，进而促进教师的专业成长。所以在送教下乡培训中，送培团队常常运用课堂观察的方式进行课堂诊断，并教会乡村教师理解运用这种专业诊断方式，帮助他们走向专业的听评课。

（二）师生访谈

访谈法是教育科研中经常使用的方法，本书中的访谈法是指送培团队根据诊断需要，围绕课堂教学，向乡村学校教师和学生提出有关问题，通过师生的答复来收集有关资料的方法。

1.师生访谈的原则

(1)目标性原则。送教下乡培训的访谈是为诊断服务,诊断的对象是乡村教师课堂教学,所以访谈一定要围绕目标,聚焦课堂。可以正面直接提问,也可以侧面迂回了解,比如要了解教师在课堂教学中遇到的问题,可以正面提问:你觉得在课堂教学中遇到的主要问题是什么？也可以侧面提问:今天的课堂上,看到你采用了四人小组合作学习,你为什么要采用这种方法呢？实施中遇到的最大问题是什么？

(2)真实性原则。在访谈中,送培团队应创设轻松、愉悦的氛围,使教师和学生消除顾虑,心情放松地回答问题,提高调查材料的真实性和可靠性。

以访谈学生为例,可以在课后,找几个学生聊聊天:这节课你最大的收获是什么？有没有不明白的地方？你希望教师课堂上还做些什么？

(3)灵活性原则。按照诊断的需要,针对不同的访谈对象,采取灵活多样的访谈方法,适时调整访谈内容。向不同层次的乡村教师群体了解情况。

以访谈农村青年教师为例,可以向他们了解:面对课堂教学你需要得到的专业支持是什么？最喜欢的培训方式是什么？而访谈农村中年教师,可以询问:课堂教学中你最难忘的经历是什么？目前的课堂教学你遇到了哪些难题？需要我们提供哪些帮助？

2.访谈的方式

依据不同的分类标准,访谈的方式多种多样。在送教下乡培训中,最常用的是两种方式。

(1)个别访谈。指送培团队对个别教师进行的多人访谈。个别访谈可以随时随地进行,如可以在课前、课堂活动、课后等时段访谈;可以在教室、办公室、操场等场所访谈;可以电话访谈,QQ访谈等。

(2)集体访谈。指送培团队对学校教师进行的多人访谈。一般都是以座谈的形式进行。集体访谈可以利用学校会议集中或者校本研修的时间进行,原则上不打乱学校正常的教学秩序。

3.访谈的注意事项

(1)访谈前,做好准备。送培团队在访谈前要做好访谈提纲的打磨,反复斟酌提问的内容和方式,如思考访谈的内容是否适量,不宜过多也不宜过少,通常情况下,五六个问题较为合适。

(2)访谈中,做好调控和记录。在访谈过程中,访谈者要掌握主动权,注意适时调控,如控制谈话节奏,调整问题次序,对某些问题作适当解说、引导和追问等。要做好详细的访谈记录,可以笔录,也可以录音,记录方式要注意尊重访谈对象的意愿。

(3)访谈后,做好分析。对访谈收集的资料、获取的信息要进行分析,形成访谈报告。

(三)问卷调查

问卷调查法也称问卷法,它是以书面提问的方式进行资料搜集的一种研究方法。本书中的问卷调查是指送培团队根据诊断需要,围绕课堂教学,向乡村学校师生以书面的形式提出有关问题,从而了解其需求的方法。问卷法的运用,关键在于编制问卷、选择被试和结果分析。

1.问卷编制的原则

(1)主题性原则。问卷的编制必须围绕调查主题。拟题时,做到重点突出,没有无关问题,如送教下乡培训问卷就要围绕乡村教师课堂教学来拟定。

案例3-6:小学语文问卷调查内容设计

围绕课堂教学,小学语文学科的问卷内容涉及教学目标、教学内容、教学方式等方面,如

1.你认为你的学生喜欢上语文课吗?(　　)

 A.一般   B.不喜欢   C.喜欢

2.你认为自己对《全日制义务教育语文课程标准》的把握属于哪一类?(　　)

 A.一般   B.熟练   C.不熟练

3.对语文教材的解读,一般来说,你是在(　　)(可多选)

 A.课前   B.课中   C.课后

4.在语文学习中,学生遇到难题,你采取的主要方法是(　　)

 A.引导学生思考   B.直接告诉学生答案   C.与学生一起展开讨论

5.你使用的语文课堂教学方式主要是哪一种?(　　)(可多选)

 A.学生先学,教师后教 B.教师讲,学生听   C.小组合作学习

(此案例由杨蔚老师提供)

(2)循序渐进的原则。围绕主题,问题的排列应有一定的逻辑顺序,要由浅入深,由易到难,先简后繁,先具体后抽象,先封闭后开放。

案例3-7:小学数学问卷调查问题设计

问卷调查的问题设计要由易到难,比如下面关于小学数学课堂教学的问题设置。

1.教学前你常做的教学准备是(　　)

A.凭个人经验备课　　B.根据相关的教学参考书和背景材料备课

C.照抄相关教学设计备课

2.教学中,你是否结合教材组织数学实践活动?(　　)

A.没有组织　　　　B.时间紧,偶尔组织　　　　C.经常组织

3.你比较常用的课堂教学方式是(　　)

A.教师多讲多练,学生主要听讲和记录

B.教师指点方法,学生先学后教,讲练结合

C.教师满堂提问,学生集体回答教师的问题

(此案例由杨蔚老师提供)

(3)规范性原则。问卷的编制要规范,一般来说,问卷由四部分组成:卷首语、问题、回答方式、编码和其他资料。问卷的主体部分是问题和回答方式。题型设置一是单项选择,即答案唯一;二是多项选择,即让应答者可以随意选择几项作为回答;三是问答题。

案例3-8:初中语文学科培训调查问卷

尊敬的教师:

您好!

为了有效开展××省××县乡村初中语文教师培训工作,增强培训的针对性和实效性,我们开展此次问卷。调查同你工作业绩考核没有任何关系,请选出符合您实际情况的选项。谢谢您的合作与支持!

重庆市北碚区教师进修学院

1.你的学历是(　　)

 A.中师　　　B.大专　　　C.本科　　　D.硕士研究生　　　E.博士研究生

2.你从事中学语文教学工作的时间是(　　)

A.5年以下　　B.6~10年　　C.11~15年　　D.16~20年　　　E.20年以上

3. 你所在学校是( )

A.农村完全高级中学　　B.农村重点初级中学　　C.农村普通初级中学

4. 你最希望的培训内容是( )

A.宏观层面的教育理论　　B.宏观层面的学科教学知识与策略

C.宏观层面的教育科研知识与微观层面的教育科研策略

D.微观层面的学科教学知识与策略

5. 以下培训方式,请按照你的认可度,从高到低排列在括号内( )

A.听讲座　　B.课堂观摩　　C.互动研讨　　D.教学实践　　E.课题研究

6. 你认为理论课程、学科教学课程、实践课程、教育科研课程这四个模块安排最好的方式是( )

A.各个模块的内容集中学习　　B.先理论课程后实践课程

C.理论与实践课程交叉进行

7. 教育理论学习、学科教学知识学习、教育科研知识学习和实践参与的时间比例最好是( )

A.1∶2∶1∶1　　B.2∶4∶1∶1　　C.1∶4∶1∶2　　D.2∶4∶1∶2　　E.其他

8. 对于采用的学员分篇目进行课文教学设计的培训形式,你的看法是( )

A.很有效　　B.一般　　C.没有效果

9. 你对于这次的培训课程设置( )

A.很满意　　B.较满意　　C.不太满意　　D.不满意　　E.很不满意

10. 你认为培训可以增加什么课程?可以请哪位教师来讲授这门课程?

11. 你认为农村初中语文教学存在的问题主要有哪些?

12. 对于这次培训,你有哪些具体的期盼和建议?

(此案例由陈家尧老师提供)

编制问卷时,还可以加入问卷名称、问卷开始和结束的时间、结束语等。

问卷的结果分析可以采用编码的方式,就是把问卷中询问的问题和被调查者的回答,全部转变成为A.B.C…或a.b.c…等代号和数字,以便运用电子计算机对调查问卷进行数据处理。

2.问卷调查的方式

依据不同的标准,问卷调查方式有不同的分类。如根据填答者的不同,可分为自填式问卷调查和代填式问卷调查;根据载体的不同,可分为纸质问卷调查和网络问卷调查。在送教下乡培训中,一般采用的是后一种方式。

(1)书面调查,也称纸质问卷调查。培训者分发纸质问卷给师生填写,填写后回收答卷。它是一种传统的调查方式,最大的缺点是统计问卷信息比较麻烦,成本比较高。

(2)网络调查。随着互联网的高速发展,采用网络方式进行问卷调查越来越普遍。网络调查的优点就是迅速广泛地获取信息,便于统计分析。

3.问卷调查的注意事项

(1)用语恰当。问卷是送培团队和参培教师进行交流的载体,设计问卷时,在语言的运用上要注意三点:一是用语准确,如果题干用词不当,就容易给教师、学生造成理解偏差,继而影响答题的准确性。二是用语亲切,问卷设计人员要以一种和教师、学生平等对话的语气来设计问卷,如果用语比较强硬,容易让人产生抵触情绪,很难获取真实信息。三是用语通俗,少用一些专业术语和华丽的辞藻,要用明白浅显的语言表述。

(2)篇幅适度。设计问卷要注意控制篇幅,力求语言精练,问题简化。如果问卷过长,所提问题冗长复杂,会给师生造成心理压力,引起反感。

(3)结论明确。一是判定此次问卷调查是否有效,结论要"明确",问卷调查之后,首先要统计问卷的回收率和有效率,一般来说,两率在70%以上为有效。二是对数据进行统计分析,这些数据说明了什么问题,结论要明确。

案例3-9:问卷调查分析

本次调查发出问卷300份,回收300份,回收率100%,其中有效问卷279份,有效率93%,此次问卷调查有效。通过分析279份有效问卷,发现我区农村幼儿园教师在音乐活动、美术活动、运动活动中存在忽视培养儿童自主意识、语言表达和想象力不丰富等问题。针对这些问题,我们需要在培训中加大三个方面的技能学习。

1.保教活动基本组织技能

本区共有285名农村幼儿园教师,其中招聘教师、转岗教师和初入职教师占到了总人数的90%,这部分教师缺乏幼教专业知识和专业技能,课堂教学问题突出,急需系统的专业培训。应加强最基本的专业技能——保教活动基本组织技能的学习。

2.游戏化教学活动组织技能

问卷中发现,我区农村幼儿园教师教育观念陈旧,"填鸭式教学""说教式教学"较为常见,教师重知识技能的传授,轻情感态度价值观的培养。农村幼儿园还普遍存在班级人数多、活动空间小的问题,所以农村幼儿园在教学上出现"小学化"倾向。因此,迫切需要让教师意识到"游戏为幼儿基本活动"的科学理念,提高农村幼儿园教师游戏化教学活动组织技能。

3.园本研修技能

调查中发现,我区15所农村幼儿园园本研修缺乏实效性。研修活动多是传达上级部门的文件,布置事务性工作,还常常把教师学历进修、政治学习、工作例会等都装进了"园本研修"这个"筐"里。这样的研修没有起到应有的作用,需要加强园本研修技能的相关培训。

(引自《重庆市北碚区农村幼儿园教师问卷调查分析报告》)

三、学科诊断报告的撰写

学科诊断报告是指在学科送培团队通过对学科参培教师广泛听课之后,形成的一个对课堂问题进行分析、判断,并提出建议的诊断性报告。按诊断学科可分为语文学科诊断报告、数学学科诊断报告、英语学科诊断报告等;按诊断内容可分为课堂教学诊断报告、教学设计诊断报告等;按诊断性质可分为学科综合性诊断报告和学科专题性诊断报告等。

(一)学科诊断报告的结构

一般而言,学科诊断报告的结构主要由五部分构成:标题、概述、主要优点、主要问题、建议。

1.标题

标题要简洁而具体,用最少的文字反映出诊断报告的主题与内容。如《××市××区××镇小学语文写作课堂教学诊断报告》。具体写法有以下两种:

(1)规范化的标题。规范化的标题就是"主题"加"诊断报告",基本格式为"关于××的诊断报告",如《关于××市××区××小学体育学科教学设计的诊断报告》。

(2)自由化的标题。比较常见的自由化的标题有陈述式和正副题结合式。陈述式标题直接揭示诊断报告的中心,十分简洁,如《农村小学教师信息技术急需提高》;正副题结合式标题分为两部分,正题揭示诊断报告的中心,副题表明诊断报告的事项和范围,如《切实加强数学思想在课堂教学中的渗透———关于××区××镇小学数学教师课堂教学的诊断报告》。

2.概述

前言简要叙述为什么对这个主题进行诊断。内容主要包括:诊断的时间、地点、对象、范围、经过及方法;诊断对象的基本情况、历史背景等。送培团队可以根据诊断目的来确定叙述重点,不必面面俱到。

案例3-10:诊断报告的概述

为了提高××区教师进修学院送教下乡到××镇小学的针对性和实效性,提高××镇小学数学教师课堂教学水平,提高该校数学教学的质量。×年×月×日,进修学院的送培团队分成四个专家组,分别走进××镇所属四所小学的课堂,共听了28位学员的随堂课。课后,专家组与教师们沟通并组织了一次集中的课堂问诊分析会。会上将25节随堂课例的优点与发现的问题做了集中研讨,综合分析,得出诊断结论,并提出科学合理的改进措施。

这次诊断的主要成果有:

基本掌握了镇内各位数学教师的"教学六认真"实施情况,特别是通过课堂诊断清楚了解教师们对新课程理念的理解和实施程度。

(引自《重庆市××区小学数学教师课堂教学的诊断报告》)

3.主要优点

优点的撰写要做到客观真实,有理有据。通过摆事实,讲道理,把感性判断上升到理性认识,从现象中发现规律,揭示本质。

案例3-11:诊断报告的优点分析

1.有的教师在课堂中适度补充阅读资料

所听随堂课中,百分之五十的阅读课都补充了相关的阅读资料。如一位教师执教《女娲补天》后布置学生课外阅读《神话故事》一书,要求学生阅读后能讲述若干神话故事。

《全日制义务教育语文课程标准》中明确提出了让学生多读书、读好书、读整本的书,每个学段对读书的数量都有规定,并拟定了一些读书目录。我国著名的语言学家吕叔湘先生也说过,他学习语文,三分得益于课内,七分得益于课外。由此可见,教师们在课堂中适度补充阅读资料的做法值得提倡,为学生语文素养的形成提供了途径。

(引自《成都市××区小学语文教师课堂教学的诊断报告》)

4.主要问题

梳理发现的问题,既是学科诊断报告中的一项重要内容,也是学科诊断报告的重要价值所在。撰写时一定要对发现的问题进行归纳整理,提炼出有价值的问题进行剖析。问题诊断的撰写与优点诊断的撰写一样,资料客观真实,夹叙夹议,条理清楚,具有较强的逻辑性,分析要深入,观点要明确,透过现象看到问题的实质。

案例3-12:诊断报告的问题发现

1.教学方式单一,课堂教学中主要是教师讲授

调研发现,课堂教学中主要是以教师讲授为主,课堂上串讲串问课文内容,教学方式单一。大多数教师对新课程理念并不陌生,困惑的是不知道如何操作。

(引自《贵州省××区初中语文教师课堂教学的诊断报告》)

5.建议

学科诊断的目的主要在于发现问题,提出解决的策略,生成培训的主题。因此提出的建议一定是针对发现的问题,不可泛泛而谈,这就好比医生对症下药。

案例3-13:诊断报告的建议

(1)多进行主题式教研。把本区教师的突出问题确立为教学研究主题,目前,应针对"课时目标的确立与有效实施"这一主题进行研究。

(2)加强语文课程标准的学习,特别是学段目标的学习。依据年段目标、教材、学生情况确定适切的课时教学目标。

(3)加强文本解读。教研组要组织教师钻研教材,学习文本解读相关理论,进行多种文本解读活动,在此基础上进行教学设计比赛。

(4)倡导自主、合作、探究的学习方式。课堂教学中要留出时空,引导学生读书、思考,进行语文实践活动,在活动中提升语文素养。

(引自《北京市××区小学语文教师课堂教学的诊断报告》)

(二)学科诊断报告案例及剖析

案例3-14：《××省××县××镇××小学语文阅读课堂教学诊断报告》

为了提高重庆市北碚区教师进修学院到××省××县××镇××小学送教下乡培训的针对性和实效性。×年×月×日，重庆市北碚区教师进修学院送培团队和本地专家团队一起，对该校的语文课堂教学进行了诊断。

该校语文教师采用同课异构的方式展示阅读课堂教学过程，选用的文本是《梦想的力量》。送培团队通过看、听、访、问等多种形式对××小学的语文课堂教学现状做出了分析判断。

一、优点

(一)教师教风朴实，语态亲切自然，课堂气氛融洽。

(二)课堂环节清晰，做到板块式教学。

整堂课主要分为三大板块：一是揭题；二是梦想是什么；三是怎样实现梦想的。三个板块结构简单，便教利学。

(三)有关注文本类型和文体表达特点的意识。

本文是一篇略读课文，略读课文重在学习方法与策略的运用。教学中，有的教师放手让学生去学习，给出时间让学生去思考，结合文本让学生感受到表达的详略。如在理解完课文之后，教师引领学生感悟文本什么地方写得详？什么地方写得略？为什么有的写得详，有的写得略？语文学习不但要关注文本写了什么，还要学习文本是怎么写的。

(四)注重学科育德，关注人文性。

语文课程是工具性与人文性的统一，对陶冶学生的情操，加强学生的品德教育具有独特的优势。如在瑞恩为实现梦想所做的每件事情中，教师们都要求学生思考：从中可以看出瑞恩是一个怎样的孩子。课堂结束时告诉学生要为自己的梦想而努力，做一个充满爱心的人。

二、问题

(一)教师文本解读不到位。

《梦想的力量》是一篇叙事性散文，所述事情内容简单，按时间顺序进行表达，并且所写时间节点独特，均是瑞恩做出决定的几个日子。语言表达看似简朴，却暗含深意，在遣词造句上运用得很巧妙，而执教教师在解读时却只停留在文本内容层面上，没有通过语言表达去发现文本的深意,所以课堂教学没有深度。

(二)教学目标定位不够准确。

教师教学重情感、重内容,轻表达。语文课程是一门学习语言文字运用的综合性和实践性课程。阅读文本是内容、形式、情感三者的统一。课堂上,多位教师对课文内容做了过多细致的讲解分析,没有关注文章表达的特点和语言本身,而本文学生理解不了的恰恰在语言表达上。如这两个句子:"我要给非洲的孩子挖一口井,好让他们有干净的水喝。"和"我想让非洲的每一个人都能喝上洁净的水。"句中"要"和"想要"是有区别的,学生不能区别开,老师也没有引导学生关注并加以辨析。王荣生教授说:"阅读的核心是理解,教学的目标在于学生理解不了的地方。"

(三)略读课教学特征不明显。

课堂上教师们生怕学生听不懂,总是不厌其烦地讲了又讲,过于精细,精读味太浓。略读课要更加注重学生的自主探究,学生能自主探究所得的就无须再讲;学生探究无果的,教师再加以点拨。无论是教学内容的确定,还是教学过程的实施,均依学情而定。

(四)教学学法单一,师生缺少深度互动。

教师提问过多,学生思考太少。教师的问题太多太碎,留答时间太短,学生无法静下心来深入思考。没有咀嚼回味,没有心与心的交流,知识教学浮光掠影,能力训练蜻蜓点水。常常都是齐问齐答,很多时候全班的回答竟然完全一致。学生也过度依赖教辅资料,人手一本《字词句解读》,教师一提问,很多学生直接照搬资料。学生根本没有自己的思考,教师当然也得不到真实的学情反馈,最终导致课堂的互动仅仅是一问一答的形式而已。

三、建议

(一)教师要深入解读文本。

作为语文教师,文本解读能力是基本功。不但自己要深入解读文本,还要从学生视角去解读文本。预判学生的阅读难点:哪些是学生自己能看懂的,哪些是看不懂的,哪些是学生理解有偏差的,从而采取相应的教学策略。教师要学会一些解读文本的技巧。

(二)教师要准确定位教学目标。

认真研读课程标准,不仅要把握课标的年段要求,还要有文体意识、有学生意识,只有这样才能准确定位教学目标。

(三)重视写法迁移,学习语言,内化运用。

如何运用语言文字表情达意是语文课程独特的任务。阅读教学不仅仅关注作者写了什么,还应该关注作者是怎样运用语言文字进行写作的,并把这种写作方法运用于实际生活之中。如《梦想的力量》是按重要时间节点组织文本的方式是有价值的教学内容,就应作为教学重点。

(四)更加合理有效地运用教辅资料。

学生完全依赖教辅资料,就会缺失了自己的思考,无法提高阅读能力。教师应当引导学生合理利用教辅资料,比如在字词预习,背景介绍,文章内容整体感知,理解质疑时适当选用。

(五)教师要加强理论学习。

"无知而无为"是××镇小学全体语文教师所面临的一个尴尬状况,仅仅知道一些理念名词,但不了解新课程理念的真正内涵,当然就更不知道如何用理念指导教学行为。比如教师们没有真正理解精读课文与略读课文教学的区别,不清楚教学预设与教学生成的关系,不知道如何实现语文课工具性与人文性的统一。这就需要教师们加强教育教学理论学习,积极参加学科培训。

总之,××小学的语文阅读教学虽然存在诸多问题,但是学校领导和全体语文教师都希望改变现状。相信通过送教下乡培训的开展,通过一段时间的努力,××省××县××镇××小学的阅读教学一定会焕发出生机与活力。

(此案例由王世录教师提供)

评析:该报告主题明确,行文规范,结构明晰,对该校学科教学现状作了比较全面和系统的诊断,对提高该校的语文课堂教学水平具有价值。

(1)报告题目简洁而准确。从题目上便能得知该诊断属于学科专题性诊断,诊断内容为"小学语文阅读课堂教学"。

(2)概述比较全面。与诊断主题关系密切的信息资料均作了介绍,如:诊断的背景、诊断的对象、诊断的内容、诊断课的内容和上课方式等。

(3)优缺点分析有理有据,逻辑性强。引用了一些合适的理论进行论证,从而使每一个诊断都有深度,如:在建议中,充分运用了语文课程标准中的相关理念加以论证。

(4)报告从"现象呈现—原因分析—得出结论—诊断优劣—提出建议"做出了一个比较详细的陈述。读者看后不但知其然,而且知其所以然。

(5)纵观整个诊断报告,不足之处是定性描述过多,送培团队利用课堂观察量表观察课堂的情况没有分析,无数据统计,无定量分析。

第三节 示范的实施

示范是要给乡村教师一个可参考、学习和借鉴的课堂教学典范,示范什么,怎样示范是送培团队实施的重点。

一、示范的内容

送教下乡培训中示范不同于"优质课观摩",主要是根据前面诊断出来的问题有针对性的示范。示范的内容包括教学设计、课堂实施、课堂反思与改进等。

(一)示范教学设计

教学设计一般包括学情分析、教学目标、教学内容、教学重难点、教学准备、课时安排和教学过程。在课堂教学示范之前,执教者可以通过说课,给乡村教师展示完整规范的教学设计,以帮助听课者进行课堂观察。

教学设计中,学情分析是常常被教师忽略的部分,事实上,学情的分析把握才是一次教学设计的开始。因为,一切教学设计都是为学生服务的,只有在学生已有认知经验为基础进行的教学设计才是有效的教学设计。

案例3-15:基于学情的教学设计

在执教西师版小学语文三年级下册《责任》一文时,示范教师进行了学情分析:"这是一篇回忆性文章,里根回忆了自己小时候踢球击碎别人窗玻璃的事情。事情经过很简单,三年级下期的学生理解文意基本没有困难,但农村学校的学生缺少阅读方法,比如不关注文中重要词语,如"怎么也不肯、必须、多么、感触",更谈不上去品析,从而影响阅读的质量。再加上乡村学生阅读面窄,对中美两国文化的差异知之甚少,如美元与人民币的关系、中西方教育方式的不同等,导致对文中人物行为的不理解,这也是本课学生学习的一大难点。"

围绕学情,根据课标,示范教师拟定了如下教学目标:

(1)理解小男孩闯祸后的三次行为,感受到他是一个能为自己过失负责的人。

(2)从他回忆的话语中理解词语"感触"和"责任"的含义。

(此案例由王世录老师提供)

评析:有了恰当的教学目标,接下来就要根据教学目标选择合适的教学内容。示范教师确定了以下教学内容:

(1)阅读叙事性作品,了解作者的生活背景。

(2)分析事情发生的因果关系,通过品析描写小男孩行为的语句,理解他为自己过失负责的想法。

(3)分析回忆性话语,品析描写老太太和父亲言行中的修饰词,在语境中理解"感触"。通过倒装句式的变换明白"责任"的含义。

将本课确立的教学目标、选择的教学内容与前面的学情分析联系起来看,读者一定能够发现:内容的选择是为目标服务的,目标是在学情分析基础上确立的。

特别需要注意的是,教学流程的设计,最好能够是板块式设计,条理更清楚,如《责任》的教学环节设计:

(1)引回忆,理事情。此环节旨在扫清障碍,梳理课文大意。

(2)品语言,解行为。包括品读小男孩踢球语句,范读想象过失情景;提供表格支架,理解小男孩的三次行为;整体感知小男孩的三次行为。

(3)悟"感触",明"责任"。包括读感触,明责任;悟感触,明教育,写感触,明自我。

总之,教学设计的示范要清楚、规范,并且有执教者的现场说课,让听课者真正明晰教学设计的内容、方法,特别是思考的路径。

案例3-16:参培教师感言

一位参加了初中英语送教下乡培训的教师写下了这样的感受:我现在才知道听说课应该首先对教学对象有较充分的认识和了解。在听力教学中,教师应该在课前认真准备学生,准备听力内容。在备课的同时,可通过对课本上"听"的活动进行改编,减少学生听的难度,让不同层次的学生都可以轻松地找到答案,以此激发不同学生的学习积极性。相比之下,自己有时候使用教材的随意性很大,没有对学情进行详细分析和预测,没有明确的学法指导,学生们听得茫然,听得被动,打击了学生学习的积极性。

评析:这位教师道出了她对教学的重新认识,让我们看到了名师示范对教师的积极影响。

(此案例由幸卫东老师提供)

(二)示范课堂教学

示范课堂教学是示范环节最重要的内容。通过前期的课堂诊断和送培团队的交流沟通,教师们认识到自己教学存在问题。怎么解决这些问题呢?课堂教学的示范就是让参培教师能现场观摩,直观感受,提供实用的教学策略,让他们能够借鉴学习,并学以致用,尝试改进自身课堂教学的不足。

要给参培教师做好哪些方面的示范呢?示范内容要根据前期的诊断来确定,针对诊断出的问题,提供解决问题的教学范本。比如某区在前期诊断中就发现,本区乡村小学语文教师不仅对课标要求的"关注语言文字运用"不能准确理解,更缺乏具体的教学策略。因此,示范教师在教学设计时,就挑选了一篇批读文——西师版小学语文四年级下册《鱼市场的快乐》,拟定了"利用批读点关注作者的表达"这一教学目标,随后进行了课堂教学示范。

案例3—17:《鱼市场的快乐》课堂实录(节选)

出示句子:他们面带笑容,像合作极好的棒球队员,让冰冻的鱼像棒球一样,在空中飞来飞去。

师:读了这句话有什么感受?

生1:有趣。

生2:好玩。

生3:有意思。

师:我们为什么会有这样的感受?作者是怎么写的?再读读这个句子,你们一定会有所发现。

生交流:

生1:作者描写了鱼贩们卖鱼时的神态。

生2：作者运用了比喻的修辞手法。

师：把什么比作什么？

生："冰冻的鱼像棒球一样在空中飞来飞去。"

师：打棒球是在美国等西方国家十分普及的一项体育运动，运动场上，棒球在队员的手中传递着。这样的比喻，让扔鱼的动作立刻变得有意思了。这样的描写让读者不得不有感而发——"卖鱼像玩棒球，真有意思。"孩子们，这就是比喻在这儿发挥的神奇作用。

（此案例由辛亚老师提供）

虽然对于比喻的修辞手法，学生早已不陌生了，但是它在表情达意方面的作用是什么？学生往往只知一句套话"让句子生动具体"。究竟是怎样使句子生动具体的，却是学生理解的一个难点。为此，示范教师围绕"卖鱼像棒球一样，真有意思"这一批读点，引导学生去寻找相关句子，再进一步追问"我们为什么会有这样的感受？作者是怎么写的？"引导学生去关注文本的语言表达，让文本充分发挥语言范例的作用，从而得言、得法。这样学生能更真切地感受到比喻在表情达意中所起到的作用，听课的教师也能在这样的示范中感受并领悟到何为"关注作者的表达"，怎么去"关注作者的表达"。

总之，示范课堂教学是示范环节最重要的示范内容，此环节的课堂示范一定要让乡村学校的教师对提高自身课堂教学技能的方法看得懂、学得会、用得到。

（三）示范课堂反思与改进

课堂反思及改进是课堂教学延伸的一个重要环节。在新课程改革的今天，教学反思已经成为很多教师的一种良好的教学习惯。叶澜说："一个教师写一辈子教案不一定能成为名师，而如果一个教师写三年的反思却往往能成为名师。"由此可见，教学反思不仅能够让教师及时调整自己的教学计划，还能通过反思来不断改进和提高课堂教学能力，以此促进自身的专业成长，努力向教学艺术的殿堂迈进。

教学反思可以写课堂上教师处理疑难的智慧火花；可以写学生的独到见解、与众不同的发现；可以分析教学中的成功之处；也可以记下教学中的疏漏失误、困惑；更可以记录对教学设计的新思考、新构想等。

案例3-18：小学数学课后反思

重庆市级赛课一等奖获得者，北碚区人民路小学王鸿教师在一次送教示范课结束后，对执教《认识东、西、南、北》一课进行了这样的教学反思：课堂活动是数学课很重要的一个环节。今天的课堂活动，把全班同学分成5个小组，中间一组面向北方坐好，其余四组分别坐在中间一组的东、南、西、北四个方向。这是一个非常有创新的做法，因为学生的位置实际上就是一个十字方向标，按照这样的位置来坐，第一，辨认教室的东、南、西、北显得非常轻松；第二，"知道一个方向就能辨认其他三个方向"这一知识理解得更加透彻；第三，利用教室的位置，同样是课堂活动2的要求，我们把若干个小组活动变成了全班5个小组的集体活动，既保证了人人参与，又体现了活动的实效性，其效果是立竿见影的，而且节约出的时间我们还可以安排有层次的课堂练习。

……

课堂生成成就了本节课的精彩。学生交流重庆在哪儿的时候，他们不断地说，重庆在这里，发现没说清楚，又补充说，重庆市在中间，还是没表达清楚，干脆就说：重庆市在四川省的东方。瞧，这样的课堂生成真是太精彩了。我不断追问重庆市在哪儿，其目的就是希望学生们用这节课学到的知识来描述重庆市的位置。当然有时的追问，其实是因为对学情分析不到位，如乡村学校的孩子在语言表达的习惯与城市学校有着明显的不同。

（此案例由王鸿老师提供）

评析：王老师的教学反思，有教学方式创新点的介绍，也有课堂精彩生成的分析，还有对不足的思考。这样的现场示范让听课者明晰反思的内容、角度，更加深对课堂反思重要性的认识，反思课堂最重要的作用就是帮助自己不断改进课堂，提高课堂教学效率。

乡村教师大多缺乏反思交流的勇气和机会，甚至不会进行反思。但在送教下乡培训中，通过名师示范上课及课后反思，现场实践反思，让学员有可参看的范例，可以依葫芦画瓢尝试反思交流，交流中慢慢地悟出反思的门道，悟出反思的重要性，并在今后的教学中养成反思的良好习惯。

二、示范的方式

示范的方式主要包括课堂行为示范,名师说课及课后反思,名师评课等。

(一)上课

名师课堂行为示范,即通过上课,让乡村教师在名师的课堂行为中直观地学习课堂教学技能。这里的名师既可以是全国知名教师,也可以是本地区培养成长起来的一线教学能手,特别是本土教学名师,他们熟悉本土教育现状,与参培教师的心理距离较近。在课堂示范前,他们可以作为送培团队成员,参与前期诊断,共同分析乡村教师课堂教学现状。

本土教学名师多为当地乡村教师所熟知,参培教师对他们有一定的认同度,可以避免乡村教师"这些都是全国知名专家,我们学不到他们的本事"这样的消极情绪。

(二)说课

示范环节通过名师说课的方式,让参与培训的乡村教师学习说课的内容、方式,并在今后的教学实践中尝试依托说课开展教研活动。说课一般包括"说教材""说教法""说学情""说学法""说教学设计"等几部分。其中,教学设计包括教学目标、教学重难点、教学准备、教学流程等。

要特别指出的是,教学设计的思路一定要符合学情分析,否则,学情分析就成了一道没有意义的风景。如在《小贝壳》的说课示范时,示范者就先基于学情分析梳理了教学思路,再说教学流程。

案例3-19:识字课说课示范

《全日制义务教育语文课程标准》指出培养学生自主识字的兴趣和独立识字的能力是识字教学的重要任务。一年级下学期的学生具有了学习生字的初步能力和掌握了一些汉字书写的方法。在教学本课时,我根据低段识字中"结合识字语境,激发识字兴趣"这一角度作了如下的思考:

(1)情景激趣,初识汉字。联系学生的生活世界和想象世界,根据学生已有的认知水平,创设"闯关看贝壳"的游戏情景,激趣植入汉字的学习。

(2)读文感知,认读闯关。闯关情景模拟,充分调动学生主动性,循序渐进地自主学习生字词,互帮互学,探讨生字中的易错点,让学于学生。

(3)品读句子,活学生字。观察字体演变,把汉字文化有机地融合在句子教学中,感受中国汉字的文化内涵,相机对学生进行语言文字的训练。

(4)培养正确习惯,正确书写。静心书写,加强对学生的写字指导,通过相同结构字体的教学,感受汉字的形体美。

评析:对于教学流程的介绍也并不是照本宣科,而是注意对每一流程的设计意图都进行详细说明。

环节一:情景导入,初识汉字。

【设计意图】利用美丽的大海图片引入课文的学习,初步唤醒学生的学习热情,激发学生的学习兴趣。从熟字"母",升华到学生自学书写"海",达到学生主动学习,体现出从已有的知识基础出发,向新的增长点迈进的特点。

环节二:初读感知,闯关识字。

【设计意图】通过闯关三让学生走入课文,再一次巩固字词。在出示闯关要求时,让识字量多的孩子展示自己在课外的识字,大声读出要求,激起孩子的自信心和激发孩子在生活中识字的愿望和兴趣。

环节三:品读句子,活学"条""带"。

【设计意图】"送礼包"的情境设计,主要是识记"带"和"条"两个字,从汉字的演变过程以及古代汉字的构字特点,增强学生识字的兴趣。礼尚往来,回赠礼包,拓展了学生在生活中学到的汉字知识和生活中积累到的词语。主要为了激发学生在生活中学语文的兴趣和能力。

环节四:培养正确习惯,观察书写方法。

【设计意图】此环节,旨在引导学生观察汉字的结构和关键笔画,初步感受汉字的形体美,针对现在学生普遍坐姿不够端正的现象,设计了学生正确坐姿十秒钟的环节,让学生在写字之前静下心来,认真书写,写字后让学生间互评,再改正,让学生在比较中有所改进,做到一次比一次好,能力有所提升。

评析:我们可以从说课案例中发现,要讲清楚"为什么这么上"并不是一件容易的事,要找到每个教学环节背后的设计依据,需要教育教学理论的支撑。说课能有效地调动教师学习教育理论、钻研课堂教学的积极性。

(此案例由张玉玲老师提供)

(三)评课

听课、评课是我们最常用的教学研究方式,但部分教师受自身水平的限制,听课后常感觉雾里看花,评课也只能说点主观感受。这时,送培团队专家的评课意见对听课教师来说会起到拨云见日的作用。通过专家的评课示范,使观课者在审视别人的教学行为的同时,反思自己的日常教学,并以同伴的评课交流为契机,探求方法与策略,最终达到提高自身课堂教学水平的目的。

一般来说,评课的内容可以涵盖"现状分析""问题诊断及反思""策略建构"几个方面。其中,"现状分析"让听课者知道观摩课教学设计的起点;"问题诊断及反思"让听课者清楚现状的成因;"策略构建"可以帮助听课者学习改进课堂教学设计的操作策略。

案例3-20:《火烧云》评课(节选)

送培团队专家的"现状分析"从教学目标达成入手:"这节课的设计很好地体现了'以生为本'的课程理念,引导学生质疑后,梳理问题,答疑解惑;努力践行着'积极倡导自主合作探究的学习方式'的课程要求,以小组合作探究的学习方式开展学习;结合语境理解词语的设计较好地落实了'学语言'的语文课程性质。"

"问题诊断及反思"则一针见血地指出课堂教学实施过程的不足之处:"串讲、串问课文内容严重,如该课在精读课文部分采取了逐段讲解的方式,课堂效率低,学生学习兴趣不高,我们要和这种'内容分析式'的语文教学说再见。"

"策略构建"是每位听课者内心深处最强烈的呼唤:说一千,道一万,都不如学习可操作的策略。在专家指导下,教师们重新进行教学设计:找到多种本课适用的导入方式,如生活导入、激趣导入、抓住学生认知起点导入;把原来设计中的"逐段分析"改为"言语范型引路",教师精选两个知识点进行教学等。

(此案例由杨蔚老师提供)

评析:送培专家的评课,有理论,有事实,让老师们听得清楚明白。比如在"问题诊断及反思"环节中,通过摆事实,讲道理,让教师们真切地认识到"内容分析式"教学的弊端,尝试设计新的教学流程。和单纯的理论灌输相比,这样的评课更有价值。

送培专家在"策略构建"时,也没有高谈阔论,而是通过教学流程的重构,让参与学习的教师敢于尝试,学有所获。

第四节 案例评析

本章前三节分别阐述了"诊断""示范"的价值、内容、方式,并提供了学科诊断报告样例。如何运用这些知识进行诊断示范的实际操作呢?本节将通过具体案例展示其操作流程,明确其实施要求。

一、诊断案例评析

案例3-21:初中语文学科课堂教学诊断

2015年,重庆市北碚区教师进修学院承担了××省××县送教下乡培训任务,送培学科涉及中小学语文、数学和英语。各学段、各学科均按照"诊断示范、研课磨课、成果展示、总结提升"四个主要环节实施送培,取得了较好的培训效果,得到了参培教师的一致好评,参培教师普遍认为此次培训有针对性和实效性。这里我们以初中语文学科为例,分析送培团队是如何精准诊断,为示范环节提供明确靶向。

第一步:课前调研

1.问题调研

送培团队采用三种方式调研方式:(1)对××县381名语文教师进行了问卷调查;(2)让××六中、××中心校等15所学校语文教研组填写了培训需求表;(3)对××县教育局语文学科负责人×××和10名专、兼职教研员进行了电话访谈,做了详细的访谈记录。

评析:如同医生看病,首先通过病人的自述了解病情一样,进入课堂诊断之前,首先通过对培训对象的调研,初步了解乡村课堂教学状况。怎样做好问题调研?案例中的送培团队给了我们启示:一是调研方式多元,比如问卷调查、电话访谈、填写需求量表等方式各有优点,应合理选用。二是调研对象多层次,一线教师会侧重谈教学困惑、罗列教学现象;教研员可能会对地区课堂教学问题有了自己初步的分析判断。三是资料收集丰富真实,为初步诊断做准备。

2.梳理信息,初步诊断

送培团队对调研收集的大量资料,如问卷、需求表、访谈记录等进行筛选归类,看哪些是教学目标确立的问题,哪些是教学内容选择的问题,哪些是教学方式运用的问题,如一线教师反映"文言文教学很枯燥""学生不会质疑",教研员发现"教师普遍串讲串问"的状况,这些都属于教学方式运用的问题。在筛选归类的基础上做出初步判断,列举出大通县乡村课堂教学可能存在的问题。

评析:需要注意的是,这些信息主观性很强,是基于教师的自我判断,需要将多途径、多层面收集的信息相互印证,做出"初步"的诊断。

3.制订诊断工具,拟定观课计划

根据课堂教学问题的可能性判断,送培团队预设下一步课堂诊断的对象、内容、方式,在此基础上,拟定观课计划,准备诊断工具,先做观课量表设计的讲座,再与学员一起设计观课量表,修改观课量表。

评析:这里的"预设"是基于课堂教学问题的可能性判断,需要在下一步课堂诊断中修正。应根据初步诊断提前准备诊断工具,如课堂观察量表,在第一轮课堂观察中运用,在第二轮课堂观察中选用或修改。

第二步:课中观察

初中语文学科送培团队成员分为两组,第一组到桥头镇中心校、斜沟中心校、新庄中心校;第二组到大通六中、长宁中心校、南门滩学校,和本地专家团队一起深入乡村学校进行课堂诊断。两组专家团队都主要采用课堂观察的方式,进行了两轮观察,两次课堂诊断,为第三步课后综合分析诊断作准备。

1.第一轮课堂观察

通过课前调研的初步诊断,送培团队确定了从课程性质维度观察目标和内容;从教师教学维度观察环节和指导;从学生学习维度观察倾听和互动。设计了多个观察量表帮助诊断,如下表所示。

"教学目标的设定与落实"课堂观察量表

序号	设定目标	目标具体化			落实措施		
		重点目标	难点目标	其他目标	很有效	较有效	无效
	目标一						
	目标二						

续表

序号	设定目标	目标具化			落实措施		
		重点目标	难点目标	其他目标	很有效	较有效	无效
	目标三						
	目标四						

2.第一次课堂诊断

课堂观察结束之后,送培团队梳理发现的问题:乡村教师缺乏目标意识;缺乏生本意识;对学困生关注不够,对学生学习过程的反应不及时甚至无反应,不能及时纠正学生学习过程中出现的错误;教学方法单一:要么教师一讲到底,课堂成了教师的舞台,要么整节课学生都在讨论,表面上看似气氛热热闹闹,最后学生收获甚少等。而最为突出的是对教学内容缺乏选择:将作者介绍、写作背景、字词解释、归纳大意、段落划分、重要词句理解和赏析、主旨解读等逐一讲解,面面俱到,眉毛胡子一把抓,这也是教师一讲到底,教学时间不够,教学效果低下的主要原因。

第一次课堂诊断,将诊断的重点调整为"教学内容的选择及有效实施"。

评析:第一轮课堂观察按预设的观课计划进行多方面观察,尽可能发现问题;第一次课堂诊断要梳理问题、聚焦问题、确定重点诊断内容。

3.第二轮课堂观察

修改观察量表,重点观察"教学内容的选择及有效实施"。

观察点主要有四个:

(1)教学内容的选择:寻找选择的依据。

(2)教学目标指向:观察每一个教学内容所指向的教学目标,二者是否吻合。

(3)实施策略:这是教学内容有效实施的保证,观察执教者设计了哪些教学活动,采取了哪些相应的教学方法、手段、策略等。

(4)学生参与:统计学生回答问题的人次、学生性别、回答效果等。

4.第二次课堂诊断

根据第二轮课堂观察,梳理"教学内容的选择及有效实施"存在的问题。比如,阅读教学普遍存在教学内容选择的泛化、浅化、窄化和野化;教学内容的选择(增、删、合、换)不得当,容量不合适等。究其原因,主要是乡村教师文本解读不到位,文本定位不准确,忽视学情分析,缺乏相关理论知识。

评析:第二轮的观课和诊断有很强的针对性,找出课堂教学关键性问题,定点诊断,分析原因。

第三步:课后诊断

在课堂观察的基础上形成学科课堂教学诊断报告,着重分析乡村课堂教学的关键性问题,提出改进建议。比如,如何选择教学内容,建议以文本解读决定教学内容、以文本定位确定教学内容、以学情决定教学内容、提炼组合形成教学内容、知识点统领例文形成教学内容等。

评析:课后诊断要给出明确的判断,得出结论:课堂教学存在什么关键性问题,原因是什么,改进的策略是什么? 为示范做准备。

第四步:诊断结果的运用

根据诊断结果,送培团队确定了此次培训的主题:教学内容的选择和有效实施。

评析:诊断出的问题都能成为培训主题吗? 什么问题才是此次培训要解决的首要问题? 这需要送培团队的专业分析,比如诊断报告提出的问题是普遍性的还是特殊性的? 出现这个问题的可能原因是什么? 各个原因有一定联系吗? 该问题对教学可能有何影响? 影响多大? 哪个问题是此次培训首先要解决的问题? 经过反复论证斟酌,形成培训主题,由此进行培训方案的撰写。

(此案例由邓凤军老师提供)

二、示范案例评析

案例3-22:初中语文学科课堂教学示范

送培团队专家以《我的教师》为教学篇目,进行了上课示范。专家以"学习一种写作方法"作为教学目标,围绕教学目标确定了教学内容:学习本文选择与表现材料的方法,课型定位为"以读促写"课,有三个主要的教学环节:一是师生分析文本,归纳选择材料的方法。如文中前5件事写的是蔡教师对大家的爱,而6、7件事情写的是蔡教师对"我"个人的爱,既从"面"的角度选材,也从"点"的角度选材,从中学习"点面结合"的选材方法。二是品析片段,学习表现材料的方法。通过研读第三段,学习如何写好一件事:写好中心句、事件写具体、人物写鲜活、写出感情。三是学以致用,用所学的方法也来写写自己的教师。

评析:先诊断后示范,诊断出什么问题,就据此进行正确的示范,所以××省××县初中语文学科就围绕"教学内容的选择和有效实施"进行课堂教学示范。分析专家的示范课例,我们发现:

1.专家的上课示范是"明示",是显性的课堂教学行为示范

《我的教师》是记叙文写作很好的范例,专家把"学会材料的选择和表现"作为了教学内容,还有没有其他的选择呢?模仿专家的方法,有教师发现:本文遣词造句有妙法,如贬词褒用,展示性格,表达情感,这就可以把"学习本文遣词造句的技巧"作为教学内容,通过品析关键词句有效实施;还有教师发现:本文情感表达很充分,字里行间都能读到浓浓的师生情谊,正是作者寓情于叙,使文句含情,巧用反常心理,凸显人物情感,"学习情感表达的方式"也就成为本课教学内容选择之一。这样的示范,针对了乡村教师教学内容选择实施的短板,从操作层面上让参培教师学方法、学策略。

2.更为重要的是"暗示",是隐性的教学理念的体现

为什么要将这堂课定位成读写结合课呢?因为本文语言质朴,学生理解比较容易,授课专家将文本定位为"样本"。"样本"就是供学生在阅读过程中获得一定的阅读及写作方法的文本,简而言之,就是学习阅读或写作方法的例子。这样的文本定位决定了教学目标,确定了教学内容。王荣生教授在其论著《语文科课程论基础》中,把语文教材选文分为"定篇""例文""样本"和"用件"四种类型,选文类型不同,所担负的功能就会各异,教学侧重点也会不同,教学方式也会因此而不同。学习了此类学科教学理论,乡村教师知道了文本分类、文本定位,就能进行课堂教学尝试,改变课堂教学行为。

在××省××县的初中语文学科教学示范中,除了上课示范,送培团队还进行了观课评课示范,并安排了相关讲座,如"选择适宜的教学内容""教学主问题的设计"等,详细阐述了授课专家行为示范背后的设计理念,提供大量案例和教师们一起分析。让乡村教师感觉"我知道怎样做""我明白为什么这样做""我也能做得到",为研课磨课打好基础。

(此案例由刘蜀黔、邓凤军老师提供)

第四章 "研课磨课"的实施

"研课磨课"是送教下乡培训项目实施阶段的第二个环节,是在送培团队的指导下,乡村学校组织教师围绕研修主题,按照研修任务,结合校本研修,展开的学科课堂教学研究。其指向是改变教师的课堂教学行为,提高教师的专业水平,改变教研团队的研修姿态。"研课"主要是基于诊断环节发现的共性问题,以教研组为单位,开展课例研讨的教学研究方式,其目的是着力于教研团队的建设。"磨课"主要是基于教师的个性问题,教师在送培团队的指导下,不断改进教学设计,打磨课堂教学的研究方式,其目的是着力于教师个人专业素质的提升。

本章将从研课磨课的价值、研课的实施、磨课的实施和案例评析四个角度进行阐述。

❖ 第一节 研课磨课的价值 ❖

研课磨课是在诊断示范的基础上,对诊断出来的教学问题进行研究,寻找解决问题的方法、策略。它是基于乡村教师课堂教学实践中存在的真实问题而展开的,其关键点在于与校本研修紧密结合,凸显"研"和"磨"。研磨过程必须人人参与,研究出同课异构、异课同构,磨突出个人同构、个人异构。研课磨课互相渗透,研中有磨,磨中有研。

教研团队和教师个人在送培团队的指导下研课磨课,在亲身经历课堂改变的实践过程中,改变的不仅仅有课堂教学,还有教研团队的校本研修方式以及所有参培教师的教学理念和教学行为。因此,研课磨课对于教师个人和教研团队而言都有着切实的意义。

一、促进教师个体专业成长

(一)逐步优化课堂教学

在研课磨课中,送培团队指导教师们弄清研课磨课的视角,为其教学研究提供理论支撑、研究方法和教学示范。专家的深度介入改变了常规教研"萝卜煮萝卜"式的低水平徘徊状态。通过课例研究,教师们主动学习教学研究的方式,了解教学研究的前沿,逐步优化自己的课堂教学。

我们常听教师抱怨:"期末考试又要到了,我的新课还没上完呢。"这句话的背后隐藏着一个问题——教师对课程缺乏整合。新课程理念提倡"用教材教",主张对课程进行整合。根据这一理念,在某县送教下乡培训的研课磨课环节中,针对教师们对教材知识体系把握不准这一问题,初中数学学科的送培团队做了很好的研修示范。他们领着参培教师一起分析初中各知识点在教材中的分布,并与其他版本的教材进行比较,根据数学知识的逻辑性调整章节顺序,整合教材资源。研课磨课让参培教师明白课程整合可以优化教学目标、丰富教学内容、提升教学效益;学到课程整合的策略:章节(单元)的重组、前后的勾连、材料的替换、资料的引入等,并在今后的教学中还可以对此进行深入研究。

资源运用是乡村教师教学能力的短板,不少教师在教学中唯教材、唯教参,不敢越雷池一步。在送教下乡培训的研课磨课环节,送培团队有意识地通过集体研磨、互相学习的方式,培养教师在课堂教学用运用资源的能力。在某区送教下乡培训英语组的研课磨课中,送培团队提出了巧用学习生活资源的建议,如在学生已经学习了介绍自己、日期、天气和简单事件等句型的情况下,可采用"今天我值日"的活动,帮助英语教师明白如何将鲜活的生活资源整合到课堂教学之中:在每节课的开头新增"值日报告"环节,值日学生向师生介绍今天的日期、天气及新闻事件等。由于每天的生活都是新的,学生对每一课的这一环节都充满了期待,对于值日学生来说不但锻炼了口语表达能力,而且学会了关注生活。在研课磨课的反思中,送培团队引导参培教师举一反三,思考资源整合的原则。经过反思,他们逐渐明白在教学时,不是资源越多越好,而是要适度适时,有助于学生学习。不仅如此,专家还指导教师查阅文献,运用文献资源进行教学研究,学会站在巨人的肩膀上,巧用他山之石,解决自己的教学问题。

研课磨课能让参培教师在对教学问题的研究中,对课堂教学的反复打磨中,逐渐优化自己的课堂教学。

(二)学习教学研究方式

研课主要是采用多人同课异构的方式对课堂教学进行研究。所谓"同课异构",就是选用同一教学内容,根据学生的实际、现有的教学条件和教师自身的特点,进行不同的教学设计。[1]它体现了基于"教无定法"理念的方法选择、基于"因材施教"理念的内容选择,能充分展现教师对教材的多元解读视角,体现教师教学的个性,有利于培养教师树立"用教材教"的意识。

在同课异构的课堂观察中,教师既是观察者,又是学习者。教师通过对不同课例的观察,反思自己的教学,学习他人之长;通过不同课例的观察,或比较不同教学方法的效果,或探寻更多的教学方式,或深入研究某个教学问题,或演绎某种教学理念。

案例4-1:教学内容的选择研究

《孤独之旅》同课异构

课例一(执教:北碚区田家炳中学 曾睿)

一、感知课文

二、感受孤独

体会杜小康的孤独与成长:

1.本文题为"孤独之旅",请大家围绕第2-4部分,结合课文相关的语句,谈谈杜小康经历了哪些孤独?

2.在经历这些孤独的过程中,杜小康的心理发生了怎样的变化?

---

[1] 陶秋云.推行同课异构,深化校本教研[J].湖南教育,2005(4).

三、感悟人生

从杜小康的经历中,我们可以获得怎样的人生感悟?

(1)学生结合文本和自身经历,谈谈自己对孤独的感悟。

(2)阅读资料,加深对孤独的领悟。

助读资料:

曹文轩:"它是一种正常并且健康的心态——如果程度得当的话。它标志着一种人格的成熟,使人少了许多盲目,使人在嘈杂的生活中有了一份保护身心健康的清静。"

"每个时代的人都有每个时代的人的痛苦,痛苦绝不是现在的少年才有的。少年时,就有一种对痛苦的风度,长大时,才有可能是一个强者。"

北大才子余杰:"孤独就像篱笆,有了篱笆,才有自己的园地。"

哲学家叔本华:"孤独是所有杰出人物的命运。"

课例二(执教:重庆市第122中学 江山)

一、整体感知,梳理故事情节

二、走进主人公的"孤独之旅"

杜小康经历了哪些心理变化?(要求:勾画出文中描写杜小康心理活动的词语、产生这种心理的时间,并在旁边标注。)

生回答(略)。

小结:对于杜小康而言,那个以孤独为底色,由天空、芦苇荡、狂风、暴雨、小船、鸭子等构成的荒无人烟的世界,已经成为他人生中一份永远难以磨灭的记忆。那浸透着孤独感的一切,既困扰、磨难着他,也教养、启示着他,使他走向成熟。

三、学习环境描写的作用

文章如何表现杜小康内心的孤独的?请找出描写景物的语句,分析其作用。

1.学法指导

(1)环境描写的作用:烘托人物心情;渲染气氛;推动故事情节发展……

(2)分析环境描写的方法:抓修辞方法;抓关键词。

2.学生分析景物描写的作用

生分析,师点评。

四、拓展练习

1.分析下列景物描写的作用

(1)我一个人慢慢地走在路上。月亮出来了,冷冷的,我不禁打了个寒颤。(摘自《羚羊木雕》)

(2)时候既然是深冬;渐近故乡时,天气又阴晦了,冷风吹进船舱中,呜呜地响,从篷隙向外一望,苍黄的天底下,远远横着几个萧索的荒村,没有一些活气。我的心禁不住悲凉起来。(摘自《故乡》)

2.小练笔

写一段景物描写来衬托不同的内心感受(如孤独、恐惧、害怕等)

(此案例由陈家尧老师提供)

评析:课例一从小说对人生的启示,即孤独怎样让杜小康成长,孤独对我们的人生启迪是什么来设计教学;课例二围绕小说中环境描写对人物形象、情节发展的作用来设计教学。同一篇课文,不同的教学设计,体现了教师对教学内容的不同选择,对教材更加自如的驾驭能力。

同课异构不仅是教师习得实践知识的有效途径,也是行之有效的研究方式。一位教师在培训反思中写道:"我们以前搞教研,就只是听评某个教师的一节课。而同课异构的方式让我明白了教研活动的方式是多元的,这种方式让更多的教师投入到研究之中,贡献自己的教学智慧,互相学习,共同进步。这种研究方式值得在今后的教学研究中广泛运用。"

(三)经历成长的过程

朱永新说:"平庸的教研造成教师的平庸,卓越的教研成就教师的卓越。"[1]研课磨课基于"做中学"的理念,让教师亲身经历自身教研水平成长的过程,在这一过程中,教师的教学行为和教学思想逐渐发生嬗变。

在××县送教下乡培训中,专家们有一个深刻的体会:教师在第一次上课时总想面面俱到,结果造成教学重点不突出、教学难点未突破等问题。经过送培团队的指导,在第二次课例中,教师又陷入对教学内容难以取舍的纠结,觉得自己在第一次教学设

---

[1] 刘建文,袁利平.磨课,这样改变了教师专业行走方式[J].今日教育,2016(3).

计中有那么多精彩的东西,真是舍不得丢掉。针对这个问题,专家做了微讲座"如何选择教学内容",让教师明白教学内容的选择要服务于教学目标的实现,对目标达成无关的内容要大胆地舍去,让教学环节简约而不简单。在第三次课例中,教师大胆地对教学内容进行取舍,这样一来,教学环节简约了,教学目标也达成了。

一位参培教师在总结汇报中写道:"这次研课磨课活动,大家最大的收获就是教学理念的变化,这也是专家们辛苦付出后倍感欣慰的地方。虽然刚开始的时候,教师们对专家提出的意见和建议不理解,总是割舍不掉自己认为得心应手、最得意的环节,总是跳不出自己的圈子。经过专家的几次打磨,我们自以为很精彩的教学设计变得面目全非,甚至要重新设计,这个过程是痛苦的。但上完打磨的课后,才明白专家的意图,学到了更深层次的东西,对解读教材和驾驭教材的重要性有了更深刻的认识。在专家的引领下,教师教学行为有了明显改变:教师的角色转换了,课堂教学中真正确立了'以教师为主导、以学生为主体'的教学观,教师的目光从只关注教法转向关注学法……通过研课磨课,教师们明白了,如果教学时面面俱到,就只能是蜻蜓点水,所以,每一个教学环节的设计都必须指向一个明确的目标。"

二、促进教研群体的建设

(一)建立学习共同体

研课磨课对于教研团队的建设起着很大的促进作用。送教下乡培训中,送培团队协助乡村学校构建学习共同体,针对学校研课磨课的难题,通过示范教学、同课异构、专题研讨等方式进行现场指导。如××区在实施送培项目中,送培团队在第一时间就组建了学科大组和学科小组,大组成员为送培团队与全区参培学校的学科教师,小组成员为送培团队与每个参培学校的学科教师,每个学科大组都建立了各自的QQ群或微信群,每个大组和小组都是处于不同层面的学习共同体。

专家组织教师查阅文献、学习课堂教学的相关理论,这固然是一种学习,而共同研课磨课观课议课也是一种学习。"在课例研究中,研讨日常的教学,重视课后的研究甚于课前的研究。课后的教学研讨会讨论的中心问题,与其说是上课的优劣、提问的技巧和教材的钻研,不如说是基于课堂的事实,讨论学生在何处是顺利的、何处有障碍。观摩者不是对执教者提出建议,而是围绕着一个中心课题——从教学的实践中学到了什么——展开讨论。"[1]而要提高每个人的学习能力,合作学习是不可缺少的。

在这个学习共同体中,成员们的主要行为是倾听、对话、分享,而不是强加和权力性质的领导。即使是专家也应该认真倾听教师的困惑,及时提供有力的帮助。这种学习共同体聚合了研究力量,激发了研究热情,激活了群体智慧。而以QQ群、微信群等为平台的网络学习,更是打破了时空的局限,使随时随地的学习成为现实。

(二)实现教研方式的转型

"聚焦问题—查阅文献—交流讨论—教学设计—上课观课—研讨改进—行为跟进"这是研课磨课的主要研究路径。这种研究方式改变了过去校本教研的随意性,实现了教研方式的转型:教师的研究行为从单打独斗到共研共进,共享研究成果;研修主题从基于一般经验到聚焦问题;研修的手段从基于经验判断到基于课堂观察;研修的着眼点从基于课堂整体到基于课堂"切片"。

在研课磨课环节结束后,某校一位英语教研组长在教研组研修计划中写道:"(1)深入解读英语课程标准,明确初中英语课程标准中每一级的目标要求。(2)积极开展同课异构、课堂观察、同伴互助等活动,落实"互动式""参与式""实践式"的校本研修模式,研修活动做到"四定",即定主题、定时间、定地点、定对象,规范研修流程。(3)加强课题研究。力求将课题与校本研修、新课改有机融合,提高校本研修实效。指导组内教师做好课题成果的提炼、交流和推广工作,从而提高课题研究效率。"从这些只言片语中,我们感受到经历研课磨课后,乡村学校的校本研修方式正在进行华丽的转身。

❖ 第二节 研课的实施 ❖

研课作为有效促进教师专业发展的一种方法,起源于日本。从20世纪90年代起,研课逐步得到美国教师和教师教育者的普遍重视,认为这种合作研究是改善课堂

---

[1] 佐藤学著.钟启泉译.学校的挑战:创建学习共同体[M].上海:华东师范大学出版社,2010.

教学、发展教师专业能力、提高学校学习环境的有效方式。

送教下乡培训中的"研课"是围绕教师课堂教学中存在的普遍问题,以同课异构的方式进行研究的方法。它主要是基于教师的一般经验,研究教研群体在教学实践中存在的共性问题,加强研修团队的建设。教研组的所有教师自始至终参与研课,共同经历这种研修方式的实施过程,达到人人有参与,个个有提升的目的。

研课与磨课的不同之处在于,研课是针对同一教学内容设计多种方案来上课,而磨课是对同一个教学设计进行多次打磨、多次上课,在目标指向和实施策略方面都有所不同。

一、研课的目标指向

研课着力于研修团队的建设。教研组教师通过经验学习,互相观摩借鉴,知道该怎么上课,该怎么研修,从而提高研修团队的整体研修水平。

(一)学习有效的教学策略

1.学习解读教材

教材是知识的载体,是教师教、学生学的媒介,对教材的深度解读是教师的基本功。在诊断中,我们发现乡村教师存在的普遍问题是缺乏教材解读方法,对教材的解读肤浅,甚至是解读错误。

语文教师处理课文的一般方式是从课文开头教到结尾,什么都教却什么都没教透。于是就出现了这样的怪象:初中教师责怪小学教师连比喻都没教好,高中教师责怪初中教师除了让学生背了几首李杜的诗歌,对李杜完全没有了解。语文教学的低效似乎都该上一学段的教师来"买单",不知道小学教师又该找谁来为此"买单"呢?究其原因,是教师对教材缺乏深度解读,缺乏处理教材的能力。其实,教师对教材解读的深度决定了课堂教学的深度和广度。在研课磨课过程中,送培团队指导教师进行教材解读,让教师学习教材解读的方式。如在××省××县送教下乡培训研课磨课时,送培团队做了"体式·课型·主问题设计"的讲座。讲座既有理论的高度,又有实践的深度,让教师明白应根据体式来解读文本,根据文本的体式和个性特质来确定课型。只有对文本解读得深透了,对教学内容的把握才会更精准。

2.学习创新教法

在教学中最难的事情是教法的创新,因为长期的教学容易让教师形成教学定式,且不愿改变。常听教师抱怨:"这道题我讲了三遍,学生都还听不懂。"其实,这时教师不应该抱怨学生,而应该反思如何改变自己的教学方法,以适应学情。

在语文教学中,教师们都习惯于单篇教学。在研磨《荷叶·母亲》这一课时,专家引导教师用群文阅读的方式,将本文与《蝉》《贝壳》三篇文章进行整合,学习"咏物"的技巧。尝试之后,教师们认为运用群文阅读这种新型的教学方式,可以把某一个教学问题解决得更加彻底,它是对单篇阅读教学的有益补充。

研课磨课促使教师在教学中大胆尝试,创新教法,提高了课堂教学效果。

3.关注学法指导

教师们通常都把研究的重心放在教的研究上,而忽略了学法的研究,在教学中更是缺少对学法的指导。比如,学习英语最难的一关就是记单词,一些同学因此而彻底放弃英语学习。在研课磨课时,来自一线的专家与参培教师分享了如何指导学生记忆单词的方法:读音规则法、联想记忆法、归类记忆法、比较记忆法、谐音记忆法、游戏接龙法。

研课磨课能让教师们明白有效的学法指导,不但能激发学生的学习兴趣,提高学生的学习效率,而且能增强学生的学习自信,让学生体会到学习的成就感,从而激发学生学习的内驱力。

(二)学习有效的研课方法

研课不但让教师知道课该怎么上,而且还要知道课该如何研,从而获得课堂教学研究的方法。乡村学校每个学科的任课教师少,兼职教师比比皆是,教师素质普遍不高,研修活动开展效果不佳,有的学校教研组活动长期流于形式。在送教下乡培训中,送培团队从专业的视角,以研课为主题,引领参培教师参加校本研修活动。

在研课过程中,教研组教师全员参与,进行思想碰撞,发现教学中存在的共性问题时,聚焦为研究主题,找准研课的点;再查阅文献资料,分享自己的教学方法,提炼解决问题的不同策略;再设计不同的课例验证策略,又或者是通过同课异构来归纳教学策略。

比如在上《孙权劝学》一课时,送培团队基于教学导入方式的有效性这一主题进行了同课异构。我们来看三位教师设计的教学导入。

案例4-2:导入方式研究

以《孙权劝学》为例

1.王老师的导入:

课件出示关羽的图片。

师:同学们,你们知道这个人是谁吗?

生齐声回答:关羽。

师:你们知道关羽的故事吗?请讲一讲。

生讲关羽的故事(有三位同学分别讲了桃园三结义、千里走单骑、义释曹操。由于故事不熟,有两位同学讲得不很流畅,教师适时做了补充)。

师:你们知道关羽在败走麦城中,被谁所杀吗?

学生不知道这个故事。于是,教师讲关羽败走麦城被吕蒙所杀的故事。

师:吕蒙最初学识浅薄,最后却成为吴国的一员大将,其中孙权劝他学习功不可没,今天我们一起来学习这个故事《孙权劝学》。

2.张老师的导入:

师:翻开《三国演义》,就会看到这样一首词(课件出示《临江仙》全词),还可以唱……

师唱:滚滚长江东逝水,浪花淘尽英雄……

生和:是非成败转头空,青山依旧在,几度夕阳红。白发渔樵江渚上,惯看秋月春风。一壶浊酒喜相逢,古今多少事,都付笑谈中。

师:今天,就让我们回到那个风起云涌、英雄辈出的时代,一起来笑谈发生在英雄们身上的一个小故事——《孙权劝学》。

3.邓老师的导入:

课件出示三幅图片:好读书,学智慧;砸缸救人,扬名天下;编纂史书《资治通鉴》。

师边出示图片边讲解:从前有个男孩,喜读史书,很小的时候就能熟背《左传》,从史书中学到了很多道理和智慧。七岁时,他用一块大石头救了一个掉进水缸的孩子而扬名天下,这就是家喻户晓的故事——

师生:司马光砸缸。

师:后来司马光成为北宋著名的政治家、史学家,他自己编纂了一部史书——《资治通鉴》,是中国第一部编年体通史。为什么取这么个书名呢？因为皇帝认为这本书可以"鉴于往事,有资于治道",即以史为鉴加强统治。

今天,我们学习其中的一个小故事《孙权劝学》,看看我们可以从中借鉴到什么。

（此案例由邓凤军老师提供）

评析：王老师以故事入题,学生很感兴趣,但教师的目的是希望学生能够讲到关羽败走麦城被吕蒙所杀的故事,从而引出吕蒙,再引出孙权劝学的故事,由于学生没有讲到这个故事,教师只好自己来讲。这样的导入九曲十八弯,耗时过多。

张老师以电视剧片头曲入题,引发师生同唱《临江仙》,效果较好,引入时间也较短,但要注意《三国演义》是文学作品,而《孙权劝学》是史实。

邓老师以司马光的故事导入,目的是让学生了解作者和史书《资治通鉴》等文学常识,指向了本文的学习目标,让学生从史实中获得启示,也体现了执教者"依文本体式而教"的教学理念。而王、张二位教师的导入目的仅仅是引出课题。

通过对以上课例的观察和研讨,专家引导教师们进一步总结导入设计必须遵循的原则：导入必须围绕教学目标,能引发学生学习期待；导入时间短。

同课异构式的"研课",为教师提供教学设计的多种角度,比如以不同的教学方式来设计教学,可以是讲解式的,可以是探究式的,还可以是讲一点探究一点……通过不同课例的比较,明白不同的教学内容应采用相应的教学方式。

在研课过程中,每个教师都是参与者,专家主要是直接组织或引导教研组长组织研修活动,在教师的研讨陷入瓶颈时,引领他们走出僵局,让研课得以继续和深入；在研讨过程中或研讨结束时,引导教师梳理总结研课结论,形成研修成果。

研课让教师们明确同课异构的一般流程：聚焦问题、提炼主题——查阅文献、分享经验——提出策略、多人设计——上课观课、交流研讨——提炼策略、固化成果。根据问题解决的程度,决定是否进行第二轮研课。

在研课中,参培教师学习设计并运用课堂观察量表,根据运用的情况对观察量表进行修改；观课结束后,能够对观察数据进行比对梳理,确保数据的科学性；在交流研讨时,克服主观随意性,学会用数据和事实说话,使自己的观点更加客观。由于语言的瞬时性,教师还可以学习在观课时运用录像、录音等辅助技术。明确研课流程,学会运用观课工具,使校本研修效果得到大大提升。

二、研课实施的形式

研课通常采用同课异构和异课同构两种形式,试图让参培教师学会有目标、有方法、有主题地研究课堂教学的改进,在比较中反思自己的教学行为,在比较中选择更优化的教学设计,在综合中寻找更多的解决策略,更深入地对理论进行探究。

(一)同课异构

同课异构是指多人对同一教学内容采用不同的教学策略,整合不同的教学资源,实现相同的教学目标的研课方式,体现的是教师个性化的教学设计。同课异构是针对同一教学内容而进行的深入的教学研究,其研究对象包括教材解读、教学方式、教学策略、教学方法、课程资源、教学组织特点、教学风格等,以验证假设,或从教学实践中归纳有效的策略,或寻找突破教学内容重难点的多种路径或最佳方法。

同课异构要求教师既要重"异",采用不同方式,体现不同特色,又要重"同",因为"同"是起点,教的内容相同,无论方式多么不同,都要实现共同目标,"殊途"要"同归"。[1]

案例4-3:一年级数学《几和第几》同课异构

课例一(片段)

师:孩子们静静地思考,今天我们学了什么,你们明白了什么?

生:我明白了几和第几不一样。

师:还有谁想说,哪里不一样?

生:几和第几不一样。

师:嗯,哪里不一样呢?

生:我明白了,凡是在数字前面加个第字的就表示只有一个。

师:还有谁想说。

生:通过这节课,我知道了几和第几不一样,我还知道了,一个人的位置变了,全部人的位置都要变。

师:一个动物的位置发生变化了,有可能会影响其他动物位置的变化,也有可能有些小动物的位置不会发生变化。

---

[1] 李国华,张瑞芬."同课异构"的误区种种[J].教学与管理,2011(2).

师:还有谁知道了什么,小君,你明白了什么?

小君:我明白了,只要有一个小动物的位置发生了变化,所有小动物的位置都会发生变化,只有排名第一的小动物的位置不会发生变化。

师:这个情况就比较复杂,我们还要进行具体的探究,也不是除了第一,其他的小动物也会发生变化。

课例二(片段)

师:在生活中,我们常常用到"第几"来表达顺序,你能用"第几"来说一句话吗?

生:我是第二小组。

生:我是第五小组,我的位置是第五组第三号。

师:那么,除了我们的位置,生活中还有那些事情用第几来说呢?

生:我家住在第十一楼,下面有十层楼。

师:她家住在第十一楼,第十一楼一共有几层?

生:十一层。

师:那十一层她家全都住了吗?第十一楼一共有几层?

生:没有,一层。

师:还有谁想说?

生:有七个动物在赛跑,有一个动物跑在第一。

生:我家住在第五层楼,下面有四层楼。

(此案例由西南大学附属小学提供)

评析:《几和第几》是一年级的一节数学课,两个课例(片段)都是以"说数学"的方式展开,但说的结果却不一样,课例一中学生说的时候出现了错误,因为缺乏说的情境,课例二则设置了生活情境,学生说的与数相关的事情陈述得很丰富,在学生说错时,其他同学可以进行纠正。通过比较,我们发现设置合理的情境,可以让学生陈述的知识得到支撑,体现了在生活中学数学的思想,是值得推广的一种教学方式。

(二)异课同构

异课同构是由同课异构衍生出来的另一种研课方式。这里的"异"是指不同的教学内容和教学目标,"同"是指符合教学规律的教学思想、教学模式等,即同一教师或不同教师对不同教学内容进行个性化解读后,分析归纳其中的成功和精华之处,探讨建构某类教学内容的课堂教学规律和教学模式。[1]故,异课同构是为了深入探讨教学规律或教学模式,以实现同类推广的目的。

此处的"异"从课型角度可分为新授课、复习课、练习课、评讲课、综合课等;也可根据教学内容进行分类,如语文学科按教学内容可分为文学类文本、实用类文本、文言文、古诗等。

案例4-4:用群文阅读的方式教写作

用群文阅读的方式教写作,其课堂授课模式为"品读文本、探究写法——设置情境、运用写法——交流习作、点评修改"。基于这样的课堂教学模式,我们设计了《细节描写之心理描写》《细节描写之动作描写》两个课例。

课例一:细节描写之心理描写(执教:重庆市第122中学 周琳)

导入:通过说话训练导入新课——心理描写

师:同学们,今天的课堂和以往有所不同,多了很多听课的教师。此时,你的心里在想些什么呢?请用"我想"来说一说你此时的心理。

生谈自己的心理(略)。

师:那你们再猜一猜周老师此刻在想什么呢,用"周老师想"来说一说。

生谈周老师的心理(略)。

环节一:阅读文本,探究方法(为了简洁明了,此环节用表格进行展示)

阅读文本 (学生阅读文本、品读探究)	探究方法 (学生探究、教师点拨、建构写法)
《皇帝的新装》《警察与赞美诗》心理描写片段	直接心理描写:内心独白; 从旁叙述
《最后一课》《一面》语言、动作、神态描写片段	间接心理描写:语言暗示; 动作反映; 神态揭示
《社戏》《羚羊木雕》《芦花荡》景物描写片段	间接心理描写:景物烘托

---

[1] 李琳,李由之,周虹在"同课异构"和"异课同构"中提高有效教学能力[J].中学地理教学参考,2015(3).

环节二:设置情境,运用方法

情境设置:

1.上午最后一节课的下课铃已经响了,老师还在讲台上讲个不停,我们早已经饿得饥肠辘辘……

2.我独自走在回家的路上……渐渐地视线模糊了。难道,我和她从小学到现在多年的友谊就这样结束了?

3."我们赢啦!"运动场顿时成了我们班的天下!……感情的潮水在奔流,欢乐的海洋在澎湃。

写作要求:请运用探究的心理描写方法,从以上情境中选择一个对人物心理进行描写。

环节三:交流习作,点评修改

课例二:细节描写之动作描写(执教:重庆市第122中学 徐艳丽)

导入:用学生课前习作片段导入新课——动作描写

环节一:阅读文本,探究方法(为了简洁明了,此环节用表格进行展示。)

阅读文本 (学生阅读文本、品读探究)	探究方法 (学生探究、教师点拨、建构写法)
《从百草园到三味书屋》捕鸟片段	动作描写:分解动作,连用动词
《爸爸的花儿落了》《刘姥姥进大观园》《范进中举》动作描写片段	动作描写:准确选用动词,符合人物特点
比较阅读《背影》望父买橘原文片段和删掉修饰语的片段	动作描写:要表现人物情态

环节二:设置情境,运用方法

情境设置:炎热的夏天,体育课后同学们口渴难耐,纷纷从操场跑向小卖部买水喝……

写作要求:请运用本节课所探究的动作描写方法,写一段你(他)从操场到小卖部买水喝的一系列动作。

环节三:交流习作,点评修改

(此案例来自重庆市第122中学《初中语文群文阅读实践研究》课题成果)

以上异课同构,运用相同的教学模式,进行人物心理和动作描写的教学,背后隐含着建构主义理念,写作方法在阅读中得以建构、在运用中得以强化,写作思维在读写结合中得到提升。

三、研课注意事项

为了确保研课的效果,必须注意以下三个方面。

(一)教师全员卷入

由于研课是指向教研团队研修水平的提高,因此,在研课过程中,教师必须全员卷入,让每个人都经历研课的过程,并在这个过程中得到不同程度的成长。

为了让教师能够全部卷入研课之中,可以从以下两个方面入手,激发教师研究的热情,感受研究的乐趣。

1.以课例为载体

"研课"切忌空谈,课例则是一种很好的载体。正如医生必须研究临床案例才能提高医术,教师必须研究课例才能提高课堂教学水平。

课例使研究的问题有了生根的土壤,使教师的研讨有了具体的内容,使假设的策略有了验证的方法,使教师的教学经验和智慧得以激活。

2.以任务为驱动

研课要以任务为驱动,使人人有事做,事事有人做。研课前公布研究主题,布置搜集教学问题,人人带着问题来,讨论时人人有话说;研课中确定好中心发言人,分配好上课、观课任务,每项任务都要落实到具体的教师,在分配任务时,注意根据教师能力高低分配相应任务,使每个人都能在研课中最大限度地发挥自己的作用,从而获得研究的成就感。

(二)及时收集资料

在研课的过程中要注意及时收集资料,如做好研讨记录、收集教学设计及教师教后反思、上课视频或录音、观课量表及研讨结论、观课教师的反思等。翔实的资料收集是为了留下研究的足迹,为策略的提炼提供有力支撑,更好地固化成果,同时也可以为其他研究者提供研究资源,并为第三环节的成果展示做准备。

(三)注重固化成果

研课还需注重成果的固化,生成教学策略。研课不是仅仅研究一节课,而是要从这一节课中推出这一类课的教法,从这一节课中提炼出教学策略,如在案例4-2中,最后提炼出了课堂导入应该遵循的原则。

成果的固化促使教师从感性的实践中进行理性的思考,能够从教学现象中看到教育教学的本质,从而提升自己的理论水平。

第三节 磨课的实施

磨课是基于教师的个性问题,对课堂教学进行打磨,去除无效性教学,提高教学有效性的研课方式。磨课通过团队合作和个体实践反思,促进教师专业成长,是送培专家真正介入一线课堂,将教学理论与参培教师课堂教学结合的最直接、最有效的一种培训方式。在送教培训中,打破了以往只在优质课、赛课活动中才磨课的惯例,使磨课成为常态化的学科教研形式,这也是送教培训能取得显著成效的重要因素。

一、磨课的目标指向

磨课重在实践学习,着力于教师教学个性和教师个体学科素养的形成。在磨课的过程中,送培团队指导参培教师对自己的课堂教学设计和课堂教学进行反复打磨,以提升其学科教学能力,并引导其能够进行后续研究。

(一)提高教师的教材解读力

教师的专业素养首先体现为对教材的解读能力,因为"教材是教师教、学生学的最基本的课程资源,教师对教材的解读深度决定了课堂教学的有效度。"[1]教师只有具备较强的教材解读力,才能有效地使用教材,即"用教材教",对教材进行重构,将国家

---

[1] 厉建华.谈教师的专业知识素养[DB/OL]. http://blog.sina.com.cn/s/blog_5d63108501017xhu.html

课程变为教师课程,再由教师课程变为学生课程。磨课的首要工作就是对教材进行解读,以提高教师的教材解读能力。

案例4-5:如何解读报告文学

以《罗布泊,消逝的仙湖》为例

在打磨《罗布泊,消逝的仙湖》一课时,送培专家与参培教师一道对文章进行解读。选文位于人教版八年级下册第三单元,本单元的主题是人与自然的关系,选文以不同的形式表达了人们对生存环境的忧虑与思考。导语提出了单元学习目标:"要在理解课文内容、熟悉科学文艺作品特点的同时,树立环保意识。"

本文是该单元的第二篇课文,体裁是报告文学。报告文学具有真实性、文学性(形象性和抒情性)的特点。

文章内容写了罗布泊在30多年以前还曾经是一片美丽的仙湖,但现在却成了令人恐怖的沙漠,吞噬了无数生命。作者通过翔实的资料警醒世人要拯救生态环境,树立环保意识,保护大自然。全文充满了强烈的忧患意识和痛惜之情,为罗布泊生态之恶化而痛苦,为人们索取之盲目而痛惜。文章语言优美,富有感染力。

"研讨与练习"中有四个思考题:一是文意理解:用简洁的语言概括罗布泊的今昔变化,并归纳变化的原因;二是品析句子;三是转述:从一位世纪老人的角度,向人们诉说罗布泊的百年沧桑;四是拓展延伸:列举水资源干涸的例子,写公开信呼吁人们保护环境。

从单元主题、单元学习目标、文本特质及内容、研讨与练习的解读,可以明确本文的目标指向:一是理解文本内容;二是阅读报告文学;三是树立环保意识。

(此案例由刘蜀黔老师提供)

评析:以上解读实际上教给了教师一种文本解读的方法,如下图所示:

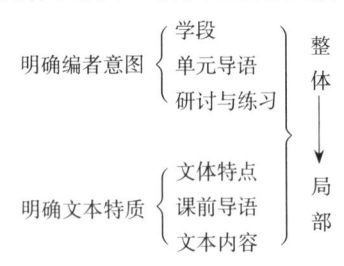

明确编者意图 { 学段 / 单元导语 / 研讨与练习 } 整体
↓
明确文本特质 { 文体特点 / 课前导语 / 文本内容 } 局部

(二)培养教师的生本意识

在诊断环节,送培团队发现了参培教师在课堂教学中存在的诸多问题,归根结底,这些问题大多源自教师"目中无人",即缺乏生本意识。因此,送培专家在磨课中要特别注重参培教师生本意识的培养,让教师从学生立场出发去研究和反思自己的教学,将研究的重心下移,从注重研究教师的教转向研究学生的学,研究学生学习的起点、兴趣点、疑难点、易错点、易忽视点,并采取各种助学策略,提高课堂教学效率。

案例4-6:找准学生认知起点

在研磨胡适《我的母亲》一文时,执教者先让学生预习质疑,了解学生学习本文的难点。通过预习,学生提出了以下问题:

(1)既然在这个家里处境如此艰难,母亲为什么不离婚或离家出走?
(2)我不懂母亲为什么这样忍受别人对她的刻薄?
(3)母亲为什么对别人的刻薄有时忍,有时不忍?
(4)母亲为什么一生只敬佩"我"父亲这样一个男人?

学生为什么会对母亲这一形象的理解存在这样的问题呢?原因是该文本的时代背景距离学生的生活太久远,造成了学生理解上的障碍。为了解决这一问题,执教者采取了资料助读的方式,引入旧时代对妇女"三从四德"的要求、胡适父母的婚姻关系等资料,让学生得以跨越理解障碍,奔向文本真意,正确解读母亲形象——一个旧式妇女的典范。

(此案例由刘蜀黔老师提供)

评析:生本意识让教师在教学设计和教学实施时紧贴学生认知实际,找准学生的最近发展区,提高课堂教学效率。

(三)提高教师的教学设计力与课堂实施力

磨课,"磨"的就是教学设计和课堂实施。送培团队与执教教师一道精心打磨教学设计,不断改进课堂教学,这是一个不断否定自我、超越自我的过程。在这个过程中,教师的教学设计力与课堂实施力得到不断提升。

案例4-7:在磨课中成长

在××县的送教培训中,初中语文团队打磨小阎老师的课。最初,小阎老师觉得自己是吸收了很多教师的设计精华,舍不得放弃自己最开始的教学设计;在上课时,她觉得课堂气氛不活跃。于是，不断催促学生思考、回答问题，当学生冷场时就质问学生："你们今天是怎么啦？"

在研讨反思时，小阎说："其他教师的设计都挺好的，我觉得应该吸纳进来；课堂气氛必须要活跃，这是'新课改'所提倡的，也是我们学校评课的重要标准之一。所以，我就必须要提问，学生就必须回答，否则就冷场了呀。"专家问："你觉得别人的设计好在哪里？他这样设计是为了实现什么教学目标？与你的教学目标有什么关系？"她一下就傻眼儿了："我没想过，只觉得它好就用了。"专家接着纠正她理念上的偏差，上课的目的不只是为活跃气氛，而是为了知识的有效传递、学习能力的有效提升。活跃课堂气氛是为了更好地掌握知识。课堂热闹不等于课堂活跃，如果学生静静地思考，虽然课堂看似不热闹，但学生的思维却是极度活跃的，这才是我们提倡的课堂。

(此案例由刘蜀黔老师提供)

评析：经过三次打磨，小阎教师明白了，教学内容的选择必须服务于教学目标，要根据教学目标有选择地吸纳别人的东西；教学环节的设计要有逻辑性，每个教学环节都必须清晰地指向某个教学目标；在上课时，要学会等待，给学生留足思考的时间，让学生的思维充分参与课堂学习。

二、磨课的实施策略

磨课是针对教师个体的教学问题，对其教学设计进行一次次的打磨和改进。这种改进是小步走、渐进式的，每次改进一两个点，分步解决问题。在这个过程中，专家不能代替教师，执教教师必须亲自经历这个改进过程，不但是行为的参与，而且思想也必须参与其中，这样才能将专家的指导内化为自己的专业素养。

(一) 磨课的流程

磨课的一般流程为：初建课堂——重建课堂——再建课堂。根据具体情况，可加入执教者的说课，阐述自己的教育教学理念以及课后的反思说课等。下面以人教版语文八年级下册《罗布泊，消逝的仙湖》为例，阐述磨课的一般流程。

1. 初建课堂

根据磨课主题确定执教教师，执教教师初始备课并第一次执教，送培团队指导教研组的其他教师确定观课点,制作观课量表并进行课堂观察,然后围绕主题对第一次执教进行研讨,提出改进建议。

在打磨《罗布泊,消逝的仙湖》一课时,磨课的主题为"教学内容的选择及有效实施",确定了四个观课点:教学内容选择、教学目标指向、实施策略(教学方式、教学活动等)、学生参与度。送培团队指导所有参研教师一起制作了观课量表,并提出了观课的具体要求。执教教师根据磨课主题自主备课,然后上第一次课。

第一次上课,执教者选择了四个教学内容:获取关于罗布泊今昔的信息;罗布泊消逝的原因;本文给予我们的思考及启示;品析本文具有震撼力的语言和对比的写法。教学的目标确定为:学习从文本中获取信息的方法;鉴赏语言;树立环保意识。选择四种教学策略:①资料助读法。播放两段视频,引发学生兴趣,导入新课;引入飞机失事、人员失踪等七个材料,让学生感受罗布泊的神秘;展示罗布泊今昔对比的图片,解读罗布泊的现在与过去。②讨论法。请学生讨论分析罗布泊消逝的原因及给我们的启示。③品读法。品析语言和对比的写法。④写作表达法。让学生写节约水资源的广告语。从学生的参与情况看,课堂沉闷,学生回答问题很拘谨,思维没有打开。教师对课堂的调控:整节课主要是教师讲解,不停地催促学生,赶着学生往前走,甚至批评学生不活跃。

通过对《罗布泊,消逝的仙湖》第一次课的研讨,大家发现了以下问题:

(1)对教学内容的选择上,忽略了本文的体裁——报告文学;忽略了学情。

(2)教学环节安排缺乏逻辑性,且各环节时间安排不当。

(3)教学策略不当:如资料助读没有起到助读的作用,视频、文本资源、图片的引入冲击了学生对文本的理解;教师对课堂的掌控强势,没有留足时间让学生思考。

(4)教师的教学理念出现偏差:执教者认为,课堂活跃就是学生必须激烈讨论,发言流畅。实际上课堂的活跃不仅仅是指气氛,更重要的是学生的思维要积极参与课堂学习。由于对课堂活跃的理解出现偏差,执教者一味注重课堂气氛的活跃,不停地碎问碎答,忽视了目标的达成。

通过进一步研讨,提出了以下改进建议:

(1)依文本体式而教,根据报告文学的特点,选择报告文学的真实性、形象性、抒情性以及对现实的警示性作为教学内容。

(2)教学目标:学习阅读报告文学的方法。

(3)教学流程及教学策略：①采用关键词提取法,提取信息,解读报告文学的真实性；②品析语言,解读报告文学的文学性(形象性和抒情性),教师先做示范品析,提示品析的角度,学生再选择语句进行品析,品析之后有感情地朗读句子；③资料助读,引入罗布泊今天环境改善的资料,并结合课文相关内容,谈谈本文给我们的警示意义。

2. 重建课堂

初建课堂后是重建课堂：执教教师根据研讨建议,改进教学设计,并进行第二次执教；送培团队指导观课教师对课堂观察量表进行修改,并对第二次执教进行观察。围绕观课点,根据观课数据进行议课,专家评点指导。在这一环节,专家要引导观课教师关注执教者课堂教学的改进情况,以及仍然存在的教学问题,提出进一步的解决方法和策略。

执教者在第二次上课中基本达成了教学目标,但优点和缺点并存。

优点：

(1)教给了学生报告文学的解读方法。

(2)教师有意识地对学生"放手",体现了教师生本意识的觉醒。

(3)通过关键词来提取课文信息,让学生找到了提取信息的"抓手",完成效果较好。

(4)引入罗布泊今天环境改善的资料,激发了学生的生活经验,对本文警示意义的解读较深刻。

不足：

(1)信息提取环节花了20分钟,耗时过多,说明教师对学生的"放手"还是不够。

(2)语言品析环节,教师的示范品析和对学生品析后的点拨不到位,体现出教师教学机智不足,自身语言品析能力有待提升。

改进建议：

(1)控制好各环节的时间：导入1分钟、信息提取7分钟、语言品析20分钟、警示意义12分钟。

(2)教师做好语言品析的示范,点示语言品析的角度。如"那奇形怪状的枯枝、那死后不愿倒下的身躯,似在表明胡杨在生命最后时刻的挣扎与痛苦,又像是向谁伸出求救之手!"品析示范：这句话运用拟人的修辞手法,富有想象地描绘了胡杨死不瞑目的悲壮形象,表达了作者对胡杨的感佩和对造成胡杨之死的人类的控诉。点示品析角度:修辞的运用、事物的形象、表达的感情……这样学生不仅能够品析某一个具体的句子,而且习得品句的方法。

(3)教师对学生的回答要及时点拨:发现学生理解上存在的问题;肯定学生的进步、学生回答中有价值的地方、创新的地方;引导学生加深理解等等。好的点拨能让学生豁然开朗,茅塞顿开。

3.再建课堂

执教者根据建议,再次改进教学设计,并进行第三次执教,其他教师观课议课,研讨并提出进一步改进的建议。

第三次执教较之第二次执教有了很大进步,较好地达成了教学目标,但教师在点拨中仍然存在一些问题,比如点拨不及时或未点出学生回答的有价值之处。当然这考验的是教师的教学智慧,教师必须经过长时间的学习和教学实践方能形成。基于此,专家建议执教者多多学习点拨的艺术。

值得注意的是,再建课堂并不是磨课的终点,根据上课的情况还可以持续跟进。在磨课的过程中,专家一定要引导教师明确设置教学目标、选择教学内容的依据,树立以生为本的理念,加强对学情的研究与探测,找准教学的起点、疑难点和易忽视点,选择恰当的教学方法,设计有助于学生学习的教学活动,最终达到提高课堂效率的目的。

(二)整合经验与文献

在磨课过程中,必须提出教学改进的策略,但个人的经验往往是感性的、有限的,这时就必须大量查阅文献,吸纳别人的研究成果,整合到自己的教学中去。查阅文献的目的在于,"看哪些东西我想到了,人家也想到了。哪些东西我没有想到,但人家想到了,学习理解后补进自己的教案。哪些东西我想到了,但人家没想到,我要到课堂上去用一用,是否我想的真有道理,这些可能会成为我以后的特色"。[1]经验与文献的整合,为课例的打磨提供了更多的路径和资源。

余映潮先生在教《背影》一文时,就查阅了以下文献资料。

---

[1] 王洁,周卫,顾泠沅.教师专业发展的范式革新[J].中学数学教学参考,2006(Z1).

案例4-8:异彩纷呈教《背影》①

课例一(见《语文教学与研究》1982年第1期 王松泉文)

一、课内交流段落提纲。

回家奔丧　丧事毕,赴南京,父子同行
　　　　　事虽忙,不放心,亲自送行

南京送别　看行李,拣座位,再三叮咛
　　　　　穿铁道,见背影,几度落泪

北京思父　持父信,见背影,泪光晶莹

二、讨论。

(1)本文人物描写的手段有哪些?
(2)本文怎样描写父亲?
(3)这些描写各安排在什么场景?
(4)为什么要这样穿插安排?

三、反复朗读,体味作者真挚、深切的感情

课例二(见《教学月刊》1987年第8期 张兆龙文)

一、将第六段作为讲析的切口。板书:

外貌——落泊潦倒

动作——一片深情、两次落泪

背影——分离时:走几步、回头说、混入人群、再找不着

二、父亲送行的地方、动作、言谈。板书:

终于自己送——爱子心切、我自责

看、讲、拣、嘱——无微不至、我内疚

三、当时的家境、原因。板书:

祖母死,父亲差使交卸——祸不单行

还亏空,办丧事,赋闲——家境惨淡

四、读首段,引起学生心灵的共鸣。

---

① 余映潮.异彩纷呈教《背影》——《背影》教案评析[OB/OL]. http:www.yuyingchao.com/beike/htmk ziyuan/beikeweixian.6/357470.html/2011-10.20.

读末段,让学生更加深刻地感受到课文所饱含的真挚的父子之情。

课例三(见《语文教学通讯》1992年第3期　徐绍仲文)

朱自清的《背影》是一篇语言十分朴素自然的散文,他对动词的重复使用(如两次使用"踌躇")、同义动词(如"嘱咐""嘱""嘱托")、动词同其他动词或助词的联合使用(如"看了看""须穿过""须跳下去""爬上去")、动词的照应使用(后边的"走过去"同前边的"穿过"、后边的"探身下去"同前边的"跳下去"、后边的"爬上"同前边的"爬上去")等则是非常具体的说明。通过对这些动词的分析,就可体会到父亲真诚朴素的情感。抓住了这些特点来教学,就会大大提高课堂教学的精度,必然节省许多时间。

评析:《背影》的教例丰富多彩,可谓智者见智。

以上三例,各具特色:

从教学思路看,例一为"顺向思路",教学是从篇首至篇末;例二为"逆向思路",教者从重点段落讲起,一步步地回溯;例三为:"点突破"思路,抓住文中"动词"的使用规律和表达作用进行咀嚼。

从教学的着眼点看,例一重在篇的理解,例二重在段的讲析,例三则重在线条的聚集。教学的"切口"越来越细小,品评越来越细腻。

从讲授的主要内容看,例一呈"并列式",人物分析、场景分析、情景分析、情感分析可形成几个板块;例二呈"回扣式",教师先突出中心段,然后每讲析一个层次都回扣一次中心段;例三呈"聚焦式",所有的内容都从不同角度指向"动词"这个中心。

从板书设计看,例一可形成篇式整体性板书,例二可形成局部式分层板书,例三则可形成笔记式条文板书。

若细心咀嚼,以上三个教例还可以启迪我们:(1)如何就些设计再加以改进;(2)如何就这些设计加以组合;(3)我们还能设计出哪一种别致的思路？细细地体味再加上一些"挑剔",就可以创造新的模式。

由此可见,将经验与文献进行整合,也是磨课中教学创新的有效策略。

(三)准确定位专家角色

送教下乡培训的送培团队主要由高校专家、区县研训机构教研员以及一线骨干教师构成。在磨课的过程中,一定要准确定位专家角色:专家是引导者、点拨者和提炼者。专家不能越俎代庖,对教师的教学设计搞包办代替,而是起引领的作用。引领是一种激励,是一种唤醒,给人以新的目标,新的追求,让教师在被鼓励和信任的前提下,兴奋地自觉努力,而不是被动应付。

1.引导者

专家首先是引导者,通过对教师课堂的观察、与教师的交流,引导教师去发现自己教学中存在的问题,聚焦研究主题,寻找解决这些问题的策略。不仅如此,在磨课的过程中,专家还可以开设微讲座,给教师介绍理论书籍,引导教师学习相关的教学理论,为教学行为找到理论依据,或用理论来指导教学行为。只有当教师将教学理论和教学实践结合起来,他的课才可能更上一层楼。

案例4-9:专家引导主题聚焦

送培团队指导××学校九年级开展了一次语文复习教学的研究活动。活动一开始,专家就抛出问题:在初三语文复习中,大家认为存在的主要问题有哪些?你最想解决的问题有哪些?教师们纷纷发表自己的看法,提出了诸如"在阅读复习方面存在较大问题""学生做题时审题习惯差""学生写作能力差"等等。接着,专家追问:"大家认为学生写作能力差主要表现在哪些方面?"(第一次对问题进行聚焦,从对诸多问题的讨论,聚焦到"作文教学问题")

对此,教师谈到了以下问题:"学生无话可写,无从下笔""学生对生活体验不够""写作时立意不高""缺乏一定的写作技巧""语言不生动,缺乏细节描写,文章内容空洞"……教师在谈问题的同时,也谈了自己平时教学时一些好的做法。专家继续追问:"那么大家认为,学生在写作文时最大的问题是什么?我们可以给予学生哪些有效的指导?"(第二次对问题进行聚焦,由关注作文的诸多问题,转而关注作文中最大的问题)

最后大家通过再次讨论,一致认为,学生作文时最大的问题不是没有生活体验,而是不知道如何选择和表现材料。专家做总结:本次我们研究的主题就定为"作文材料的选择与表现",其材料的表现手段又确定为"细节描写"和"个性感悟",作文题目为"以'感动'为话题"。(在对问题进行梳理、归纳的基础上形成研究主题)接着在专家的指导下,大家对第一次课例方案进行设计,并确定了第一次上课的教师。

(此案例节选自刘蜀黔老师的课例《作文教学——材料的选择与表现》)

2.点拨者

专家还是磨课的点拨者,在疑难处点拨,在方法提炼处点拨。教师在教学中遇到困惑或疑难时,专家的及时点拨,会起到拨云见日的功效;参培教师在磨课的过程中,缺乏一定的教学方法和研究方法,专家如果仅仅只是对某一节课的教学设计进行点拨,那只是授人以鱼,专家如果不仅点拨他的课,而且还对教师的教学方法和研究方法进行点拨,那就是授人以渔,令教师终生受用。

案例4-10:专家点评课例

水土小学童兰英老师作六年级《翻越大雪山》一课的课例跟进。首先,由教研组长做了题为"小学高段读写结合的有效性"的主题阐释。接着,童兰英老师提供了《翻越大雪山》的研究课,参研的教师们根据主题,依据"教师、学生"行为观察量表观测教学目标的达成度。最精彩的是评课议课环节,教师们根据自己的观察和思考,结合自身的教学,各抒己见,精彩纷呈。随后,送培团队专家西南大学附属小学王红梅老师做点评,她从课时目标、年段目标、知识的系统教学等方面纵向进行了梳理;从方法的指导、教学的策略等方面进行了横向的分析,让教学设计更加清晰明。最后北碚区教师进修学院黄吉元副院长则从"学情的把握、学段的目标、学文的衔接、学生的激发、学堂的构建、学练的结合、学习的评价、学后的体验"八个"学"字上作了点拨。

(此案例来自"国培计划"(2015)重庆市北碚区乡镇片区送教培训小学语文案例)

评析:有了专家的点拨,课例才能更充分地发挥其"例"的价值,对教师起到触类旁通的作用。

3. 提炼者

专家在磨课的过程中,要帮助教师及时对课堂教学方法、教学成果进行提炼,形成成果。这个提炼过程,不仅能改变教师的课堂,更能改变教师的思想。因为这种提炼,是从教学实践中发现和总结教学的一般规律,一旦教师养成梳理自己的教学实践和教学思想的习惯,就能逐渐建构起自己的教学体系和思想体系,是一种更高层次的自我提升。

案例4-11:教学原则的提炼

初中英语的磨课流程:教师备课说课——学员议课、专家点评——改进设计——教师上课——学员观课议课、专家指导——改进设计——再次上课——学员观课议课、专家点评——提炼策略、形成成果。在经过集体研磨、专家指导、教师修改教案后,专家对执教教师进行面对面指导,从教学目标的设定到每个环节的活动设计,从怎么做,到为什么这么做,甚至对ppt的设计、环节过渡语的设计等,都进行了细细研磨。最后，学员在送培团队的引导下提炼出英语听说课"五先五后"的教学原则："先示范，后操练；先集体，后个体；先台下，后台上；先口头，后笔头；先单项，后综合。"在磨课时做到"四有"：脑中有课标，胸中有教材，心中有教法，眼中有学生。

（此案例来自重庆市北碚区初中英语送教下乡培训课例）

评析：策略的提炼，使经验得以推广，让教师不仅能上好"这一节"课，而且能上好"这一类"课，实现从实践到理论的升华。

在磨课中，专家应尊重教师改变的步伐，不能操之过急，生命是一种选择，专家最该做的，是帮助教师觉察到选择的可能性，寻找到自主发展的空间，意识到：我完全可以做得更好！

三、磨课的注意事项

顾泠沅和王洁关于教师在职教育提出过这样的思考：①保持同事之间的互助指导，还须注重纵向的理念引领；②保持侧重讨论式的案例教学，还须包含行为自省的全过程反思。[①]因此，为了提高磨课的效果，必须注意以下四个方面。

（一）构建磨课共同体

构建磨课共同体是确保磨课效果的前提条件。送教下乡培训的磨课共同体一般由专家团队、执教教师、教研组教师组成，而专家团队中既有高校专家、研训机构教研员，又有一线骨干教师。高校专家和教研员拥有理论长处与资源优势，可以提供理论支持，一线骨干教师拥有丰富的实践经验，可以进行教学示范，教研组教师对执教教师提出帮助，共同经历磨课的全过程，实践证明这是一种很理想的磨课共同体。

在磨课过程中，还可以根据地域特点和部分乡村学校教师人数过少，不好开展研修活动的实际，采用两个学校共同磨课的方式（注意磨课共同体人数不能过多，否则事倍功半）。这种"掺沙子"式的磨课共同体有利于在参培学校研修过程中融入新鲜血液，产生"鲶鱼效应"，提高磨课效果。

[①] 顾泠沅,王洁.教师在教育行动中成长——以课例为载体的教师教育模式研究[J].课程.教材.教法,2003,32(1).

(二)营造良好的互助共进氛围

在磨课过程中,良好的互助共进氛围的营造,不仅能打消执教教师的顾虑,而且参与培训的其他教师既是学习者,又是为执教教师提供教学策略的帮助者,从而实现执教教师有进步,其他参培教师有收获的双赢目标。

(三)注重资料收集

与研课一样,磨课过程也要注重资料的收集。留下每一次磨课的教学设计、课堂实录、教学反思、专家点评,执教者可以清晰地看到自己前行的足迹、改进的过程,感受到磨课的乐趣,也为后来的研究者提供案例资源,为第三环节的成果展示做铺垫。

(四)成果撰写

磨课结束后,还必须进行成果的撰写——课例撰写。课例撰写是教师对课堂教学的理性反思,是不断研究改进的思考习惯和专业自觉。

课例是一个真实的课堂教学案例,是对课堂教学中含有问题或关键事件的教学过程的叙述及诠释,从而揭开"事件"的面纱,为其寻找理论依据,直击现象的本质,总结出一般规律。

第四节 案例评析

一、研课案例评析

在送教下乡培训中,"同课异构"是研课环节运用较多的一种研修方式。有专家与学员的同课异构,学员与学员的同课异构,还有学员与精品录像课的同课异构。这些方式能帮助学员进一步理解教材,明晰教学目标,优化教学方式。

案例4-12:初中英语同课异构

《The Little Match Girl（卖火柴的小女孩）》同课异构

本节课是Project English八年级上Unit 3 Topic 3 Section C的阅读教学案例。主题是学习《The Little Match Girl（卖火柴的小女孩)》(童话故事)。三位教师执教同一课题。

课例一:(明老师执教)

教学重难点定位:基本语法结构的掌握(重点:①复习was/were+doing的形式;②学习过去进行时和一般过去时的综合使用,难点:过去进行时和一般过去时的综合使用);教学环节主要呈现为教师朗读课文,学生寻找过去进行时的语言结构,比较过去进行时和一般过去时;完成课本阅读练习及导学案上的词句翻译、单项选择等书面作业。本堂课下来,学生的学习积极性不高,以语言知识讲解为主线的课文学习难以吸引学生,课堂对学生的评价表现在枯燥的翻译词组、句子的练习中。

课例二:(刘老师执教)

刘老师是一位教学经验比较丰富、教学风格很严谨的教师。她的教学设计中规中矩,对于阅读教学中的PWP模式运用娴熟,Pre-reading(读前)阶段对背景知识的准备、词汇障碍的扫除、预测能力的训练,While-reading(读中)阶段对学生阅读微技能(细节理解)的培养,Post-reading(读后)阶段中讲故事,从口头输出到笔头输出的递进,给观课教师留下了很深的印象。学生也跟着教师,一步一个脚印地完成任务,获得新知。

课例三:(罗老师执教)

罗老师整合了前两次的研修,给所有学员呈现了一堂精彩的阅读课《The Little Match Girl》。从读前的引入,背景知识的激活,重点词汇的学习,到阅读过程中对学生阅读微技能的培养(预测能力、主旨大意理解、细节信息理解、上下文词义猜测等),读后对文学作品的欣赏、改写故事等,为教师们呈现了一个很好的阅读教学课例。虽然是借班上课,但学生在课堂上的表现非常踊跃,思维情感都投入到了罗老师精心设计的教学活动中。

(此案例由曾萍老师提供)

评析:本课为阅读课,阅读课的主要目的是培养学生的阅读理解能力。在乡村学校,不少教师还是以传统的知识讲解为主,将阅读课上成翻译课或单纯的语言学习课,对学生阅读能力的训练只是蜻蜓点水。

在课例一中,明老师的教学就是以语言知识的掌握为主要目的。课后研讨中,大家认为在本节阅读课中,语法结构的掌握不是教学重心。课文是著名的童话故事,学生对汉语版的故事认知度高,可以把语言欣赏和阅读技能培养作为主要教学目标。语法结构内容可让学生在文本中识别语言现象,理解语言的运用。明老师自身语言素质好,尤其是文段诵读很精彩,可以在本课的语言欣赏中发挥更好的作用。研课活动帮助学员进一步认知了教材文本,根据教师自身特点,在教学策略的选用上达到更优化的效果。

课例二中的刘老师,有较强的培养学生阅读能力的意识,能娴熟地将PWP模式运用于阅读教学,突出阅读技能的培养。刘老师的课程设计,PWP阅读教学模式层次清晰,对于参与观课的学员来说,是一个很好的供解剖学习的课例。但在pre-reading阶段,读前扫除词汇障碍时对重点词语的把握不足,有面面俱到的倾向;While-reading环节对学生阅读技能培养目标比较单一(主要关注了细节理解)。学员们研课时,根据课堂观察量表的分析,给刘老师提出了进一步优化教学的建设性意见。研课过程,对每个学员都是一个学习过程。

课例三中的罗老师参与了前两次课例的研讨,她在自己的教学设计中,既吸纳了第一次课例中明老师对语言欣赏的处理方法,又吸收了刘老师在第二次课例中突出阅读技能培养的优点,并根据自己对学情的了解,明确地将本课重难点定位于语言欣赏和阅读技能的培养。通过一些阅读技巧的训练,学生学会了在语境中猜测词语的意思;通过运用图片讲故事,不但帮助学生厘清故事发生的逻辑顺序,而且达到了有效的输出;通过富有感情地朗读课文,让学生感知英语语言的美。罗老师的课堂教学在阅读障碍扫除、阅读微技能培养等方面有了新的突破。

通过研课活动,参与同课异构的教师对教学理念的理解逐渐深刻,在教学策略的选取上吸纳同伴建议,并结合自身教学特点进行创新。

在同课异构中,使用课堂观测工具是非常重要的手段,课前要注意给每位观课教师分配观测点,便于观课中突出重点,议课中找到突破口,打破"大一统"的评课传统。由于每位教师的视角不同,观测与评价方式也各有亮点。

研课后,一位教研组长在反思中写道:"校际间的集体研课打破了一个学校教研组的限制,使我们的研修力量更强了。观察量表和观察提纲的使用,研课中讲话不会跑题,我们以后在校本研修中可以借鉴这样的方式。"

二、磨课案例评析

案例4-13:《写人要抓住特点》磨课案例

由于"诊断示范"阶段的主题为"教学内容的选择与有效实施",本次磨课阶段继续对这个主题进行深入研究。下面以青海大通县长宁中心校张建华老师执教的《写人要抓住特点》为例,进行磨课案例评析。

张老师的三次课例均布置了以"我的同学"为题的课前片段写作,这既是对学情的有效把握,又使课前习作也成为教学资源,得到了充分运用。

第一次课例

导入:图片激趣,引入课堂

以猪八戒、济公、三毛的图片导入。

评析:以图片导入,可以激发学生的学习兴趣,但是这三个形象都是艺术形象,它们的特点本来就非常鲜明,不能给学生更多的思维空间。

环节一:展示课前习作,互动评议

(1)猜猜他是谁:展示学生课前习作,猜测所描写的人物是谁。

(2)推选优秀作品师生评议。

评析:以学生课前写作作为教学资源,是很好的做法,但是教师选择的是优秀习作,学生很快就猜出写的是谁。从学生的习作来看,选择的点单一,多为外貌描写,且外貌描写太细,从头写到脚,没有突出人物的主要特点。选择优秀习作进行评议,不利于学生写作问题的发现。

环节二:合作交流,探讨写法

(一)复习回顾,填写表格

回顾课文《福楼拜家的星期天》,填写下列表格,思考这些描写方法对人物描写有哪些作用。

人物	人物描写方法	性格特征	侧重描写
福楼拜			
屠格涅夫			
都得			
左拉			

(二)片段欣赏,体会写法

(1)出示《音乐巨人贝多芬》中的外貌描写片段,学习外貌描写。

(2)出示母亲注视孩子的细节描写(片段),学习细节描写。

(三)回忆课文,再探写法

回忆课文《邓稼先》,思考文章选择了哪些事例来表现邓稼先的性格。

评析:本环节名为写作方法探究,实际上教的是人物描写、细节描写、典型事件的作用,教师实际上是在指导学生再次学习课文,而不是在教学生学习如何抓住人物特点去进行人物描写、细节描写,如何根据人物特点去选择典型事件,即教师想教的和实际在教的发生错位。大量运用课内文本材料,作为学习写作方法的例子,但材料没有用好,在选择材料时,要着重思考选择这则材料要达成什么教学目标,如何将写作方法进行细化,使之具有可操作性,学生学后即可运用,切忌概念化的写作教学。对文本资料中提供的写作方法没有选择,教学内容过多,在一节课里根本无法完成,因此每一种方法也就无法细化。

环节三:活用写法,完善片段

(一)归纳写作方法

凸显人物性格的方法有:

(1)人物描写:外貌、语言、动作、心理。

(2)细节描写。

(3)选择典型事件。

(二)修改习作

(1)运用前面学到的方法,将自己的课前习作片段进行修改完善,然后和同学交流。

(2)小组内进行交流评价,推荐片段共同交流。

课后作业:运用学到的方法,以"我的同学_____"为题,写一篇文章,不少于

500字。

要求:抓住人物特点;选取典型事例;运用细节描写和人物的动作、语言、外貌、心理等描写方法。

评析:由于教师只教了写作方法的一些概念,方法不具体,学生运用效果不好。

专家建议:根据学情,对教学内容进行精心选择;教学环节不能太琐碎;选择的课内文本材料不宜过多,且教学目标要明确;精心设计教学活动,具化写作方法。

第二次课例

导入:图片激趣,引入课堂

展示描写猪八戒、济公、三毛外貌的三段文字,让学生猜测他们是谁?并简述原因。

明确:写人要抓住特点。人物的特点分为外在的和内在的两个方面,但最重要的内在特点,在描写外在特点时也要展示人物的内在特点。

评析:本环节旨在使学生通过外貌描写来判断人物,明确外貌描写必须体现人物特点,人物特点分为内在的和外在的两个方面,重点在于要表现人物内在的思想性格。

环节一:展示预习,互动评议

(1)展示学生课前习作,猜猜他写的是谁。

(2)推选优秀习作和病文各一篇,师生评议。

评析:将学生课前习作纳入教学资源,既探测了学生学习的起点,又利于教师发现学生习作的优点与问题。但让学生评议两篇习作,加上导入环节,时间耗费过多,影响了后面写作方法的教学。专家建议舍弃图片导入的方式,用一篇病文直接导入新课。

环节二:合作交流,探讨写法

(一)回忆课文,探讨写法

(1)回忆《闻一多先生的说和做》,说说作者为了表现闻一多大无畏的献身精神选了哪些事例。

(2)根据自己习作中所写的同学,围绕他的特点选择典型事件。

(二)片段欣赏,体会写法

(1)展示《福楼拜家的星期天》中左拉的外貌描写片段,学习外貌描写——注意凸显人物特点和写作顺序。

(2)展示描写妈妈注视孩子的细节描写片段,学习细节(动作)描写方法——慢镜头特点的写法,将瞬间的动作放慢拉长,分步描写。

(三)牛刀小试,片段练习

(1)片段修改:将"他吃芝麻饼"的动作写细致。

(2)修改课前习作(片段),并展示交流。

评析:虽然本环节教学内容有所减少,也注意了写作方法的建构,动作描写方法得到了具化,但是根据人物特点选择典型事件这一方法还没有突破。

专家建议:进一步精简教学内容,确定为根据人物特点选择典型事件、动作描写、语言描写三个点,争取每个方法都能得到突破。

环节三:总结写法,妙笔成文

(1)总结写法,抓住人物特点:选择典型事件;外貌描写、细节描写。

(2)运用学到的方法,完善片段,以"我的同学_____"为题,写一篇记人为主的文章,不少于500字。

评析:从学生习作反馈的信息来看,学生对于如何选择典型事件掌握不理想,教学内容还必须精简,教学活动还需重新设计,让学生卷入到学习活动中来,师生共同建构写作方法。

专家提炼教学内容选择及有效实施的策略:

1.教学内容选择的原则

(1)根据学情需要。

(2)根据单位时间实施的可能。

(3)阅读课内容的选择还必须根据文本体式和文本个性特点。

2.写作方法有效性教学的策略

不同的写作方法应采用不同的方式来教。有的写作方法适合在"做中学",如根据人物特点选择典型事件;有的方法适合用案例法,如动作描写;有的方法适合通过情境体验来建构,如语言描写。

第三次课例

导入:激趣导入

展示一篇有问题的课前习作,猜猜他写的是谁?为什么猜不出来?

明确:写人要抓住特点。

环节一:根据人物特点,选取典型事件

(1)选本班一个同学,请用一个词来描述他的特点。

(生说特点,师板书关键词)

(2)根据这位同学的特点,选择典型事例。

(生说事例,师板书)

(3)师生评议所选事例是否典型。

(4)请选其中一个典型事例来写这位同学。

(5)展示习作,交流评点。

环节二:学习动作、语言描写

(一)片段赏析,学习动作描写

出示《秋天的怀念》描写母亲动作的片段。

(1)分析动作描写:作者是如何描写母亲的动作的?

明确:动作描写——凸显人物特点:分解动作、具化动作。

(2)学生用动作描写,写自己喜欢的同学。

(3)展示习作,交流评点。

(二)创设情境,学习语言描写

(1)创设情景,补写语言。

自习课时,教室里静悄悄的。突然,小林的文具盒"啪"的一声掉在地上,文具散落一地。这时,

贵娇说:"_____。"

文星说:"_____。"

朝凯说:"_____。"

请你将三位同学的语言补充出来,谈谈为什么要这样写。

明确:人物语言必须符合人物特点。

(2)展示《羚羊木雕》语言描写片段。

请同学观察并谈谈本片段语言描写的特点。

明确:说话人的位置可以位于人物语言之前、之中、之后,使行文富有变化;在描写语言时还可对人物说话时的神态、动作、心理、语气和语调进行描写,以增强说话的情境性,使人产生身临其境之感。

(3)学生运用语言描写,写自己喜欢的同学。

(4)展示习作,交流评点。

环节三:妙笔成文

(1)运用学到的方法,以"我的同学_____"为题,写一篇记人为主的文章,不少于500字。

要求:抓住人物特点;选取典型事例;运用动作、语言等描写方法。

(2)展示交流。

评析:第三次课例导入简洁,直奔主题,节约时间。学生习作的运用,不但起到了导入的作用,而且让学生带着问题去学习,激发了学生的学习期待。

环节一、二主要是学习根据人物特点来选择典型事件、进行人物动作和语言描写。教学目标清晰,教学方法多样,教学活动多变。学习选择典型事件表现人物特点采用的方法是"做中学",该方法的步骤清晰,可操作性强:描述人物特点——根据特点选择事例——评议事例的典型性——写作典型事例。从学生习作练习来看,多数同学能够根据人物特点来选择典型事件。

人物动作描写采用的是案例分析法,从对案例的分析中建构写作方法,方法具体,易于学生掌握。

语言描写则采用了情境体验法和案例分析法。情境体验法让学生建构语言描写的写作方法,而案例分析法则进一步让学生懂得语言表达形式的多样。由于方法具体,从学生习作反馈的信息来看,学生在这一节课中都有了不同程度的进步。

每一种方法学习之后,立即进行针对性的片段练习,加强对方法的运用和巩固。环节三将前面的片段写作进行整合,完成整篇习作。

专家总结:

(1)教学内容选择要适宜适量:适合学情;单位时间可完成。

(2)教学设计环节要清晰、简约。

（3）教学方法要多样，教学活动设计要多变，使学生自始至终都处于一种紧张兴奋的学习状态。

下面是第三次课例后同一位学生前后习作的对比：

指导前的习作（片段）	指导后的习作（片段）
阿阳是个活泼开朗的女孩，她喜欢搞怪，喜欢笑，喜欢和男生打着玩儿。她每天都微笑着面对一切，把一切困难都踩在脚下，每天玩得特别开心，学得特别认真。她外向，喜欢和一切有趣的人打交道。	阿阳是个幽默的女孩，每天在讲练习册时，她总会放大声音，一字一句地告诉我们如何写这道题。有时，我们厌倦了，她便在脸上浮出了笑容，一笑，计上心头，然后只见她眼睛迅速一翻，嘴张得老大，又见她把练习册从头顶往下一放，又变了一个鬼脸。大家看了都笑呵呵地说："阿阳，你好逗啊，也太不注意形象了吧！"她嘿嘿一笑："我牺牲形象是要你们开心，振作精神，咱们接着讲。"阿阳话音未落，就看见大家拉长着脸，又说："大家就卖我个面子吧，认真听啦，这样才是对你们好耶！""好吧，这面子卖给你了。"原来同学们也是故意逗她呢！

评析：从指导前后学生的习作来看，进步确实很大，验证了这是一节高效的课。指导前，学生习作多为概括叙述，没有具体事件的描述。指导后，学生围绕阿阳很幽默的特点，选择了评讲练习册时逗疲倦的同学开心这一事件，进行了具体的叙写。在叙写中，事件表述清楚，对人物的表情、动作、语言进行了比较细致的刻画，较好地表现了人物幽默这一特点。

经过三次磨课，张建华教师深有感触，她说："现在我才知道要上好一节课，真不是一件容易的事。以前上课根本没思考这么多，更没思考得这么深。这三次磨课，我不仅把这一节课上好了，找到了作文教学的路径，而且在理论上也有了提升，知道了究竟该怎么研究作文教学。专家的指导为我的教学研究打开了一扇窗，为我以后的教学研究指明了方向。"

（此案例由刘蜀黔老师提供）

第五章 "成果展示"的实施

"成果展示"是送教下乡培训的第三个环节,在该环节参培教师、参培学校、送培团队采取说课、上课、评课等方式展示研课磨课成果和课堂教学改进成效,通过微课例、微案例、微故事等方式展示送培成果。它既是对"诊断示范"和"研课磨课"这两个环节培训效果的检验,也为后面的"总结提升"奠定基础,具有承上启下的作用。本章将从价值、任务与方式等角度来阐释成果展示。

第一节 成果展示的价值

成果展示是送教下乡培训中的重要组成环节。成果展示的过程不仅是交流反馈的过程,是经验共享的过程,也是参培教师发现自我、欣赏他人的过程。成果展示不仅仅是成果的呈现,更是一种情感的交流、思维的碰撞,同时还是成功的喜悦分享与探索的困惑求解。成果展示的价值具体体现在以下方面。

一、提振参培教师教学的自信心

根据马斯洛需求层次理论(Maslow's hierarchy of needs),人的需求包括五大类:生理需要、安全需要、社交需要、尊重需要、自我实现的需要,其中最高的需求就是自我实现的需要。乡村教师作为知识分子,有着更为强烈的自我实现的需要。

　　送教下乡培训能在一定程度上满足乡村教师自我实现的需求。众所周知,乡村学校地处偏远,交通不便,工作量大,教师很少有外出培训、观摩和教研的机会,而表达自己思想、展示自我风采的机会更是少之又少。送教下乡培训中的成果展示,就是要为他们弥补这样的缺憾,为他们所在的学校或片区搭建一个能表现自己、展示自我的舞台,满足其心理需求,促进自我价值的认同,并在送培团队和参培同伴的激励性评价中产生成功体验,感受从教的快乐。重庆市秀山县石堤小学一位在送培团队指导下研课磨课并上展示课的英语教师在培训反思中这样写道:"从教八年来,从来没有在专家的指导下进行过研课磨课,更没有在我们秀山县石堤片区全体小学英语教师和教研员面前上过展示课。感谢北碚区教师进修学院送培专家手把手地悉心指导和真诚的鼓励,让我有这样宝贵的机会提升自己并在大家的面前展示自己的风采,真的非常希望这样的机会以后还会有。"这位年轻参培教师朴素的心里话代表了广大一线乡村教师的心声,代表了他们发展自我、肯定自我、展示自我的渴求!

　　此外,成果展示也能唤醒与激励参培教师后续的发展。通过成果展示,让参培教师看到自己付出努力后的进步,看到自己的课堂真实的改进,体验到努力之后的成功。让其意识到,只要自己深入学习,不断思考,在乡村学校的课堂上也能展现精彩,从而打消自卑感,激发自信力,增强发展的内驱力。教育的本质是激励与唤醒,送教下乡培训也需要激励与唤醒,唤醒参培教师的潜能,引领乡村教师教学事业的成功。

　　在成果展示环节,不仅参与研课、磨课、上课等环节的教师能够展示出课堂教学的改进,真实感受到自身的改善与提高,增强"我能进步"的自信心,同时,也能让其他同伴全程地、真切地看到身边教师的变化,激发"你能行,我也行"的积极心态,从而营造比学赶超、共同进步的学习氛围。

　　青海省西宁市大通县的一位小学英语参培教师在培训总结中写下了这样一段文字:"之前对于单元整体教学,头脑中几乎没有什么概念,可是在经历了送培专家的讲座和实做指导之后,我基本清楚了。专家指导我们分组对四年级上册的一个单元进行整体设计,大家都感觉很新鲜,热情也很高,我也逐渐融入其中。我们组最后按时完成了任务,这里面也有我的一份功劳,我非常高兴,也有了一点信心。有几个组做了汇报展示,设计得真不错! 大家都是来自乡村的普通一线教师,他们能做到,我相信通过努力自己也能做到!"可见成果展示意义重大。

二、检验和提升前两个培训环节的成效

如果说,诊断示范是春天的播种,研课磨课是夏天的生长,那么成果展示就是秋天的收获。成果展示是对诊断示范和研课磨课这两个环节培训效果的检验和提升。说它是检验,是因为要将诊断出的问题解决,将基于问题开展的研课磨课的效果展示出来;说它是提升,是因为需要把感性的经验进行理性的提升,变成方法与策略呈现出来。

在经历了"诊断示范"和"研课磨课"之后,参培教师在送培团队的示范引领和具体指导下,必然会在教学观念上和教学行为上产生一定的转变。参培教师以说课、上课、评课等方式,以真实的言语和行为一一呈现成果,通过观察、比较、分析,可以清楚地见证他们的变化,感受他们的进步。

案例5-1:看得见的变化

初中英语学科送培专家曾萍老师在诊断环节,对刘老师的课堂作了如下的评价:

刘老师在教学过程中,虽然能运用多媒体手段辅助教学,对于知识目标抓得很到位,但不注重对学生能力的培养。如词汇教学,还是惯用"跟我读"(Read after me)的单一方式来教学单词读音和讲解单词意思,导致的结果是学生离开教师就不会拼读单词,词汇学习一味靠死记硬背。初中英语听说课和阅读课的教学,特色体现不明显,多数以讲解知识点、翻译句子为主要流程,课堂上欠缺对于学生听说读写能力的培养。

而在成果展示阶段,曾老师对刘老师的课堂作了这样的评价:

刘老师的课层层铺垫,课堂导入为词汇教学做准备,词汇教学为阅读做准备,阅读教学为写作做准备。她的词汇教学始终在引导学生如何根据读音识记单词,还注意培养学生联想记单词的能力。在教学过程中,不仅注重教给学生应该学习的知识,且注重学生学习的过程,教给学生学习方法,让学生学会学习。这样的课是灵动的,也是有效的、成功的。

(此案例由刘玫老师提供)

评析:通过前后对同一位教师课堂的观察,能够清晰地看出送教下乡培训的成果。送教下乡培训,绝不仅仅是为了让教师能知晓一些概念术语,懂得一点新的理念,更重要的是让他们把学到的知识内化,并转化为教学行为,培育起教学智慧,从而

让每一节课都变得灵动。"不看广告看疗效",成果展示正是"疗效"的真实体现。

三、促进参培学校和参培教师间的相互学习与借鉴

送教下乡培训对于送培地区的指导和帮扶是多维度的,既包括一线参培教师,也涵盖参培学校教研组的建设,乃至学校教学管理和研修文化。因此,成果展示也是全方位、多层面的,既包括了参培教师的课堂,也包括教研组长对学科校本研修和校级领导对教师发展的思考。这种展示,是基于同类型学校的展示,能为其他参培学校和参培教师相互学习与借鉴提供帮助。

案例5-2：送培引发的教研新举措

青海大通县张江风老师在成果展示中谈道："过去,我们更多是传统的'任务应付式'的听课教研,经过送教下乡培训之后,我们对学校校本教研有了新的理解,并重新确立了学校语文教研工作的思路,即基于课例的主题教研。在2016年4月份,学校各个教研组举行主题研修活动,分析学校学生实际情况、教师实际水平,围绕我校新的教学模式——'标引'五环教学模式(学—展—品—练—升),分解成多个小主题,逐个进行研究。语文组本期确立了'课堂小练笔,提高学生习作能力'的研修主题,将之分解成三次研训活动,分别从读写结合小练笔、生活随想小练笔、综合实践小练笔来进行探讨,每次研训活动都通过课例来进行跟进研讨。"

大通县初中英语教研组长王海蜒则在"成果展示"中分享了她的培训心得："英语送教下乡培训后如何围绕学科教学做研修？(1)深入解读英语课程标准,明确初中英语课程标准中每一级的目标要求。(2)积极开展同课异构、课堂观察、同伴互助等活动,落实'互动式''参与式''实践式'的校本研修模式,定主题、定时间、定地点、定对象,规范研修流程,保障研修效果,切实解决好学科中的现实问题……"

(此案例由曾萍老师提供)

评析：由此可见,这种涵盖了教师、教研组和学校管理层的全方位的多层面的成果展示,不仅能为参培学校及教师提供学习和借鉴,也能促进参培区域学校办学效能的整体提升。

第二节 成果展示的内容和形式

成果展示作为送教下乡培训一个独立的环节,要让人清楚地看到送培的成果,因此,展示的内容和形式都需要特别考虑。其原因有以下几点:一在于送培成果的丰富性,它对于送培团队、参培学校、参培教师都有促进作用,需要通过展示把这些成效分门别类地呈现出来;二在于成果展示环节的内容与形式与研课磨课环节有交叉,需要在研课磨课的基础上呈现出更有价值的成果;三在于需要回应诊断环节发现的问题,形成问题解决的方法策略。下面将从"三课""三微"的角度来探讨成果展示的内容和形式。

一、三课展示

三课,即说课、上课、评课,开展三课的能力是教师的重要基本功。通过三课展示,能很好地呈现教师的教育理念、学科思想、课堂教学真实场景。

(一)上课展示

"上课"对于每一位教师而言,可谓是最熟悉的一个词语。教师的水平,主要体现为上课的水平,体现为学生管理、知识讲解、提问、理答、点拨、互动、评价等一系列课堂活动与行为。送教下乡培训,就是要帮助参培教师提升自己的教学实施能力,就是要改变他们的课堂教学行为,使他们的课成为合格课,并力求达到优质课。

需要注意的是,作为送教下乡培训的课堂展示,其指向不在于展示教师全面的优秀,而在于展示诊断中存在问题的改进情况、在于检验通过示范引领、研课磨课一系列培训之后,问题是否得到了有效的解决,由原来的不合格走向了合格甚至优秀。也就是说,这种展示更多是定位于对自我的超越,而不是要优于别人。基于此,展示不必拘泥于细枝末节,更应重点展示参培教师对问题的思考,展示出教师的教学思想及其课堂落实情况。有了教学思想,课堂也就有了亮点。我们常说,最平庸的课就是"找不到缺点、看不到优点、更没有亮点的课",我们期望看到的课就是"缺点明显、优点突出、亮点闪耀的课"。

此外,还要注意的是,这种展示可以是整节课的展示,也可以是片段课的展示。

为了节约时间,或为了让更多的参培教师有展示的机会,我们可以上成微型课。如只上10分钟、20分钟,只展示某一个目标的达成或某一环节的教学,这种展示经过实践检验,效果也非常好。

案例5-3:谢老师的语音课

谢老师,重庆市北碚区柳荫镇明通村小学教师,从教5年,是全校唯一的一名英语教师。在送教下乡培训之初,送培团队听了她执教的课——PEP Book 5 Unit 4《What can you do? A Let's spell》,就日常语音课的操作形式对其进行了访谈。一般课堂流程如下:

(1)听第一部分单词的录音,总结字母组合的发音。

(2)利用字母组合的发音,鼓励学生自行拼读第二部分的单词。然后,完成第二部分的习题任务——听音圈单词。

(3)观察图片,猜测会用到的单词,听音完成拼写任务。

谢老师说,每次都非常害怕上语音课。语音知识本就枯燥,不知道要怎么上才能让孩子们感兴趣,也不知道该上到什么程度。在此后的研课磨课环节,送培团队陪同谢老师一起研究上语音课的教学技巧,一起想办法解决教学枯燥的问题。

于是,在送教下乡培训的成果展示环节,同样是教PEP Book 5 Unit 4《What can you do? A Let's spell》这篇课文,我们收获了她这样一堂课:

(1)引入一首简单易上口的Phonics歌谣,来帮助孩子们复习旧知识——26个字母的名称音以及发音。

(2)引入一个新朋友Mr. Hook,并通过绘本,介绍Mr. Hook的梦想是当一名厨师。谢老师将这个绘本进行了改编,本篇课文中八个主要单词,大部分都融进了绘本。

(3)通过再次听绘本故事,让孩子们总结字母组合oo在单词中发短音[u]。然后,通过大量含字母组合oo的新单词,进行巩固操练。

(4)通过观看原版美音发音训练的视频,让学生发现字母组合oo还可以发长音[uː]。然后,通过课文第二部分,检测孩子们是否能够听音选出正确的单词。接下来,通过一个送单词宝宝回家的游戏,检测孩子们是否能够真正区分oo的长短音发音。

(5)通过"我能写"的游戏,让学生将字母发音与单词拼写联系到一起去。

(6)最后,回归绘本故事,引出绘本的后续内容,并让学生利用绘本去阅读以及练习发音。

这一堂课，以Mr.Hook从不会做菜到最后成为一名优秀厨师的整个过程来作为课堂的主层次脉络，层次清晰。课中教师引导学生帮助Mr.Hook成为大厨这一设计使得学生有了主动参与课堂的意愿，同时引入了歌谣、绘本以及原版的发音训练视频，使课堂内容更加丰富。所挑选并加工改编的绘本趣味性十足，让学生在读故事的过程之中，就把知识学到手了。

（此案例由王大芬老师提供）

评析：这样的课堂展示，与诊断的问题完全匹配。通过课堂的展示，对这一类课给出了明确的解决策略，不仅有利于谢老师语音课教学能力的提升，也能给全体参培教师这一类课的教学提供借鉴。

（二）说课展示

说课，本身是一种教学研究的方式，它是由执教者面对同行或教研人员，讲述自己的教学设想及其理论依据的一种方式。送教下乡培训的说课展示是"成果展示"的一种形式，这种展示就是要参培教师把课堂的设计缘由、理论依据清晰地呈现出来，让课堂教学从经验性的自发走向理论性的自觉。送教下乡培训成果展示的说课包括课前的说课和课后的说课。课前的说课主要是讲述课堂的设计理念、目标确定、教法学法、流程构想及其依据，让参培教师能够清晰地对自己课堂的每一个环节、活动进行阐释，避免教学的随意性。课后的说课主要是讲述课堂的目标达成、设计与实践之间的差距、课堂的改进设想等，让参培教师学会对课堂进行反思，以研究的眼光审视教学，不断改进教学。

案例5-4：《伟大的悲剧》课前说课展示（片段）

1.教材解读及教学内容确立

《伟大的悲剧》节选自《夺取南极的斗争》，记叙了英国探险家斯科特在南极探险失败后，和他的队员在返回的途中悲壮覆没的故事，展现了在面对失败和死亡时斯科特一行探险队员表现的那种勇敢、坦然、镇定的精神面貌，震撼人心。在教学内容的确立上，除了让学生理解文中"悲剧"之"悲"和"悲剧"何以伟大的含义之外，还需要学习人物传记的解读策略，以及长文短读的方法。

2.学情分析

七年级学生经过六年的学习已有一定的认知水平和人生体验，对未知世界和别样人生有着很强的新鲜感、好奇心,喜欢用自己的眼光去了解这个世界,因此要着力培养他们的质疑能力和科学探究精神。同时七年级学生已掌握了一些基本的阅读方法,但往往阅读停留在表层,难以深入,教师要充分了解并提炼学生的真问题,让问题成为教学的起点,成为阅读的驱动力量。

3.教学构想

理念:课堂的效度建立在对规律的遵循上,对本文的解读将沿着"整体——局部——整体""走近文本——走进文本——走出文本"的思路展开。此外,要提高课堂的有效度,需要把握两个原则:(1)知识的有效传递。教学生学会阅读,通过"三抓"(抓要素、抓题眼、抓情节)教会学生长文短读,基于人物传记的特点依体式而读。(2)训练的有效落实。通过局部的语言改写强化语感训练。

目标:依据《义务教育语文课程标准(2011版)》"关注自然,关注人类""品味作品中富有表现力的语言""能初步理解、鉴赏文学作品""提高学生阅读能力的同时提升学生的情感态度价值观"的要求,制订了三条教学目标:①人物传记的阅读、长文短读;②深入体会作者表达的"悲"与"伟大",学会品味细节;③体味悲剧的价值,对人生有所思考。

教法学法:采用情景创设法、朗读感悟法、对话互动法等教法,以及圈点批注法、探究阅读法等学法。

4.教学过程(因篇幅原因,此部分简略表述)

六大环节:导入;读文,读故事;读文,读细节;读文,读主旨;读文,读人生;用美国前总统里根的话作结语。

5.板书设计

主板书展示内容;副板书呈现解读路径。

(此案例由北碚区122中学邓凤军老师提供)

评析:这个说课范例,能给我们几点启示:一是对教材的分析要深入,只有深入理解了教材内容,才能很好地确立教学内容;二是教学内容的确立要把学情作为重要依据;三是一堂课应该有一个清晰的理念,教学活动的安排、教法的确立都应落实这个理念;四是教学流程应该体现层次性和逻辑性。这样的说课,才能称得上成果展示的说课,才能给同行以启示。

(三)评课展示

所谓评课,顾名思义,即评价课堂教学,是在观课之后对执教教师的课堂教学的得失进行评议的一种活动,不仅是促进教师专业成长的重要方式,也是加强教学常规管理,开展教育科研的一种重要形式。

作为成果展示的评课,有三点要求:一是展示评课者的教学思想,特别是在送培过程中领悟的学科教学理念、生本教育思想、教材处理方式、课堂设计及实施策略。二是展示在送培过程中学习并经实践运用的观课评课技术,即聚焦研究内容,运用课堂观察工具观察课堂,基于课堂事实与数据评析课堂。"课堂观察量表可以让听课教师有针对性的观察课堂,直接从课堂收集资料,并依据资料做相应的分析、研究,从而得出相对客观的评价。"[1] 三是评课还要求交流经验,分享智慧。即在尊重执教者本人教学构想的前提下,说出评课者自己的做法和设想,为参培者提供更多可能的选择方式。总之,作为送教下乡培训成果展示中的评课,应该是学员的评课技术中学习效果的一种汇报与展示,是一种成效的检验;同时也要为其他参培者提供评课的范例,以便大家学习。

案例5-5:基于课堂观察技术的英语评课(片段)

背景:在柳荫镇中心小学,在前期的问诊示范环节,发现作为英语学科起始年级的三年级,学生就对英语课堂缺乏兴趣,不愿主动参与课堂活动。

培训主题:构建英语兴趣课堂

评课:根据研究主题以及教材文本,参培教师一起设计课堂观察量表,量表重点突出英语兴趣课堂构建的相关要求,并依据课堂观察量表,来展开评课。成果展示阶段,教师上了展示课后,大家基于观察量表进行评析。此处摘录一位教师的发言。

陈老师:根据教师执教方法等级效果观察量表,我发现执教者对每一个新单词呈现的方式都是一样的,都是利用图片让学生猜测单词。我认为一个单词可以采取这样的形式,但整堂课五六个单词全部都是一样的形式呈现出来,学生很容易对此产生倦怠感,不能让学生整堂课都保持浓厚的学习兴趣。我建议采取多样的活动与游戏来推进课堂。例如图片呈现、动画放映、学生演猜、音效倾听……

(此案例由曾萍老师提供)

---

[1] 沈毅,崔允漷.课堂观察走向专业的听评课[M].上海:华东师范大学出版社,2012:6.

二、三微展示

(一)微课例展示

微课例,是相对于课例而言的,就是对课堂教学当中有研究价值的一个时间片段的呈现与分析,或是对课堂中发生的某一个关键性事件的评析。

微课例源于微格教学研究,微格教学即是把课堂教学分解成一个一个小格,把一个完整综合的课堂教学切分成许多个小主题来展开分析,来达到分阶段系统培训教师教学技能的一种培训方式。

微课例,就是通过对时间和事件的切片分析,来揭示教学中存在的问题,通过问题的研究,找出解决的策略,从而提升教师的教学技能。这种研修方式,使研修活动更具针对性和实效性,相对于一节完整的课而言,内容复杂,因素众多,而微课例则只关注其中一个小点,或是开头的引入,或是问题的设计,或是某一段师生的提问与理答,这就把问题聚焦了,把纷繁复杂的一节课的教学删繁就简,便于研究。

微课例的呈现形式一般分为三部分:引言、教学过程实录和总评。引言是对微课例的背景、意图进行说明;教学实录是对课堂场景的真实再现,实录分为叙述描写和概述说明两种;评析是对课例的意义和价值进行讨论。

案例5-6:"识字教学"微课例

引言:识字教学是小学语文教学的重要组成部分,在目前的教学中,识字教学方式简单,多是采取机械识记的方式进行,学生不喜欢,课堂氛围沉闷,效果也不好。因此,在小学语文的送教下乡培训中,重点对识字教学进行了培训,取得了较好的效果。于是在成果展示时,一位教师展示了这样的识字教学微课例。

课堂摘录:

一、引入,了解"器"字来源

1. 猜字谜,认识"器"字。

2. 播放古代器物图片。

古时候,宫廷里面有很多贵重的器物,为了防盗窃,就用狗来看守。(本意)你们能根据图片和教师的讲述,猜出图片里藏的"字宝宝"吗?

3. 追问学生是如何猜到这个字宝宝的,趁机利用课件演示"器"字演变过程,了解

"器"字来源,指导学生记忆字形。

二、扩词,理解"器"的意思,利用图片帮助学生扩词

1. 机器的意思。

2. 器物的意思。

3. 器官的意思。

三、书写"器"字

田字格中的位置:4个口分别在上下左右四个小格,靠近竖中线的位置。

部件大小:4个口都是扁口,上面两个口字稍小,下面两个稍大。

关键笔画:"犬"字的撇和捺要写得舒展。

1. 师范写,学生对照观察"器"的书写方法。

2. 生书写:先描红,再仿写1个生字。

3. 展示学生作品,评价交流书写工整的方法。

4. 生再书写,相互评价。

四、小结

我们了解了"器"字的来源,知道了"器"的字形与意思,规范地书写了"器"字。在以后的学习中,我们还会遇到很多这类有趣的汉字,等着你去了解。

(此课例由杨蔚老师提供)

评析:此课例有几点值得赞赏,一是借助图片来识字,生动有趣;二是展示字源文化,让学生知道字的演变过程,从中了解字的本义和引申义;三是通过扩词识字让学生在语境中识字,了解字的语境义;四是规范写字,通过细致分析,让学生学会规范书写。有了这四点,识字教学就有了保证。

(二)微案例展示

看到这里,我们心里会产生一个疑问:什么是案例?案例与课例有什么不同?这确实需要区分。案例自始至终是围绕特定问题展开的,是以问题的发现、分析、解决、讨论为线索的;而课例展示的是某节课的教学实际场景,虽然其中也包含着问题,但是以教学进程为线索。案例可以融汇多节课中的课例来集中分析某一个问题,而课例一般是相对于一节课而言的。

微案例则是相对于一般案例而言的,是指那些针对教学中的小切口问题来分析

的案例,涉及内容少,篇幅短小。在送教下乡培训中,可成为微案例的素材非常之多,在研课磨课环节中,同课异构、异课同构、同课多构,在多次上课中,可以找到许多有研究价值的点来生成案例。

案例的表达形式一般为:背景+问题+案例描述+评析及问题解决。我们以下面一个案例来呈现。

案例5-7:让学生带着问题走出教室

一、背景

在初中语文送教下乡培训中,在诊断环节听一个教师执教《两小儿辩日》一课,在引导学生对太阳远近的探讨中存在问题,后来送培专家指导教师重新设计并教学,取得了满意的效果。

二、问题

教学是指向于让学生没有问题,还是让学生生成问题?

三、案例描述

下面就是一位教师在两个班执教《两小儿辩日》,分别采用了不同的教学方法,从而产生了不同的效果。

1.诊断课(片段)

在弄清楚《两小儿辩日》的大意后,教师出示了这样一个思考题:

一个小孩认为太阳刚出来时离人近,中午时离人远;而另一个小孩则认为太阳刚出来时离人远,中午时离人近,他们各自都有依据。前一个小孩的依据是_____,这是从_____觉大小的变化谈的;后一个小孩的依据是_____,这是从_____觉中凉热的变化谈的。由于依据不同,结论正好相反。

学生就题中空白处作答:日出时大如车盖,及日中则如盘盂;视;日中时如探汤;触。

师:看过太阳早晨大、中午小的同学举手。

生:(很多举手)

师:由此你得出太阳早晨离我们近、中午离我们远的结论的举手。

生:(少数举手)

师:现在举手的错。(少数举手学生茫然)

师:感到过太阳早晨凉、中午热的举手。

生：(全班举手)

师：由此得出太阳早晨离我们远、中午离我们近的举手。

生：(多数举手)

师：现在举手的错。(全班学生不解)

师：其实太阳早晨与中午离我们一样近,那为什么早晨看起来要大些,中午却感觉要热些,这是什么原因呢?有哪位同学知道吗?

学生沉思不语。

师：没人知道。(出示投影片)同学们一起来读一遍(答案)。

"在一定的条件下,人对物体的视觉会发生错觉……所以看起来中午的太阳就比早晨的太阳显得小些"。

"另外,我们看到白色图形比看到同样大小的黑色图形要大些。这在物理学上叫'光渗作用'……""太阳中午比早上热的原因在于中午的太阳高度角比早上大。"

学生读完,下课的铃声就响起,同学们毫无问题地走出了教室。

2. 改进课(片段)

师：同学们,文中两个小孩似乎都说得有理,但得出的这两个结论是对立的,那么你觉得谁的说法正确呢?

学生议论纷纷。有的说太阳早晨离人近,有的说中午离人近,还有的说一样近。

师：同学们有各自不同的意见,而且比文中还多了一种看法:那就是早晨！中午一样近。这三种说法到底哪一种正确,教师也不清楚,那就这样办,我们都下去查查资料,看看谁能解决这个问题,不但能说出哪一种答案是正确的,而且能解释为什么太阳早晨看起来比中午大,中午比早晨热。我们后天早自习再来相互交流。

学生带着疑惑走出了课堂。

同学们为了解决这个问题,有的上网查询(去中国科普博览——天文馆网站查询),有的去图书馆,还有的问家长。学生获得的答案也是多种多样。

之后,教师又用了一个早读课时间来组织讨论,最后得到了基本一致的答案。

四、评析

我们常把一节课教学任务的完成定义成把所有的问题都解决,把教学当作一个"提出问题——分析问题——解决问题"的静态的封闭系统。第一节课所体现出的理念正是这样,教师把问题的结论告知学生。在这一过程中,教学是对课程的传递和执行。久而久之,学生不会提问,不会怀疑,只会被动接受教师传递的知识。养成的是依赖性、受动性,失去的是主动性、独立性,以及探究意识、批判精神和创新能力。

而第二节课的理念则完全不同,把教学当作一个"提出问题——分析问题——解决问题——生成新问题"的动态的开放系统。教学的指向重点不只是指向于问题的解决,更重要的是让学生在经历问题解决的过程中生成新的问题,更加重视学生学习探究的过程,生成结论的过程。可以看到,第二节课学生阅读了大量的相关资料,打破了学科界限,拓展了学习的视野,生成了新的知识,并从中学会了怎样去查找资料,怎样用充分的论据来支持自己的观点,学会了解决问题的方法。因此不论答对的,还是答错了的,学生都觉得很高兴,感觉在这一过程中有收获。

(此案例由陈家尧老师提供)

(三)微故事展示

"微故事"源于教育研究中的"叙事研究"。叙事研究是以教师的生活故事为研究对象,来揭示教育教学规律的一种研究方法。教师的叙事研究所叙之事就是教师的故事,是教师在日常生活、课堂教学、研究实践等活动中曾经发生或正在发生的事件,它是真实的、情境性的。这些生活故事胜过任何说教,具有强大的感染力。

这里的"微故事"是指在送教下乡培训过程中较小的"叙事研究",通过讲述送教下乡培训过程中发生的教育故事,来展示研修的成果。"微故事"可以是教师师德、学习态度的故事,可以是理念行为转化的故事也可以是学生观念变化带来的师生关系变化的故事……总之,送培过程中那些有价值的故事都可以作为成果展示中的"微故事"来呈现。

案例5-8:送培带给我的震撼

我所在的村小没有科班出身的体育专业教师,根据学校的安排,我转岗到了体育学科。突然转入了新的学科,我倍感茫然。然而,人到中年,职业倦怠,对于参加培训,我是能不参加就不参加。一则是因为我们学校地处北碚区最偏远的地方,到市区参加培训,路途遥远;二则是学校教师课时任务重,非常不好调课。而送教下乡培训,跟以前的培训有很大的不同。我不需要舟车劳顿几个小时去市区参加培训,甚至不需要调课就能参加培训。这让我觉得不认真学习真是对不起辛勤付出的送培专家,所以在培训期间我全身心投入,一改过去的懒散。

在这次送教下乡培训中,我真的受到了震撼。过去专家讲座,讲得天花乱坠,我的心里其实很不以为然。甚至在想,你说得那么好,你去给我的那些学生上课试一试。没想到这次送培专家还真的走进我们的课堂,就给我平时熟悉的那些学生上课。在教师精妙的引导下,平时上课看起来笨手笨脚、无精打采的那些学生一下子沸腾了,在课堂上尽情参与教师的活动,课堂上学生的兴奋劲,对体育技能的快速掌握,一下子让我震撼了。同样的学生,不一样的课堂。我感觉到,平时我们说乡村的学生差,那其实是为自己找的借口。"没有教不会的学生,只有不会教的教师",我们要把这句话作为执教的理念,不断改进自己的教学,才是从教之道。

(此案例由陈淋老师提供)

评析:送培团队说好不能算好,只有参培对象说好才是真的好。这个微故事的讲述,验证了送教下乡培训的巨大效益,它对参培教师的从教、参培态度,以及参培教师的学生观都产生了前所未有的冲击。这样的送教下乡培训,才是参培教师需要的培训!

第三节　案例评析

案例5-9:一位新教师的成长故事

成长在"研磨"的路上

盼望着,盼望着,开学的脚步近了!怀揣着对教育事业的激情,今年6月毕业的我终于在2015年9月正式踏上了教育之路,信心十足地想着自己总算能够大显身手了。不过与丰满的理想相对的却是骨感的现实,我很快便受挫了。虽然我有满腔的激情,但是课堂上不懂得用什么教学方法,面对教材也总是感到束手无策,不知道课堂上该讲什么,讲多少,重难点该如何突出,所以特别希望资历丰富的教师能够给自己一个明确的、可立竿见影的教学模式让我模仿。自己的确这样做了,不断找机会去听课,模仿他们的教学方式,可惜得到的却是东施效颦的效果,失落的情绪袭上心头,一番折腾之后,我变得更加迷茫、不知所措。2015年10月31日,幸运女神悄然降临——国培计划"2015"铜梁区送教下乡培训活动正式启动!我很幸运地成为其中一员,从此,我踏上了"国培计划"这条幸福而又艰辛的道路。

一磨：初生牛犊不怕虎

当知道仅仅有三个月工作经验的自己即将在各位前辈面前上公开课时，内心虽然有些许忐忑，更有难掩的兴奋。心里估摸着自己这些年来接受的新教育理念可以得到展示，期待得到各位前辈的认可，相信自己的所学在教育教学方面能有所建树。所以，心高气傲的我在准备课件和教学设计的时候甚至都没有向其他教学经验丰富的同事请教，从开始准备到正式上公开课都是自己在那里埋头苦干，心中还喜滋滋地认为自己准备得很充分，一定可以在同事面前有出色的表现。

而真实的版本却是这样的：12月3日早上集中会议一结束，我就心急火燎地赶到初一5班教室，检查课件、教具以及让学生准备好相关的学习用具，因为是自己的学生，所以整堂课学生的配合度是很高的，他们明白我的教学模式，课堂教学自然比较流畅，除了课堂延时外，其他方面我对自己还比较满意。本以为表现不错而沾沾自喜的我，在下午评课阶段顿时偃旗息鼓，同事们的点评让我意识到之前的自己不过是井底之蛙坐井观天罢了。对于他们提到的课标的解读、数学方法的提炼等方面我一头雾水，因为自己什么都不清楚，所以只能默默地感受着他们如火如荼的讨论。经过一番热烈的讨论之后，我的教学设计已经变得面目全非，因为需要修改的地方太多了。

二磨：出巢乳燕折翅南墙

有了各位同仁毫无保留的指导建议，我再一次进入埋头苦干的状态，我坚信，只要自己将各位同仁的建议都好好地体现在我的教学设计上，12月7日的课堂无论如何也八九不离十了吧！一连几天我都在修改教学设计和课件，大到框架的修改，小到一道习题里每个小题的位置排列。因为想得太多，脑子里关于课堂的预设总是挥之不去，这样一来，越是临到讲课时间我越是紧张。有了第一次失败的经验之后我发现自己开始变得畏首畏尾了，我担心自己在这么多同仁的悉心指导下依然不能好好表现；担心同仁的付出，尤其是汤永明校长和叶常彬主任的付出付诸东流；担心学生不积极配合自己（这一次是借班上课）……为了让自己七上八下的心平静下来，我不断地叨扰同事，希望从他们那里找到定心丸，他们的安慰让我镇定了不少。可我的课还是以失败告终。我的表现很糟糕，当发现自己辛辛苦苦准备的教学内容在学生那里得到的回应并不热烈，他们的眼神不够渴望的时候，原本紧张的自己顿时有一种如置冰窖的感觉，在那一刻我便知道了，这一堂课注定失败了，心里有说不出的恼火和伤心。

因为对自己的表现感到羞愧，所以我都不好意思和同仁们交流，但他们回馈给我的却是阵阵暖流。虽然我的表现不尽如人意，但是同仁们依然对我投以赞许的目光、

肯定我的成长、表扬我的优点,然后针对不足的地方委婉地给出他们的建议。比如:

1.师生的不熟悉,在课前教师应当尽量地去了解学生,也让学生初步认识自己,一来二去,大家熟络之后课堂则更容易展开。作为90后的我为什么不发挥这方面的优势呢?

2.作图讲解时,教师要规范自己的数学语言,搞清楚"画线段等于已知线段"和"作线段等于已知线段"的区别,二者不能混为一谈,教师不能因为口误而错误地传达知识。

3.对于练习题题目的解析应该透彻、明了。虽然是数学学科,但是关于题目的解读一样很重要,平时必须让学生养成自己分析的良好习惯。

当然,这次讲课失败不仅是因为这些原因,在第一次评课的时候,老师们针对很多的问题都已经给我提出了建议,在这次的讲课没有体现出来,主要是因为自己没有真正将同仁们的建议内化,当时的自己修改教学设计只是为了修改而修改,那种"治标不治本"的方法是行不通的。

三磨:鸿鹄展翅上青天

经历了两次磨课,我不再像第一次那样一无所知、横冲直撞,也不像第二次那般瞻前顾后。我清楚地知道,只有自己静下心来,认真地考虑同仁们的建议,思考教学重难点究竟如何突破,然后结合自己的教学特点进行有效的修改,把每一个环节的教学语言一字一句考虑清楚,这样修改后的教学设计才是真正属于自己的、有价值的东西。终于,皇天不负有心人,12月8日在东城中学借班上课,我充分吸取之前的教训,课前与学生进行良好的互动,大家你一言我一语打成一片,直至上课。整个课堂的氛围是轻松、活跃的,我的讲解不再那么重复啰唆,学生也积极的配合,一堂课很快就结束了。走出教室,看见同仁们赞赏的目光和竖起的大拇指,我知道我成功了。之前的过程再难熬,再痛苦,在这一刻我认为都是值得的!有同仁说我的课堂如行云流水一般自然,让人舒服。我明白其中有褒奖成分,自己的确有了明显的蜕变,这一刻就让我享受这一份成功的喜悦吧!

就在我沉浸在成功带给我的喜悦之时,2015年的送教下乡培训已悄然来到了尾声。在这段流逝了却永远难忘的日子中,我经历了喜怒哀乐,也品味了其中的酸甜苦辣。我无怨无悔,也乐在其中!

(此案例由"2015"铜梁区送教下乡培训中学数学学科送培团队提供,案例作者为旧县中学雷雅)

评析：这是一位新教师的成长故事，作者给我们讲了她在送教培训中三次磨课的经历和感受。在这个故事中，我们可以获得这样一些启示：

1.好课是磨出来的。教师的成长，需要通过对课的反复打磨，在一次又一次痛苦的折磨、反思、修改、实践中，在过程的历炼中不断实现超越、嬗变、涅槃，最后走向成功。从这个意义上说，没有"磨"的经历就没有"课"的生长。

2.好课是改出来的。好课是在原初经验的基础上，不断吸纳、融合、转化他人的经验进行整合创新的结果。作为一名新教师，第一次上课是原行为阶段，第二次上课是在吸纳他人经验的基础上的新行为阶段，第三次上课是在反思前两次课堂基础上的创行为阶段。三次上课，两次反思，不断改进，最终成就了一堂优质课。

3.好课是扛出来的。三次上课，前后长达半个多月的折磨，对于一般人，可能早就想打退堂鼓了。然而年轻的雷老师，硬是凭着一股不服输的意志，坚持下来。有一句话说得好，"成功，就是比别人多坚持五分钟"。

除此之外，此案例还告诉我们：好课要关注学情，好课要整合教学内容，好课要注重师生互动，好课要语言干净。当然，教师的成长除了学习同伴的经验之外，还应该通过互联网吸纳全国各地优秀教师的智慧。海纳百川，方能成其大。

第六章 "总结提升"的实施

人类文明发展的历史,就是一部不断总结、不断提升的历史,后人总是在总结前人的经验与教训的基础上发展演进的。对于送教下乡培训而言,"总结提升"是第四个环节,也是整个送教过程的最后一个环节。总结是对已实施的过程、环节进行回顾和反思,并与预期目标进行对照,梳理成绩与收获、做法和心得,并在此基础上对过程中的不足、缺失与教训进行反思,提出改进意见、想法、措施和方法。提升是指对已做过的项目、方案、培训等材料,依据教育理论,对经验和做法等感性认识进行深度加工、改造、物化,形成一些有效的模式、资源、策略。"总结"是手段,"提升"是目的。

总结提升的主体包括省市教育行政部门、区(县)教育行政部门、区(县)级教师培训中心(培训教研机构)、送培团队、参培学校、参培教师六大主体。本书重点关注送培团队、参培学校、参培教师的总结提升。从总结提升的内容来看,涉及送教下乡培训活动的方案设计、团队建设、组织实施、资源生成、经验提炼、特色发挥、后续延伸等。不同的主体,总结提升的任务和形式各不相同。

本章将从总结提升的价值、任务、形式、案例评析四个方面来进行阐述。

第一节 总结提升的价值

在以往的培训活动中,总结往往只是作为结业典礼的一个流程,或者作为资料收集的一个内容,是一个没有实效和内涵的过程,他们更为重视成果交流展示环节,甚至直接用成果交流展示替代总结。而送教下乡培训将总结提升作为培训过程中的一个环节,它具有怎样的重要价值呢?

一、优化送培的项目实施

送教下乡培训,是自2015年兴起的一种新的培训项目。这种培训项目,与传统的培训项目相比有诸多的差异,具体体现在培训团队的组建上,课程内容的设置上,培训的过程与环节上,学员的组织与管理上等诸多方面。什么才是最好的、最适合的方式,需要在实践中来摸索。在实施的过程中,必然有成功也有不足,因此总结提升对于改进培训方式、提升培训效益意义重大。只有在不断总结的基础上,才能积累经验,避免失误,才能使送教下乡培训越做越精。教育部《乡村教师培训指南》明确指出:要创新乡村教师培训模式,提升乡村教师培训实效。

案例6-1:送培主题的确立

语文学科送培团队曾这样讲述他们第一次做送培时的经历:在诊断环节时,通过随机观察发现参培教师教学中的问题很多,为解决这些问题,请了多位优秀教师来示范展示,力求给参培教师以启示。由于涉及的内容多,参培教师虽然感觉名师的示范很精彩,但学习效果并不理想。送培团队反思,那是因为培训涉及的内容过多,没有聚焦,导致培训无法深入。于是在后来的培训过程中,就有意识收缩培训内容,聚焦于写作教学,聚焦于写作精准知识的生成上。在后面的研课磨课中,就围绕这一点来展开,取得了很好的培训效果。在总结时,他们提到,送教下乡培训,必须要对诊断发现的问题进行筛选、整合,从中选择典型问题来开展有针对性的培训。只有培训主题聚焦,培训效果才会好。

(此案例由杨蔚老师提供)

二、促进参培学校的发展和提升

参培学校是送教下乡培训的行为主体。送教下乡培训送培到校,对于送培地区的指导和帮扶是全方位的,其意义与价值不仅在于促进参培教师的发展,也能有效地促进参培学校教研组的建设,促进参培学校管理水平的提升和学校文化建设的改进。

送教下乡培训遵循"管理互通、师资共享、研训联动、质量同进、文化共建"的工作思路,把校本研修机制的建立,作为送教下乡培训的核心内容之一。送教培训过程中,以课堂为起点,以"课例展示、个体反思、集体研讨、专业引领"来构建"共研、共生、共享"三位一体的校本研修机制,从而培育良好的研修文化。

基于此,作为参培学校,应该深度参与送教下乡培训之中,把总结提升视为参培学校的重要任务。实践证明,总结提升对参培学校具有多方面的意义和价值:一方面可以固化送教培训中的研训方式(包括教研主题的生成、课堂观察的方法、研课磨课的步骤、教学策略的提炼等),建立校本研修的常态机制。教育部《乡村教师培训指南》特别提出,要"以送教下乡培训带动校本研修"。带动校本研修,其根本在于帮助、推动参培学校建立校本研修机制,从而保障校本研修的质量,只有这样,才能真正增强乡村教师自身的"造血"功能,延伸培训效益,引导学校全学科、全体教师的自主发展;另一方面还可以通过送教下乡培训,构建学校的学习文化(包括参培教师的示范、学习共同体的组建、学习态度的转变、学习资源的利用等),真正把学校建设成为一个学习型组织。除此之外,送培过程还能够生成一批教学资源,给学校教学资源建设提供方法和经验,有助于参培学校在后续的教学管理中组织指导教师生成校本教学教研资源;同时通过对这些资源的研究学习,还能延伸培训,进一步促进教师教学行为的转变和教研能力的提升。最后,送教下乡培训还能有效促进送培团队与学校、相邻片区学校(领导、教师)的深度融合,还能交流管理经验(学校校园建设、文化建设、教师专业发展等),通过对这些来自各方信息的梳理,能更好地提升学校的管理水平。

案例6-2:借助工作坊,建立研修共同体

这次学前教育送教下乡培训,送培团队以乡镇幼儿园为单位,把学员分成了五个"研修工作坊",每个工作坊设召集人一人,成立学习共同体,在每阶段培训结束后,工作坊结合本园实际,将培训所学践之于行,开展实践尝试,并将典型案例总结提炼生成幼儿教学实践策略。

在送培结束之后,我们乡的几所幼儿园专门召开会议进行总结研讨。大家觉得工作坊这种方式很好,决定把它转化为我们幼儿园的常态工作机制,把乡镇辖区内几个幼儿园的教师组织起来,根据研究的问题,本着自愿组合的原则,分成几个工作坊,每个工作坊负责研究一个问题,以问题为导向,引导教师开展研修活动,生成成果。各幼儿园对每个工作坊给予一定的工作经费,对产生的成果评定等级并给予奖励。

(此案例由周霞老师提供)

三、助推参培教师的后续发展

总结提升不是送教下乡培训的终点,而是延伸辐射培训成效的起点。送教下乡培训是短暂的,无法也不可能满足每所参培学校的要求、每位参培教师的个性发展需求,总结提升为参培学校和参培教师个体发展提供了便利和条件,也为培训成效的辐射和延伸指明了方向。

总结提升对于参培教师有以下几方面的意义:一是进一步理解送培传达的学科教学理念,反思自身存在的问题,结合名师示范、研课磨课中的研讨,将培训过程中课堂教学的方法内化、转化为自己的课堂教学实践,从而真正改善课堂教学行为;二是通过进一步梳理、体悟送教下乡培训中的研修方式,结合学校实际,根据自身发展的需要,按照"依托课例、对话课堂、回归课程、研究课题"的研修思路,针对自身课堂教学中遇到的问题,通过自主性的课例研修方式来实现对某一类问题的解决。真正实现由"输血式"的外在培训,转为"造血式"的内生培训,不断提升自身的专业素养;三是通过总结提升,制订个人的发展规划。有人说"好的人生离不开好的规划,成功的人生离不开成功的规划",只有精致规划并踏实的实践,才能实现自身的快速生长。

青海大通县新庄镇中心学校的语文教师马巧娃在参加了以"精读篇目有效教学的实施"为主题的送教下乡培训活动后在反思中写道:"专家指导我们以思维导图的形式来抓文章中的关系词语,联系上下文来理解含义深刻的句子……这些教学方法给了我很深刻的启示。在以后的教学中,我要注意:1.简化教学内容,力求一课一得,让学生经历过程,既懂又会;2.把握语文的特质,把语文课上出语言味、文化味、审美味;3.遵循认知的规律,以生为本,注重情境导入、问题推进、体验表达、读写结合……"由此可见,通过总结提升,参培教师能在培训的基础上衍生出新的想法,这对于其后期的发展有着十分重要的意义。

第二节 "总结提升"的任务

《指南》明确指出:"送培团队指导乡村学校和教师对年度送教下乡培训工作进行系统总结、梳理经验、反思问题、明确改进方向,生成代表性成果,制订下一年度校本研修计划和个人发展计划。区(县)级教师发展中心(培训教研机构)对各个送培团队课程及学校研修的代表性成果进行加工,形成本土化培训资源包,支持学校校本研修和乡村教师专业自主发展。"《指南》对总结提升提出了明确的任务要求,这些任务主要归纳为三个,即是:总结送培模式、建设培训资源、辐射培训成效。

一、总结送培模式

送教下乡培训是一种新的培训项目,也是一种新的培训模式。虽然《指南》对送教下乡培训明确提出了三阶段四环节(三阶段:送培前、送培中、送培后;四环节:诊断示范、研课磨课、成果展示、总结提升),但在实践过程中,仍有很大的操作空间。如何不断丰富和创新送培模式,是各培训机构要思考的问题。各地培训机构通过积极的探索,取得了可喜的进展。比如有的在比较了送培与传统模式的不同之后,生成了送培的"五步模式":问题—设计—行动—反思和总结—发现新问题。这种送培模式,突出了送培过程的问题驱动,教师的主动参与,自有其可取之处。还有下面的"浇根式改善型"送培模式,都是送培中的实践之花结出的硕果。

案例6-3:"浇根式改善型"送培模式

北碚区通过以往的农村教师培训总结出了"浇根式改善型"培训模式。"浇根式"是指在乡村教师培训中,实施专业情意与学科素养的行为"浇根",即浇专业情意之根、人文情怀之根、学科文化之根、教育思想之根。"改善型"是指在乡村教师培训中,全面推进"依托课例、对话课堂、研究课题"的"三课行动",致力于教师个体知识、能力的提升,精神、心智的全面提振,达成教师的"行为改善"。这个培训模式被学科培训团队充分应用到送教下乡培训中,通过实践检验,知道这是一种非常实用的培训模式,能较好地改善教师课堂教学行为,特别是乡村教师的教学行为。

(此案例由刘玫老师提供)

二、建设培训资源

培训资源的建设,无论对于送培团队还是参培教师,都有着十分重要的意义。对于送培团队而言,当前新一轮"国培计划"——送教下乡培训,要求历时五年,全员覆盖乡村学校教师,培训资源库的建设就成了重中之重。送培对象为乡村教师,在培训过程中需要有接地气的资源,平常的那些高大上的名师案例不太适合他们,一则教师自身素养相差太远,二则学生对象差异太大。因此,建设具有适切性的乡村教师培训资源,为后续的送教下乡培训作支撑,是每一个送培项目必须考虑的问题。这就要求送培团队将培训过程中生成的资源进行收集整理、加工改造,生成培训课程,构建起丰富的送教下乡培训资源库,满足乡村教师的培训需求,满足乡村学校的发展需要。

此外,对于参培学校和教师而言,他们需要适合于他们自身实际的教学及研修资源,特别是包含教学设计、课堂实录、课程研讨、专家点评、课堂改进实录等带有"乡土特色",可模仿着学,甚至拿来即可用的培训课程资源。送教下乡培训的基地就在乡村学校,这就给参培学校和教师提供了收集资源的最好机会。因此参培学校在培训之前要做好资源预设,培训之中做好资源搜集,培训之后做好资源的整理加工,包括对送培的讲座、课例、研讨等文字和视频材料进行加工,形成校本研修的本土化培训资源包,并结合这些资源来开展后续的研修活动,从而更好地促进学校和教师的发展。总结提升就是要求参培学校做好培训后的这些工作。

案例6-4:青海大通县送教资源

由西南大学与北碚区教师进修学院共同完成的青海大通县送教下乡培训,在总结会上,北碚区教师进修学院就将各个学科整理的送教培训课程资源赠送给了大通县教育局。资源具体包括教学设计、专家微讲座、专家示范课、专家课件、参培教师展示课等,其中还包含对课的分析与点评等,是大通县开展区域教师培训和校本研修最为实用的课程资源。

北碚区赠送给大通县送培资源统计表

学科	教学设计	专家微讲座视频	专家示范课视频	专家课件	学员展示课视频
小学语文	56	43	7	18	32
小学数学	52	34	7	17	28
小学英语	46	36	4	15	35
初中语文	51	35	6	14	30
初中数学	48	32	6	12	32
初中英语	36	34	6	12	26
合计	289	214	36	88	183

(此案例由刘玫老师提供)

这批培训课程资源是基于当地课堂教学实际,基于当地课堂教学中的问题及解决策略的培训资源。其中既有微讲座视频,又有学员研课磨课的教学设计、示范课、研磨课与展示课的课堂实录。这些资源始终围绕同一个研究主题,前后连贯。这样的课程资源,对于后期送教下乡培训项目的开展与校本研修都非常实用。

三、延伸培训内容,辐射培训成效

总结提升应成为延伸培训内容,辐射培训成效的起点。送教下乡培训立足于解决乡村教师的教学实际问题或困惑,让参培教师经历了研训的全过程,从中获得了研修的方法,体验了研训的乐趣,感受了教学的自信,因此它能极大地调动参培教师自主研修的积极性,并会在后续的工作中产生再实践、再研究、再思考的主动意向和行为,以期盼实现专业的再提升。

总结提升环节,就是要为参培乡村教师的这种发展需求提供持续的动力和机制保障。在送培团队方面,需要通过后续的跟进活动来促进教师的发展,如重点围绕送培的学校开展专项的乡村教师赛课活动、乡村教师论坛,为他们的发展提供平台。参培学校,需要建立学校的教师发展机制,如校本研修常态机制、优秀课例评选机制、教师发展规划机制等,引领全校教师参与学习,建构新的学校文化,提升培训的效益。参培教师,通过总结、转化、运用教学策略,改变教学行为,并且通过课例研修来解决教学问题,生成教学策略,促进专业成长。

❖ 第三节 总结提升的形式 ❖

前一节已经阐述了送教下乡培训总结提升的三大任务,本节重点讨论总结提升的形式。就目前而言,送教下乡培训总结提升主要通过汇报交流、内部研讨、资料整理、经验提炼、资源加工等方式进行。本节重点围绕以下几个方面进行详细阐述。

一、梳理送培经验

前面已经讲过,总结提升的主体主要包括送培团队、参培学校、参培教师。这里的梳理培训经验,主要是指这三个主体对培训经验的梳理。对经验的梳理,可以固化培送的成果,建构新的送培和研修模式,重建教学观念,同时也可以让参培教师自我肯定,提振信心。

有哪些经验需要梳理呢?基于不同的送培主体,有不同的经验需要梳理。作为送培团队,需要梳理的经验包括培训的设计(特别是课程的设计)、培训的组织管理、培训的活动组织(如研课磨课的组织、成果展示的形式)、培训的评价等方面的经验。每一次送培,都有值得肯定之处,把这些经验沉淀下来,能够被以后的送培项目作借鉴。作为参培学校,需要梳理的经验包括送培的后勤保障、送培的人员组织管理、课例研究方法、校本研修机制,这些经验的梳理,能够提高学校的管理水平和研究能力,促进教师发展,甚至促进学校文化品质的提升。作为参培教师,需要梳理培训过程中新的教学理念、优秀课例及原理、教材处理、教学方法、研修方法等经验。培训经验的来源有哪些呢?主要有三个:一是送教下乡培训过程中的培训实践;二是观摩其他地方送教下乡培训的经验;三是在培训过程中引发的思考、联想和引申。

需要注意的是,梳理不是简单的罗列,梳理需要与提炼、升华结合起来。梳理要力求做到将培训获得的经验进行归纳凝练,甚至上升至理论的高度;力求做到将送培"共同理论个人化""默会知识显性化""实践经历叙事化""感性知识概念化"。

送培团队不仅要注重培训项目实施的经验梳理,还需要指导参培学校、教师进行经验梳理,如协助参培学校修改完善后期校本研修方案,协助参培教师完善个人成长计划,支持乡村教育可持续发展。

案例6-5:北碚区幼儿园送教下乡培训的"三个创新"

2016年北碚区幼儿园送教下乡培训,取得了很好的效果。其经验可归纳为三个创新:

1.充分彰显地区示范园的龙头作用

示范园各具特色,能够给其他幼儿园以专业的示范和引领,因此从项目调研到研课磨课,再到成果展示,都充分彰显示范园的示范作用。如北碚实验幼儿园的运动活动、西南大学实验幼儿园的音乐活动、朝阳幼儿园的美术活动。名园名师给乡村园送去了新理念、新方法,为乡村幼儿园教师的发展提供了宝贵的借鉴。

2.充分发挥乡镇中心幼儿园的带头作用

送教过程中,以乡镇片区的方式开展主题园本研修和小组活动,浓郁了乡村幼儿园的教研氛围,有力地促进教师整体素质的进一步提高。

3.充分体现优秀园长、优秀教师的示范作用

在送培过程中,我们注重提供平台,给一些优秀园长、教师以展示的机会,利用他们的示范来促进教师的发展。

在送培中,正是这"三个创新"使我区100名乡村园教师的艺术、健康活动游戏化教学水平、保教能力、园本研修能力都得到了进一步提高,培训效果落到实处。

(此案例由周霞老师提供)

二、反思送培问题

问题是研究的对象,是改进的方向。送教下乡培训亦是如此,在梳理经验、体验成功快乐的同时,也要反思送培存在的问题。只有反思问题,才能在后期的工作中加以改进,也才能不断地推动我们的工作向前发展。

反思问题,不能只是停留于查找问题,把问题查找出来只是反思的第一步,接下来更重要的是分析问题的成因。同样的问题,在外显形式上一样,但其内在的成因可能各不相同,这就要求我们进行深入的调研与分析,结合与之相关的因素,逐步筛选、探讨,直到找到真正的原因,从而为后期"对症下药"提供依据。

案例6-6:2015送教下乡培训问题反思

我区在送教下乡培训总体上成效斐然,然而通过前几个阶段的实践,我们也发现了一些问题。

一是培训的时间不能保证。按照国培计划要求,至少八天,可由于学科送教下乡培训与学科区域研修活动结合,导致时间不能保障。原来的一天被压缩为半天,使得真正用于培训的只有四五天。时间过短使得送培的四个环节无法有效实施,教学问诊和研课磨课不能全面覆盖参培的每一位乡村教师。

二是工学矛盾突出。在乡村学校(园)往往是"一师一岗",而送教下乡培训是"靶向式培训""主题式研修",这种培训方式前后关联性强,注重行为跟进,但乡村学校由

于工作无人替换,培训期间照常上课,这就影响了教师的参与度,使得培训效益大打折扣。

三是培训结束后的实践跟进缺乏监控。如何切实将培训所学运用到具体工作中,促进个人和学校的发展,涉及培训后的项目管理、学校管理、队伍建设的方方面面。因此,进一步强化学校是"送教下乡培训"的第一责任主体,尤为重要。

四是重技能培训轻品格修养。教学绝不仅仅是教学技术,而是教师职业品格、专业修养和教学思想的综合性外化,操作性的行为技巧培训如果不能把教师的职业品格和个人素养的培训相融合,就很难成为教师教育教学的持久行为。

(此案例由刘玫老师提供)

评析:这是一个地区对多个学科送教培训之后的问题反思。这样的反思,既有对表层问题的梳理,更有对其深层原因的思考。这样的问题反思,才能为以后的改进提供强有力的支撑。

三、明确改进方向

问题梳理,为培训改进提供了目标;问题反思,为培训改进提供了方向和路径。不仅送教下乡培训团队需要不断的改进培训课程,加强培训团队对培训过程的有效管理和监控,不断提高送培质量,参培教师和学校也需要及时反思存在的问题,提出适合自身和学校发展的工作方向,形成新的教学方式、校本研修规划,调整教师自身和学校的发展思路,提升教育的品质。

在送教下乡之后,参培教师纷纷谈及未来的改进方向。唐老师说:"名师是在教人,我原来是在教书。在今后的教学中我需要更好地关注人性、人情、人文。"秦老师说:"心中有目标,眼中有学生,手中有载体,课堂才有激情,才称得上好教师。"周老师说:"只有让课堂活起来,学生动起来,成绩才会好起来。"从这些教师的言谈中,相信他们今后在教学上一定会有所改进。

四、生成具有代表性的成果

生成具有代表性的培训成果是总结提升的主要形式之一。送培团队、参培学校、参培教师在培训过程中主体作用不同,因此生成的代表性成果方面也具有差异性。

送培团队作为送培项目的实施主体,对于项目的进展、培训的经验、培训的资源掌握第一手的资料,就要将这些培训资源收集整理加工,生成培训课程,从而形成一批满足乡村教师和乡村学校需求的优质培训资源。如永兴县在总结提升阶段,对前期摄制的培训视频进行细致的分类、剪辑,增加评点,共制作了32张光盘,96小时的视频资料,这些视频经过筛选处理后上传至永兴县教育信息网和永兴县教师进修学校网站,提供给全县教师学习。

参培学校也需对送教资源收集整理,生成成果既包括外显的成果,如送培课例、研讨、视频等;也包括内隐的成果,如校本研修机制建设、学习团队建设等。

参培教师生成的成果,包括教学设计及反思、课例研修报告、个人课堂教学视频、教学微案例、教学微故事等。培训过程中的材料稍加打磨,就可以形成论文、案例,可以投稿发表。当然,这要求参培教师在前期就要注意收集,后期要进行加工,原生态的材料是不能成为成果的。鉴于第五章的成果展示部分,已经进行详细的阐述,本处不再赘述。

五、构建校本研修机制

送教下乡培训关注学校校本研修活动的开展和实施,在诊断过程中必须注重让参培教师学习制作课堂观察量表并凭借量表进行观课评课,让观课、评课聚焦主题且基于事实与数据。此外,研课磨课环节给参培教师真实地展示了课例研修的全过程,这为各校自主开展课例研修提供了样板。

因此,参培学校在总结提升时,要注意收集整理教师校本研修问卷调查表、课例研修讲座、课堂观察量表、课堂观察记录及分析、总结、简报等,从而构建校本研修资源包,为全校教师开展校本研修提供借鉴。让教师们真正掌握校本研修方案的制订、实施、成果的打造等技能。并在此基础上建构一整套完整有效的乡村教师校本研修机制,包括学校的校本研修制度及运行方式,从而有效提升学校校本研修活动的设计能力、组织策划能力与实施能力,提升乡村学校的校本研修活动质量和效益,增强乡村学校自身"造血"的功能。

在送教下乡培训的总结提升中,青海省大通县桥头第一小学的张文华校长提出了学校校本研修的新思路:一要注重激发教师成长的内驱力;二要建构研修共同体,加强同伴互助式研修;三要深入开展课例研修,强化研课磨课的过程,规范校本研修的操作流程。

大通县逊让乡中心学校的校长张得财提出学校今后的校本研修应做到"六有":"有主题,基于主题形成系列化的专题;有现场,基于课堂教学的鲜活课堂来进行研讨;有分工,让所有的人成为研修活动的主体;有研讨,既有经验分享,又有困惑分解;有成果,以今日之研究为今后课堂教学提供借鉴;有总结,每次教研活动解决1~2个问题。"

六、制订个人成长发展规划

"师傅领进门,修行靠个人",送教下乡培训团队根据诊断的问题,在送培过程中做了方向性的引领,能够在一定程度上解决参培教师课堂教学中存在的问题。但送教下乡培训因时间的局限、人员的差异,无法满足每个人的培训需求,因此在总结提升环节,参培教师需要根据自己的情况,总结培训收获,梳理存在的问题,规划未来的发展,以更好地促进个人的进步。这是总结提升环节对参培教师的要求之一。

案例6-7:制订规划,助力发展

个人专业发展规划

2015年10月31日-2016年1月18日,我有幸参加了"国培计划(2015)铜梁区送教下乡培训",让我再次对自己所从事的职业进行了反思,意识到必须给自己拟定一份职业发展计划,让自己对未来的发展有更清晰的认识,知道从哪些方面去发掘自己的潜力,提升业务水平,同时也让生活更充实更阳光。我把规划的制订当作是对自己人生的审视,是对工作和学习的一种督促。

一、个人现状分析:

(一)自身成长历程

本人苏之宏,毕业于重庆教育学院中文专业,工作之后通过函授学习获得重庆文理学院汉语言文学本科学历。在农村中学教过五年语文和三年英语,曾担任过语文教研组长,后在铜梁南城中学担任班主任及两个班的语文课。现为铜梁实验中学语文教师。曾多次参加过教师培训,包括远程国培计划、信息技术培训等。

(二)个人发展优势及特长

我从事初中语文教学工作已24年有余,对语文教学一直持有比较饱满的热情,能够做到"把语文教学当作是一种享受,把育人当作是一种快乐"。在课堂教学中注重通过声情并茂的教学来感染学生,激发学生学习语文的兴趣;注重培养学生养成良好的课外阅读、积累和写字习惯;注重课前预习以及读写结合教学;热衷于古诗文教学,比较注重传统文化的传承;能够坚持应试教育与素质教育相结合,注重培养学生良好的语文素养。在教学中没有沉溺于"题海战术",没有使用过练习题式的"导学案"来教学,更没有在双休日和寒暑假给学生补过课。尽量不留或少留机械性的抄抄写写的作业,注重切实减轻学生的课业负担,尽最大可能地保护学生对学习语文的兴趣,因此所教学生比较爱上语文课,语文成绩也较为优秀。

(三)存在的问题与不足

20世纪90年代,我比较热衷于阅读《中学语文教学参考》《中学语文教学》等语文教学方面的期刊,在教学中深受其影响,能够用比较先进的理念和好的方法来指导自己平时的教学工作。但自从21世纪网络逐渐普及之后,再加上工作量繁重,生活担子也加重,同时上网休闲放松的时间增多,自主读书的时间越来越少,虽然断断续续也读了一些文章,不管是教育教学方面的还是其他方面的,但是很少能静下心来读整本的书,全凭"吃老本"。自感作为一名语文教师读书太少,欠缺厚重的文化底蕴。

其次,虽然自己在平时的教育教学及科研方面比较注重积累,有时会把学生的优秀作文及自己的工作日志上传到我的新浪博客上,但一方面受自己所处的小环境影响,再加上近年来身体素质下降,有时会有些"倦怠",各种积累时断时续,缺乏恒心和毅力;另一方面只停留在"素材"积累的层面,还缺乏理论的支撑,没有深入的总结和提升,撰写科研论文的能力有待提高。

再次,我们学校的生源大多数是外地打工家庭的子女和农村子女。班上留守儿童较多,大多数家长对孩子的学习重视不够,没有良好的家教氛围,更谈不上给孩子买课外书,导致相当一部分孩子沉迷于玩手机和网络游戏,家长和孩子交流少,且都没有养成良好的阅读习惯,更不要谈什么阅读能力的培养了。

针对以上问题,我重点围绕"阅读教学"和"写作教学",设计今后3年的职业发展规划,包括研修课题与读书计划,以此带动自己整体业务水平的提升。

二、今后三年研修和读书计划

1. 2015年9月—2016年6月

认真搞好初三毕业班的语文教学工作,主导思想:"搏在初三,乐在初三,笑迎中考"。

上学期主攻方向:古诗文阅读与传统文化的传承;下学期主攻方向:读写结合方面的探索与实践。在这两方面,将以前好的做法继续发扬,不足之处加以弥补改进,随时发现问题并提出解决策略,以国培计划为契机,认真交流研讨,希望得到专家及名师的点拨和指导。

同时,在我们语文组教研活动中,和同仁们把古诗文阅读教学和读写结合教学作为主要教研内容,并自觉在这两方面积极尝试、探索、实践和改革,并做好素材的积累。

2. 2016年9月—2017年8月

从初一开始,争取与同组教师或志同道合的教师将课外阅读与写作教学体系化,将"在承袭传统文化的过程中提升学生语文素养"和"以读促写,读写结合,破解写作难题"作为研究的课题,争取能和区语文工作室组成教研团队。

就课外阅读而言,争取分两部分进行,一部分是确立师生共读、必读篇目,以古诗文及课标推荐的书目为主,旨在传承中华传统文化,增强文化底蕴,提高师生文化素养。这一部分我期望能在学校进行,比如每天第八节单设一节读书课,让我们的学校真正成为书香型校园。这需要勇气、魄力和恒心,我个人非常希望能得到学校领导的大力支持。另一部分是学生自主选择的书目,旨在丰富学生精神文化生活,陶冶学生情操,使学生养成良好的读书习惯。同时举行一些读书交流会、我爱读书征文比赛、演讲比赛等活动,来激发学生的阅读兴趣。

就写作教学而言,可参照重庆市巴川中学校李永红教师的一些做法,结合我校我班的实际情况,努力做到将"阅读写作和生活写作"相结合,"生存写作和生活写作"相结合,保护学生的写作兴趣,激发学生的写作欲望,丰富学生的写作经历,让学生感受到创作的欢乐。定期保存学生优秀的作文或将其推荐到校内校外报刊上发表。

全面阅读关于古诗文教学和写作教学方面的书籍、刊物,搜集好素材和数据,随时记录教学反思或心得。希望得到专家建设性的指导意见。

3. 2017年9月—2018年8月

对近两三年来的教育教学实践进行总结、梳理和提升,特别是经过国培计划之后,自身一定要有一个由量变到质变的升华,争取撰写论文发表到《中学语文教学》等杂志上,希望自己在论文发表方面有所突破。

4. 留一块精神的园地,将读书作为良性的生活方式

"问渠那得清如许,为有源头活水来。"这次国培计划,多位专家都提到了读书的重要性,我自己更感觉读书匮乏,有将要断流之感。尤其是李永红教师的那一句反问"教师不读书怎么让学生学语文？教师不深入研究,怎么教好语文？教师不爱写作,怎么让学生写好作文？"给了我很大的启示。为此,我将读书和写作,作为我今后三年及以后工作和生活的首位。

尽管工作忙,生活担子重,但鲁迅说过"时间,就好像海绵里的水,只要去挤总会有的。"从新学期开始我准备采用零存整取的办法来读书,即:每天白天读书一小时,晚上临睡前读30分钟,争取每天读书一个半小时;特殊情况,最少也要读一个小时。

结合此次国培计划的要求及自己的兴趣爱好,目前确定的书目为:《论语》《唐诗三百首》《宋词三百首》《古文观止》《鲁迅杂文选》、钱理群的《我的精神成长自传》等,争取每学期读一本,并写好读书笔记、心得。其他方面的书籍随机阅读,兴趣是关键。

作为一名普通的语文教师,我给自己制订发展计划,并不是想成名家,只想成为深受学生喜爱的,自己也不断成长着的语文教师。如能与身边的教师共同成长则更好!

感谢国培计划计划"2015"铜梁区送教下乡培训,感谢亲临指导的各位专家,让我找到了精神的归属!我恳切地希望自己能在专家的指导下,在同伴的帮助下,在自己的不懈努力下真正成为一名合格的国培计划学员、一名书香型、科研型的语文教师。

(此案例由铜梁实验中学校苏之宏提供)

评析:在许多教师陷于职业懈怠的今天,一位教师对于个人的发展如此有心,真的令人感动。此规划有几点可取:一是肯定自己的长处,增强发展的信心;二是透析问题,解剖自我,准确看到自己的不足,明了改进的方向;三是具体规划,一步一个脚印,从读书和研修两个维度上,对未来三年的任务作了清晰的安排。由此可见,送教下乡培训带给参培教师的,不只是一时的知识技能,更是一生的发展动力。

第四节 案例评析

案例6-8：语文学科的"五度"送教

2016年实施的北碚区初中语文送教下乡培训,取得了很好的成效。在总结提升环节,送培团队提炼了"五度"送培策略。内容如下：

1.问题聚焦,有深度

培训设计有深度。语文教学中有很多问题需要解决,本次培训只针对教师教学中普遍存在的难点进行指导。聚焦作文教学这一主题进行专家示范课、专家讲座、学员微型讲座、学员研课磨课、学员展示课等多个环节的实践研究。

专家讲座有深度。本次送培专家从不同角度,深入阐释了作文教学的要义,既有理论高度又有扎实深厚的实践经验。理论与实践相结合的专家指导更有利于参培教师接受。

学员参与有深度。因为研究的点明确,教师们也钻研得更深入,不只是原来的上课、听课、评课。在上课前参培教师学习了相关理论,明确了概念、梳理策略方法之后再进行教学设计和课堂教学实践。

2.名师示范,有厚度

本次送培中,邀请重庆市语文界的名师上示范课,育才中学胡容教师、重庆市一中张鸣教师、巴川中学李永红教师、南开中学颜运静教师,分别就阅读教学、作文教学进行课堂示范,上课后专家还对自己的课堂设计理念进行讲座,传达教学思想、阐释课堂设计理由。这样的示范有厚度。

3.专家陪伴,有温度

本次送培有强大的专家团队：有高校的专家、重庆市的语文名师、进修学院的专家和本区的语文优秀教师。在培训的整个过程中,专家不再是居高临下的指导,更多的是专业引领和成长过程的陪伴。名师示范课不再是针对优秀学生的表演,而是我们乡村学校的学生实实在在的课堂学习,更接地气。专家讲座不再是高深理论的演讲,而是结合课堂实例、可操作的实践方法的指导,更契合乡村教师的需求。课堂点评不是挑刺式的评价,而是中肯的改进建议和真诚的鼓励。在整个送培过程中,专家不再是冷冰冰的,而是一路陪伴学员前行的良师益友。

4.全员参与,有热度

本次送培,是一次全员深度参与的培训。参培教师人人都在上了诊断课,四校展示课及微型讲座共22人次,参与展示交流的教师过半。研课磨课中,大家分工协作,梳理思路、查找资料、制作PPT,课堂展示中全组语文教师出谋划策,共同打造。每一次的展示活动都不是一个人的单打独斗,而是凝聚了全体语文教师的智慧和力量。在这样的团队协作中,不仅促进了教师的专业成长,更增进了情谊,使团队更有活力和热情。

5.任务驱动,有效度

这次的培训对象来自四个学校,年龄从24岁到51岁。培训中,项目组以任务为导向,每个阶段的要求都提前在培训群里公布,然后各校教研组长负责将任务分解给本校各位教师,形成分工协作的机制,真正实现了人人有事做,事事有人做。同时四个学校又彼此竞争,比学赶超,有效激发了教师的内驱力。正是以任务为驱动,才能很好地达成了送培目标。

(此案例由陈家尧老师提供)

评析:此案例为送教下乡培训团队的总结。这个总结,给我们揭示了一个优质培训应有的特质。案例中的"五度"涉及培训主题、名师示范、专家讲座、学员参与、任务驱动,从多个方面对送培提出了明确的要求。这样的总结提炼,相当于给以后的送教下乡培训建立了规约。遵循这样的规约,培训自然高效。

案例6-9:校本研修"掺沙子"

在送教下乡培训中,每个团队都面临同样的问题:乡村学校规模小,同一学科人数少,校本研修活动开展的氛围不足,实效性难以保证。如何促进乡村学校更好地开展校本研修呢?在初中英语学科的送教培训中,对此做出了很好的探索,并总结提炼生成了"掺沙子"的校本研修策略。具体内容如下:

1.跨校结对

打破学校界限,以相邻地域学校为基础,两两组合。一个学校4~5个人,两个学校就有了十来个人的规模。在平常的研修中,跨校的2人一组,共同协作承担一项研修任务。

2.主客轮换

为了保证参培研修教师参与的广度,采取主客场制。两校轮流担任主场。如第一次研修的主场为夏坝中学,第二次研修的主场就移到了23中学,如主场在夏坝中学,就由夏坝中学的两名教师根据研修主题分别提供研究课例,客场的教师只负责参与评论。

3. 主题辩课

本着聚焦主题、放大优点、透析缺点、敞开建议原则,每一次研修活动由主场学科教研组长主持,负责组织开展聚焦研修主题的辩课活动。辩课活动的主要环节为"主题阐释——教者说课——优缺攻防——我来建言"四个环节。"主题阐释"一般放在课前进行,主要讲解本次的研修主题和课堂观察工具。"教者说课"由执教者谈意图、谈课后的反思。"优缺攻防"在课后进行,两校教师混编为两个组,围绕研修主题分别对这节课的优点、不足进行辩论。"我来建言"为自由发言,根据研修主题由其他教师分享自己的教学经验和教训。

4. 成果汇聚

由客场教研组长负责对本次研修活动的做总结性的发言。要求概括本次研修过程中生成的问题解决策略,力求对同类教学有所启示。同时也指出后续研修需要解决的问题。

两个学校的参培教师一起观课、磨课、辩课,展示自己的思考与智慧。每个人都被卷入其中,在和谐激烈的氛围之中,在交流分享中共同成长。平常的沉默者,也由被动走向主动,积极发言。正如23中胡雪梅教师所说:"这样的活动,我们都敢于发言了。平常的教研活动,人太多,想说还有点怕,现在可以畅所欲言了。还有,躲是躲不掉的,真正用心来参与,最后发现每个人都收获满满。"

(此案例由曾萍老师提供)

评析:曾萍老师在谈起"掺沙子"式的校本研修时这样说:"我们在英语送培过程中压根没想到这样一个概念,只是为了解决问题,而想了一些办法来推动校本研修。"这个概念的提出是在英语学科送教下乡培训总结提升环节时提出来的,在确立了概念之后,又对先前开展的校本研修模式进行了一些加工改造,形成了"'掺沙子'式校本研修"模式。此模式后来在乡镇学校英语学科校本研修中得到推广运用,大大激发了教师研修热情,深受教师的欢迎。需要指出的是,这种"掺沙子"式的校本研修方式,适用于人数不太多的学校。人多了,不能做到人人上阵,有可能影响到教师参与研修的积极性。此案例可以说明:送教下乡培训的总结提升解决了乡村学校的难题,创新了校本研修的形式,具有重要的意义。

案例6-10:参培教师说收获

感悟"有效的数学教学"

在重庆市对青海大通的送教下乡培训中,我和同事一起经历了培训的全过程。通过本次的培训学习,对优化课堂教学,打造高效课堂有了一些清晰的想法。

一、课堂教学设计

1. 设计有效的教学环节

在教学的过程中,我们要充分认识到课堂是学生的课堂,学生是课堂的主人。每一个教学环节的设计,都要围绕着如何实现自己的教学目标而设计,引领学生主动完成。

2. 设计有效的探究活动

有效的探究活动,就是在新知识的学习过程中开展符合学生年龄特点、具有探究价值的活动,让学生通过切身的体验感受知识产生的过程,利用旧知识,以转化、类推、对比、引申等方法,让学生从自己动手实践中归纳出结论。

3. 设计有效的练习题目。

要正确认识学生个体差异,因材施教,使每个学生都在原有的基础上得到发展;要让学生获得成功的体验,树立学好数学的自信心。因此在设计练习时,要层层递进,不断提高。应体现出以下几个层次:巩固练习题——判断技巧题——实际应用题——拓展提高题。

二、数学教学思想

1. 数学源于生活,应用于生活

数学从生活中来,最终还要回到生活中去解决问题。我们可以对教材进行再加工,整合实际生活中的元素,让学生感觉到数学就在我们身边,数学与日常生活密切相关,认识到许多实际问题可以借助数学方法来解决,"生活经验数学化",培养学生从生活中发现数学,学习数学的优良品质。

2. 教师大胆放手,促进学生自主探究

有效的课堂,应对学生进行有效的引导,充分体现"教师以学生为主体,把学生当成数学学习的主人,教师是数学学习的组织者、引导者和合作者"的教学理念。通过精简教学的语言与环节,给学生更多的时间与空间。在公式的推导、问题的解决上,尽可能地给学生探究的机会。当然教师也适时搭建支架，创设生活情境，进行方法点拨，降低探究的难度，让学生在问题解决的过程中感受数学的乐趣。

  这次送培活动为我们今后自身的发展指明了方向。培训虽然结束了，但研修的路还在继续，我们不会忘记重庆市专家教师的指导，让专家传递的教学理念、研课磨课的方法在我们的校园里生根发芽，并且做到常态化、规范化，实现小学数学课堂的有效、高效！

（青海省大通县长宁小学王生有老师提供）

  评析：此案例是一位教师的培训心得，通过对培训收获的梳理，从教学设计的注意事项和数学学科教学思想的角度，进行了归纳总结。这样的总结，能够深化培训的效果，有助于今后教学过程中行为的改进。经过深层次思维的认知相较于一般的感性认知来得深刻。这样的总结才能推动教师的课堂教学水平的提升，才能促进教师专业的快速发展。

第七章
乡村教师专业发展支持体系建设

近年来,党和国家把乡村教师队伍建设摆在优先发展的战略地位,对于乡村教师专业发展支持体系建设工作高度重视,出台的系列文件明确指出:建立乡村教师专业发展支持服务体系,持续提升乡村教师能力素质。

研究表明,在培训后建立有针对性和实效性的乡村教师专业发展支持体系,是促进乡村教师专业水平提高的前提。美国哥伦比亚大学布伦特·彼得森(Brent Peterson)博士通过比较花在培训上的时间与花在培训相关的其他活动上的时间,分析得出了"倒二八现象":组织在培训项目本身投入85%的资源,但这些投入只产生了24%的有效性。可见,注重培训的后续工作十分重要。

本章节将围绕乡村教师专业发展支持体系建设,从价值、内容、形式、案例评析等方面进行阐释。

❖ 第一节　乡村教师专业发展支持体系建设的价值 ❖

送教下乡培训一般分为三个阶段:培训前、培训中、培训后。本文所指的乡村教师专业发展支持体系是指乡村教师培训结束后,由教育行政主管部门、教师研修中心(教师发展中心)、高校及学员所在学校共同承担,推动教师发展,以送教下乡为方式,以支持乡村教师专业发展为目标,能够对乡村教师教育思想与理念、技能与策略的形成与发展,起到支撑帮助作用的机构、制度、资源所构成的支持系统的总和。

一、提升送教下乡培训效果

培训迁移理论启示我们:在考察教师培训实效性时,必须关注培训前、培训中、培训后的整个过程,尤其是要注重培训后对教师教育教学的影响。

送教下乡培训作为提升乡村教师课堂教学能力的一项培训,构建乡村教师专业发展支持体系是十分必要的。有了此支持体系,乡村教师就能得到持续的专业支持:利用各种资源进行后续学习,反思自己在培训后的收获和不足,进一步提高教学能力和水平。培训团队也可持续了解教师培训后的学习动态,因材施教,查漏找缺,弥补不足,使参培教师能达到预定的培训目标。

因此,构建乡村教师专业发展支持体系,有利于改善乡村教师"培训前激动,培训中感动,培训后一动也不动"的局面,有利于延伸培训时空,提升培训效果。

二、持续支持乡村教师专业发展

(一)强化乡村教师专业理念

《乡村教师支持计划2015—2020》明确指出:要开展多种形式的师德教育,把教师职业理想、职业道德、法治教育、心理健康教育等融入职前培养、准入、职后培训和管理的全过程。北京师范大学教育学部教授、博士生导师朱小蔓也曾说:没有乡村教师生命状态的改变,就没有乡村教师真正的专业化。要从长期单向的、齐一性的要求,转化为更加重视个体化经验和情境性条件,支持教师从个体内部生长起积极、正面的情感和意愿。由此可见,强化乡村教师专业理念,是乡村教师专业发展的内生动力。

乡村教师支持体系建设有利于增强乡村教师专业发展的责任感,增进乡村教师职业认同感,提升乡村教师自我专业发展意识,构建平等、多元的合作文化机制,从而实现乡村教师积极主动的"个体化专业发展"。

(二)拓展乡村教师专业知识

活到老,学到老。在终身教育中,乡村教师既是终身教育者,又是终身学习者。作为终身教育者,乡村教师需要不断地更新教育内容,调整教育手段,以满足农村地区不同年龄、不同对象的需求。作为终身学习者,乡村教师自身的专业知识需要通过持续不断的学习和更新,从而来适应社会的变化节奏,胜任教师角色。[①]

实践已经充分证明:在发展乡村教师专业能力的过程中,各种平台(资源平台、研修平台、学习交流平台等)的建设是乡村教师专业发展支持体系的重要组成部分,可以有效地拓展乡村教师专业知识,对支持乡村教师培训后的专业发展有着重要的作用。

(三)提升乡村教师专业能力

凯尔克特曼(Kelchtermans)认为,教师专业发展是一个高度个人化的发展过程,但它不是在真空中发生的,而是个体教师与情境交互作用的结果。由此可见,乡村教师专业发展应当重视教师实践性知识的获取,旨在解决教学实践中的真问题。

乡村教师专业发展支持体系建设明确指出了教育行政主管部门、教师研修中心(教师发展中心)、高校及学员所在学校的主体责任,由专业人员组成团队给予乡村教师有针对性和实效性的指导。团队中的专业人员既有高校专家、研训员,也有一线名家名师、教育督学。他们能定期为乡村教师在教学实践中的困惑提供专业支持与教学指导。既可以通过一对一解疑答惑,也可以采用团队集体诊断。此支持体系的建设能更好地为乡村教师专业能力的提升提供帮助。

三、改善校本研修机制

乡村教师专业发展离不开课堂教学,而课堂教学是在学校改革这一大环境中进行的。校本研修在学校,基于学校,为了学校,是提升乡村教师专业发展水平的重要机制,在乡村教师专业发展体系建设中占据着重要地位。

构建乡村教师专业发展支持体系有利于改善校本研修机制,确保校本研修更具

[①]李国栋.农村教师专业发展的背景、动因与内涵[M].教育观察(上旬刊).2013(9).

实效。支持体系的建设能促使学校更有效地组织与实施校本研修活动，变革校本研修方式，基于教师教学情景，实现从传统的教研，走向多元、互动、以教师为主体的新型教研，从而提升乡村教师群体专业化水平。

四、创建符合乡村教师需要的资源库

资源库建设是乡村教师专业发展支持体系的重要组成部分，可以有效地提供乡村教师专业发展的后续支持保障。

传统的资源库仅仅是一个课程资源集合地、一个信息平台，而乡村教师专业发展支持体系的资源库内容更多来自于送教下乡培训过程中的实践操作案例，既有预设的资源，也有学习过程中生成的资源，这些来自于学习过程中真实情景问题的案例与对策，能很好地为乡村教师回校后的教学实践服务。

资源库不仅为乡村教师提供各类课程资源，也为乡村教师在遇到教学困难时找到一个对话平台，及时沟通应答，把资源库的多种优势充分惠及乡村教师，从而助推乡村教师的专业发展。

第二节　乡村教师专业发展支持体系建设的内容

乡村教师专业发展支持体系的建设需要通过各级教育行政部门（政府）、教师研训机构、培训团队、乡村学校共同努力和配合。提供资源保障、完善校本研修制度，因地制宜建设乡村教师专业发展支持和服务的运作机制，形成长期的、系统的服务，帮助教师将学习到的知识、技能运用到教学实践中去，提高个人工作绩效，同时带动团队或学校发展。

一、支持体系主体建设

乡村教师专业发展支持体系建设中的主体分别有：各级教育行政部门（政府）、教师研训机构、培训团队、乡村学校等，共同为乡村教师的专业发展提供保障。各级教

育行政部门的刚性措施、政策保障;教师研训机构的培养机制、培训团队打造;乡村学校的可持续发展规划、研修文化都会影响教师的专业成长。

(一)教育行政部门及教师研训机构

教育行政部门是落实乡村教师专业发展支持服务体系的责任主体。统筹多种培训模式,如乡村教师培训团队置换脱产研修、送教下乡培训、乡村教师网络研修、乡村教师访名校、乡村校园长培训等,整合高等学校、教师研训机构、联动城乡各校区,建立综合联系的管理机构体系,层层负责。教师研训机构搭建培训平台,将省、市、区内外优秀培训政策、培训资源引入到培训平台,组建专家培训团队,打牢乡村教师专业发展的培训基础。

(二)送培团队

一是送培团队来源:各地可充分利用当地高校资源,整合高校力量,组建"硕博导师团",为培训活动作支撑。同时,打造专、兼职队伍,聚合区内外优秀师资,建立"送教下乡"教师专家资源库。来自一线的优秀校(园)长、骨干教师、学科带头人结合教学实践有的放矢,有自己的话语体系,指导更接地气,帮助教师在实践中将所学内化运用,带给乡村教师不一样的知识革命。

二是对送培团队的要求:作为送培专家团队,首先须对乡村教师的知识结构、认知水平有较全面的了解。其次,须对送教下乡培训有正确的认识,送"教"不等于送"课",而是送教帮扶,在行动上积极实践,使送教的过程变成乡村教师自我成长、自觉成长的过程,变成乡村教师培训与研修一体化的过程。再次,还须把握乡村教师当地的地域特点和优势,将好的经验与当地本土经验相结合,因地制宜,将培训成果进行有效迁移,发挥送教实效性。

案例7-1(片段):送培团队建设

北碚区教师进修学院组织的送教下乡培训中,因其背靠西南大学这一优势,在"送教下乡"项目构建中,组建"硕博导师团",着重开展培训后期小学语文、艺体学科的课堂形态、研修方式、培训效能的再指导和团队研究。

(摘自重庆市北碚区教师进修学院《"国培计划"——中西部项目送教下乡培训申报书》)

高校不仅直接指导受培教师，同时对培训团队的支撑引领作用巨大，丰富的教学资源、前瞻性的学科知识，将促进整个培训团队的提升。

（三）乡村学校

乡村学校是教师专业得以持续发展的关键，也是实现培训效果的重要保障。学校可对教师给予情感关怀，提供技术支持，组建研修团队，营造良好学习氛围，从规划、构建、实施、督察等方面进行具体实施。规划：分析教师专业成长需要、现阶段困难等，规划教师后续学习成长；构建：构建本校校本研修体系，建立学习共同体；实施：培训前做好规划和统筹，培训中为教师的培训学习提供精神和物质保障，培训后增大和支持教师进行拓展迁移应用；督察：将教师专业发展纳入年终考评，激励教师在培训后应用所学知识，提高参培教师的迁移动机，建立职业认同感，以个人绩效带动团队整体发展。

二、教育资源建设

何为资源？所谓资源指的是一切可被人类开发和利用的物质、能量和信息的总称。乡村教师专业发展的教育资源是指在培训、学习过程中所涉及的物质、能量和信息的总称，比如学习资源、人力资源（培训单位管理人员、专家团队、受培单位管理人员等）、教学资源等，乡村学校因其在资源建设方面相对匮乏，因此需求就更迫切。资源不仅来自于第三方给予，更多来自于乡村教师在实践学习、培训交流过程中获得的第一手资料，接地气，有实践生命力，满足乡村教师日常教学所需。此外，除了显性的资源，还有交流、对话平台等隐性资源，多种形式、多种类型的资源平台让乡村教师各取所需，获得发展。

（一）教学硬件资源建设

乡村学校普遍存在硬件条件较差、设施设备陈旧或缺乏等现象，如各大功能室配备不完善，计算机配置较低、网络环境差，远程学习条件不够或不具备。随着社会不断地发展，信息化、网络化、数字化飞速发展，学生的学习和教师的专业成长在很大程度上将充分依托网络信息资源和学校的教学硬件设施。首先，在教育现代化等硬件资源建设方面还需要加大投入力度,加强数字化校园建设工作,应用信息技术优化课堂教学,实现环境(设施设备)、资源及应用的全部数字化,促进学校各部门、各教研团队之间的信息共享,全面满足教学、科研发展的需要,有效缩小城乡教育的"数字鸿沟"。另一方面要配齐办公用房,按照省、市标准建好教学功能室、教学实验室,配齐教学仪器及教学实验用品,保障教师开展教学、教研活动。

(二)教学软件资源

常见的教学软件资源有媒体素材、培训课件、教学案例、网络课程等。乡村学校教学资源库内容单一,多为本校教师教学案例、反思随笔、经验论文等,且缺少获取渠道,故而造成学校教学软件资源短缺,教师所选用的资源陈旧、过时,影响学校整体发展。因此,资源的建设要全面丰富、高度整合,切合当地地域特点,教师们在使用时可以"信手拈来",不必花过多时间去四处寻找。

1.网络课程资源:为乡村教师提供学科网络资源,以区域为单位建立学科视频课例资源库。资源来源一般有培训机构(单位)研发、培训专家给予、购买市面上成型的教学资源、其他网络下载、各类教学、微课大赛活动评选出的优秀资源等。好的资源还要建立相应的资源推送办法,通过网络推送,将优秀资源上传到相关网站,教师根据自己个性化的需求获取或使用。虽然部分培训机构(单位)已率先利用各种网络平台进行了软件资源的大量投入,但这是一个知识大爆炸的年代,新知识、新理念、新技术正不断充斥在整个大教育背景之下,对于软件资源库的建设提出了更高的要求,因此,反复筛选、不断增补教育资源以满足教师日益增长的对教育知识的需求。

2.数据库资源查询:为乡村教师提供数据库资源查询的方法和途径。多数教师还停留在通过搜索引擎在百度、免费期刊、个人网站检索资源,所获取的信息片面、浅显、过时。引导教师通过中国知网、维基百科、维普、万方数据、超星数字图书馆等多个平台进行数据检索,可为每位乡村教师注册中国知网账号,每期提供一定数量的充值,保障教师拥有较稳定的资源搜索平台。

3.研修活动资源:各学科因地制宜组织制订乡村学校课堂教学观察工具和课堂教学评价标准。举行骨干培训、教研组长培训、校本研修等培训班,举行各类课堂教学、教学设计、说课评课大赛,收集教师参加培训中的一线资料、经验总结,教师在评比活动中的优秀学科教学设计、微课资源等。

4.乡土教育资源建设：基于乡村学校特点，因地制宜挖掘乡村区域优势，结合学校特点进行整合，建设独具特色的乡土教育资源，将民俗、区域文化发扬光大。

5.学习资源平台建设：通过学习资源平台搭建，帮助教师建构自我学习的方法、途径。学习资源平台有：一是组织各类培训活动，如国培计划、乡村教师培训团队置换脱产研修、送教下乡培训、乡村教师网络研修、乡村教师访名校、乡村校园长培训等，搭建教师提升平台。二是师徒结队式帮扶，参培教师与培训专家通过培训活动建立的师徒联系，培训结束后长期存在，以此达到经验交流和资源共享的作用。三是建立学习共同体，通过共享知识，在交流和对话中获得发展，建立学习者与学习者之间的学习共同体、学习者与助学者之间的学习共同体。四是通过校本研修活动，在课例展示、研课磨课、教学反思、课题研究、网络研修等活动中传递、交流、分享知识经验。

案例7-2（片段）：乡土教学资源建设

重庆市北碚区天成小学有着丰富的种桑养蚕的农业资源，又与蔡家蚕种场毗邻，师生对蚕的养殖知识和蚕的品性有一定的认识，因地、因校、因生制宜，开发了具有乡土气息的蚕文化。建构了蚕文化五大系统：励志向上的精神文化、优美生动的物质文化、知行合一的行为文化、学科整合的课程文化、规范合理的制度文化。以此为基础，建立学校特色资源库，该资源库以蚕文化为基础，有图片、校本教材、论文、教案、学生作品、网络素材、高校蚕文化资源等，并创建了"蚕文化"农村特色岗位工作室。

（摘自重庆市北碚区天成小学关于重庆市北碚区教育科学"十二五"规划2012年度课题《挖掘蚕文化内涵，促进农村小学特色发展研究》研究报告）

天成小学敏锐捕捉到本区域丰富的种桑养蚕的农业资源，把握这一教育契机，利用师生、家长资源优势，开发了独具特色的蚕文化课程，同时融汇全国各地蚕文化知识，创建教学资源库。课程内容丰富、涵盖面广，可谓因地制宜、有效整合课程资源的成功案例。学校教师教学时实行"拿来主义"，即取即用，利用"蚕文化"农村特色岗位工作室搭建交流、研修平台，为教师"蚕文化"学习提供了专业支持和技术保障。

三、校本研修制度

中小学校本研修是以本校教师为主体，以本校教育教学活动为研究对象，以校本学习团队为基本组织形式，其核心为通过教师的专业发展带动学生和学校的发展。

乡村学校校本研修机制并不有别于城市学校,所不同的是,因乡村学校教学资源、人力资源、社会环境、经费支持方面的不一样,在校本研修机制的建设方面会存在一些困难。换句话说,要根据乡村学校实际情况,强调以学校为"结点"建立多元的研修组织、强调多种路径经验分享、强调教师自主研修。总之,以"校"为本,以学校为主导,以教师为主体,以学校为研修的设计者和主导者,教师是研修的实施者,在实践中不断学习,激发自主研修精神。

(一)建立多元研修组织

中小学校校本研修有较完善的研修机制和开展形式,但考虑教师发展水平的层次性、教学问题的多样化、学科的差异性等因素,需成立不同研修小组,如"年组教研组""学科教研组""专题教研组"等,鼓励教师加入"联片教研""教师工作坊""名师工作室"等研修团队,为教师提供合作、交往、个性发展的机会,促进教师自主研修。

(二)构建研训一体化模式

任何一个教学问题都必须在真实的情境下去讨论、学习。教学现场不仅是进行研究活动的最佳现场,也是进行教师培训的最佳现场,与教师的实践工作越接近,培训学习的效益越明显。教、研、训一体化的培训模式中,教师的教学现场就是培训现场、教学研究的现场,教师的培训与教师的实际教学工作融为一体,学习与应用融为一体,从而避免了由于培训环境与工作环境之间的差异而产生的对培训迁移的阻碍。

可喜的是,这种研修模式广泛运用到乡村学校,在实践中创造出更多的方法。如以课例为载体的"行动教育"模式,以问题为导引的"行动研究"模式;或建立"专业引领+同伴互助+个人反思"的校本研修制度等。

(三)建立经验分享路径

首先是学校内部,学校内部自然形成教师发展层级,职初教师、青年教师、成熟教师等。有职初教师在成熟教师指导下的成长,有成熟教师在指导与引领时的自我成长,这是经验的交换或累加;其次是学校外部,借助学校平台,有效引入外部经验,将各种教育教学理念引入课例研修、教学论坛及教学课堂当中,带给教师新知,吸引新的营养。经验分享、同伴互助,学习达到的效果不再是1+1=2,可能等于3,4或更多。

(四)建立自主研修机制

当学习成为教师的内在驱动力,教师的专业自主性得以建立,学习就成了一种可能。通过引导、激励等措施,教师产生了专业发展的宏大愿景。有职业成长的幸福感、愿学、爱学的心理动机,使学习从传统意义上的教师"被接受""被发展",发展成为教师在"实践—反思—调整"中的自我觉醒和更新。

第三节 乡村教师专业发展支持体系建设的形式

在乡村教师专业发展支持体系建设中,除了建构内容、搭建支架,同时,我们还要提供有价值、可操作性的策略对乡村教师的发展积极引导。

一、建立学习共同体

在这个信息化、网络化及知识大爆炸的年代,众多的学习资源使得学习者很难"单打独斗",而必须要依据群体模式来达到知识的获取和技能的掌握。具体而言,学习共同体就是通过共享知识,在合作与对话中促进专业发展。学习共同体的建立有学习者与学习者之间的共同体,即乡村教师与乡村教师之间;有学习者与助学者之间的共同体,即乡村教师与专家、导师、引领骨干之间;也有学习团队与学习团队之间的共同体,即乡村学校与城镇学校之间。而乡村教师囿于地域原因,要建立学习共同体,必须打破地域限制,将共同体的范围扩大、拓宽,增加个体与学习团队的接触面,走出去、请进来、聚合团队力量,走专业发展之路。

(一)基于"自律自治"的共同体建设

马克斯·韦伯认为:"一个组织可以是自律的或他律的,自治的或他治的。自律意指组织的秩序是由组织成员凭借自身的特质建立起来的……自治意指领袖和管理干部皆是依据组织自己的秩序规章所产生的"[①],从这段话引申到校本研修学习共同体

---

① 李秀伟.中小学校本研修的改进路向与模式建构[J].教育研究,2012(7).

的建设可理解为,以学校为单位,围绕学科课程问题,由教师自主建立团体。同学校教师站在同一起点,更容易寻找共性话题,比如针对乡村教师结构性短缺,跨学科任教现象较普遍,短时间无法解决的问题,教师自发组织学习共同体进行经验分享。这种学习共同体还可是"年级教研团队""学科教研团队""专题研修团队",或者组建"骨干(名师)工作室""教师研修工作坊"等团队的方式,总之形成开放的学习模式,实现自主管理,进行内部的学习交流活动,分享和进行问题研究。

(二)基于"专业学习"的共同体建设

强调"专业学习"是对教师这一职业特殊性而言,是对教师的专业理解和认同。以幼儿园教育为例,看似最低段、最没有技术含量的阶段,其实蕴含了更深层次的专业思想。幼儿园儿童的管理未必那么轻松,儿童音乐游戏的教学法难度未必低于高年级音乐教学,还需要了解儿童的心理特点和幼儿园课程理念,将高深的音乐知识深入浅出的表现出来,易于儿童理解和接受,正因为如此,教师的专业性才得以体现。

基于此,在学习共同体的建设中,一定是教师基于教学实践当中的问题而引发的学习,并由"问题—讨论—实践—讨论—解决"这样的思路循环进行。专业的学习并不等同于高深而艰涩的内容,更多的指向问题解决和学习日常化。

教育均衡发展的今天,集团化办学成为新的学习共同体建设模式。

案例7-3(片段):学习共同体建设

集团化办学是一种为实现优质教育资源最大化,以"紧密型教育集团""捆绑型教育集团"等为主要模式,通过老牌名校(核心学校)输出文化、管理、师资等资源,使新建学校、薄弱学校、一般学校迅速提升办学水平的办学模式。简而言之,集团化办学就是使"名校+新校"生成"新名校"、从"名校+普通校"生成"新优质校",以此为老百姓提供优质、共享的基础教育。

北碚区历来重视教育的优质均衡化发展,历经"研修共同体—捆绑帮扶—集团化办学"的发展历程。2001年开始建立"联片教研、教研帮扶"制度,城市优质学校带领一般学校共同开展教学研修;2007年开始10对学校的深度捆绑帮扶,2012年扩大到22对;2007年与西南大学全面实施校地合作,建立教育创新实验区;2014年,北碚区提出"区域推进优质教育集团化办学"的思路,以区域优质教育全覆盖为目标,以"优质、共享、均衡、共进"为主题,组建优质教育集团为主要举措,通过理念、资源、方法、成果、品牌的共享,全面推进北碚区区域教育科学、和谐、均衡和可持续发展。

朝阳小学教育集团的诞生与其对于集团化办学模式的实践与探索正是基于这样的大环境与大背景。

(摘自重庆市北碚区教育科学"十二五"规划2014年度重大课题《"文化引领 多元发展"的集团化办学模式研究》开题报告)

基础教育课程改革以来,全国各省市对办学模式都进行了有益的探索。自2014年,朝阳小学在北碚区教委领导下,明确了"文化引领、多元发展"的集团办学思路,深化教育综合改革,以名校带乡村学校,现在,集团内学校已经形成了"各美其美、各具特色、百花齐放"的格局,集团内乡村学校教师更是成了其中最大的受益者。

(三)基于"同质异构"的共同体建设

共同体的建立最有趣的是通过学习者(教师)的反复碰撞,在不同视角的交融下形成新的多元的思想,将原有的理念、知识拓展,因此,并非是将原有的问题整齐划一的"标准答案化"。在这个层面上,对乡村教师的要求是要多交锋,多碰撞,不畏惧,不胆怯,拥有自己的思想和态度,实现知识互补,保护乡村教师拥有自己的内涵。精彩不仅诞生于融合,更诞生于创新。

(四)基于"虚拟社区"的共同体建设

虚拟社区也即是网络社区。多数教师在培训前后都会继续在培训前所建立的QQ群中进行对话,共享资源等,这种研修方式更容易跨界,聚合其他领域的热点信息和知识为我所用。对于乡村教师而言,这是打破地域限制最好的交流方式,解决了交通不便利所带来的交往困难,同时降低经济成本。交流的策略为:其一:把握交流的周期和频率。以QQ群交流为例,可随时随地与在线人员就问题或困惑交流,也可在某一时间段就具体抛出的某一话题进行深度交流,之后请骨干教师或名师进行现场引领或解惑;其二:注意信息的多元获取渠道。并不单一建立相关学科QQ群,可跨界融合,学科跨界、学龄段跨界、多倾听其他领域或学科段的思想。同时,多关注优秀微信公众号也是一个很好的选择,足不出户,了解名校名园。比如对乡村幼儿园教师而言,不妨多关注这样几个微信公众号:"中国教育报""海森高教育""李跃儿芭学园""刘凌幼教名师工作室""上海学前教育网"等。

二、培育研修文化

所谓文化,即能潜在影响人的富于精神内涵的隐性或显性的事物。对于学校研修文化而言,意指共同的愿景和发展目标,良好的学校环境氛围,拥有自我管理、自主学习的教师团队等。而乡村学校资金短缺、交通不便利、学校环境氛围不理想、教师个人认知水平不够高等主、客观因素会影响教师自我效能感建立,同时严重影响研修文化培育。那么,建构积极、向上的乡村学校研修文化包含哪些方向的内容呢?

(一)帮助教师学习自我管理技能

自我管理技能即教师对自身有清晰的认识,对自身发展规划有明确的定位,能把握正确的方向,有良好的心理状态,重视学习理念、学习方式和学习方法等。根据维克托·弗鲁姆(Victor H.Vroom)的期望理论(Expectancy Theory),"个体积极性和内部动力的强调取决于目标价值(效价)和目标达成可能性(期望值)的乘积。目标价值越重要,实现目标的概率越高,所激发的动机就越强烈。"只有当教师认为学习或培训能达到一定的目的,而这个目的能产生该教师认知的"价值",个人学习动机才会产生。[1] 教师的内趋力很大一部分来自于教师所获得的职业幸福感及精神回报。

(二)营造良好环境氛围

1.共同的愿景和发展目标:作为继续学习的软环境,在学校教师群体当中,全体成员都应树立终身学习、持续学习的思想,有合作共进、协作发展的精神愿景,有乐意接受新生事物并运用改进的良好状态。对于学校的发展,有主人翁责任感,以乡村学校教育为荣,愿意投身乡村教育事业,为乡村孩子的全面发展付出努力,良好的风尚促使个人及团队发展。

2.学校环境支持:一是显性的"软环境支持"。学校在培训前对教师有明确的目标定位,在培训中保证教师学习的时间、经费和资源支持,在培训后支持教师自主运用培训所学,对教师培训后实践成果给予奖励;二是营造隐形的"持续学习文化"。拥有合作、共享的精神,建立乐学、爱学的教师团队。事实证明,优秀的学校文化对教师有着巨大的影响,在群体的影响之下,将逐渐形成热爱学习、热爱乡村教育的具有专业情意的高素质教师。

---

[1]陈霞.培训迁移理论视角下提高教师培训实效性的策略[J].教育发展研究,2007.

三、建立制度保障

作为支持主体的各级行政主管部门、教师研训机构、乡村学校均要建立相应制度,督促将所学内化应用,促进长效学习机制建立;督促学校构建完善的校本研修体系,使培训、学习持续发生;督促培训机构加强培训后的指导与后期服务。各级教育行政部门(政府)及教师研训机构可共同建立"帮扶制度""培训制度""考核评价制度""经费保障制度"等;教师研训机构(培训单位)可建立"教师培养、进修管理重大活动情况""指导教师指导活动情况""乡村学校与培训单位双向联系情况""学员跟踪培养情况""项目管理制度""学分管理制度""质量监测制度""教师选学制度"等;乡村学校可建立"个性化教师培训制度""合作型校本研修制度""评价奖励制度"等。

四、开展乡村教师专项培训

依托"国培计划",为乡村教师量身打造专项培训,开展乡村教师培训团队置换脱产研修、送教下乡培训、乡村教师网络研修、乡村教师访名校、乡村校园长培训等项目。同时各地可组织成立名师工作室、高端人才流动站等,以名师名校带动乡村教师成长。成立教师工作坊、组织联片教研活动等,以区域影响力助推教师专业成长。

案例7-4(片段):网络研修

各级政府应保障相应经费建立网络平台,发展远程教育。北碚区教师进修学院组织的送教活动借助"中国教师研修网"这一平台,在研修中以"读书"为起点,按照"个体反思、集体研讨、专业引领"的思路设计了"送教下乡培训"的核心内容——课堂教学研讨的"五步模式",积极探索网络环境下实施教师行动研修的有效措施与途径,努力开创乡村教师专业发展的新局面。

(摘自重庆市北碚区教师进修学院《"国培计划"——中西部项目送教下乡培训申报书》)

网络研修既缓解了参培教师的工学矛盾,节约了教育经费成本和人力成本,又能让教师们的学习变得碎片化,灵活机动,即需即取,即取即用。随着社会及教育的不断发展,教师培训终将面临教育方式、教学手段和教学模式的变革,不断完善网络研修形式。

案例7-5（片段）：联片教研活动方案

1.网络研修：查找"区域活动环境创设与组织实施"中发现的问题，寻找共性问题。

（1）以QQ群研讨、发放问卷、群共享问题收集等方式，梳理各幼儿园在"区域活动环境创设与组织实施"中存在的问题以及困惑，寻找共性问题。

时间：2014.9—2014.10

提取共性问题，进行主题研讨。

（2）打破时空，组建片区四网络研讨组。问题研讨：各小组成员就各自遇到的问题通过网络研讨即时沟通、讨论，解决问题，无法解决的问题或困惑在联片教研集中活动时研讨，或请专家解答。

时间：2014.9—2014.12

2.理论学习：推荐书目，自主研修。

时间：2014.9—2014.10

（1）推荐书目5本，全体成员自选其中1-2本进行学习。

（2）读书交流：利用教研活动时间进行读书交流（各幼儿园教师自主报名）。

3.现场活动：现场教研活动、牵头园到各幼儿园巡回指导。

时间	地点	内容及责任人
2014.12-2014.12	14所片区园	牵头园骨干团队到各片区园指导区域游戏活动
11月13日上午 9:30－11:00 （星期四）	博程幼儿园	教研主题：特色区域活动环境创设策略 环节一：活动观摩：博程幼儿园特色区域活动 （插花、茶艺、蜡染） 环节二：研讨活动：特色区域活动环境创设策略 教研形式：头脑风暴、世界咖啡 环节三：专家引领 指导专家： 重庆市教育科学研究院学前教育研究中心主任 徐宇老师 北碚区教师进修学院学前教研员 周霞老师

4.总结提升：资料整理。

时间：2014.12—2015.1

（1）将区域活动组织实施中的优秀经验整理成册。

（2）后续思考：

①联片教研牵头园的辐射引领作用是否最大限度发挥?

②通过联片活动,是否能促进各幼儿园区域活动组织开展?

(摘自李春雨《重庆市北碚区联片教研活动方案》)

　　第四片区联片教研活动发挥了以下几个方面的作用,其一:专项培训,有效引领。联片活动有计划、有主题、有实施、有总结,教研与教学相互融合,根据14所联片园实际开展有针对性的专项培训,培训接地气,有实效。其二:挖掘乡村幼儿园本土资源,打造乡村幼儿园课程文化。博程幼儿园全园师生在民族及区域文化的浸润下,走访实地:如染布厂、西农茶厂,在牵头幼儿园的引领下,贯彻《指南》精神,开设了民俗文化课程。其三:经验整合,团队共振。通过网络教研、同伴互助、课例研讨等方式汇集片区四14所幼儿园优秀经验,牵头幼儿园适时引领,答疑解惑,有力地促进了片区四学习共同体发挥同伴互助,团队共进的作用。

五、送教专家延伸指导

　　送教下乡培训要建立长效发展机制,需有可持续发展的生命力。送教的成果不仅体现在送教辐射学校的数量、送教的次数,教师发展等显性成果上,更重要的是关注教师培训后的学习效果及实践工作层面,关注教师回学校后的辐射影响作用,关注乡村学校的整体质量发展。送教专家与受培教师不是简单的"教"与"学"的关系,教学结束就"一劳永逸",会造成受培教师"消化不良""缺少营养"。

　　(1)培训单位或学校建立教师回访机制,定期或不定期通过电话、网络或实地走访了解教师现阶段的学习状态及工作效果。

　　(2)组建指导团队,由专家或有经验的骨干教师、学科带头人为主,到乡村学校实地指导,既指导教师的发展,又关注学校发展,如校本研修活动、磨课研课活动,与教师进行交流座谈,听取困难,答疑解惑。

　　(3)采用混合式辅导方式,送教专家或优秀送教教师要与教师建立应答关系,通过某些互助平台或网络交流工具,或通过面授等方式与教师即时沟通,也即是线上与线下辅导相结合。

　　(4)关注乡村教师个性化需求:教师个性特点、个人能力各不相同,在学习内容和学习方式的选择上可自主选择,补充自己在培训中没有掌握的或需要延伸学习的部分。其次,部分教师期望得到一些个别化的辅导和一对一的交流,针对某些有困惑的知识点获得细致指导和帮助。

(5)形成档案资料,便于再次进行跟踪调研。将乡村教师发展支持机制固化,形成持续的服务体系,督促和帮助乡村教师继续学习、持续发展。乡村教师在有益方法和技术支持下,再作内化与调整,因地制宜,探寻出个体化的教师专业化成长路径。

第四节 乡村教师专业发展支持体系建设案例

背景:

2013年4月27日,由北碚区教师进修学院承担的为时半年的重庆市级培训项目"2012年国家扶贫开发区县普惠性幼儿园送教石柱培训"在石柱县南宾小学二楼演播厅拉下帷幕。本次市培学员共80名,全部来自石柱县普惠性幼儿园。其中,一级园11名,二、三级园69名。城市园27名,乡村园53名;公立园46名,民办园34名。本次送教培训通过"二校四基"式培训方式及"学+看+研+做+思"五步骤学习方法,使石柱县普惠性幼儿园教师转变了保教意识,树立了科学保教观,掌握了幼儿园教育教学所需专业技能,规范了幼儿园一日活动保教行为。

本次送教培训结束,培训单位——北碚区教师进修学院为石柱县普惠幼儿园的教师进行了持续指导,并给予了以下的专业发展支撑,现举例说明。

案例7-6:北碚、石柱两地构建城乡学习共同体

北碚区实验幼儿园是重庆市首批示范园,保教质量突出,师资力量雄厚。2013年5月,也就是送教培训结束后1个月,由北碚教师进修学院牵头,北碚实验幼儿园与石柱县温馨幼儿园建立送教互访机制,成为碚石姐妹园。每年定期开展一次两地共研、共教、共学的教研活动,促进石柱县普惠园教师的专业发展。2013年12月,石柱温馨幼儿园、川主幼儿园选派了15位教师(皆为'2012年国家扶贫开发区县普惠性幼儿园送教石柱培训'学员)走进北碚实验幼儿园,进班、跟岗学习历时一周。

培训团队作为"北碚、石柱"两地幼教结对帮扶的组织者对于此次进班跟岗学习,尝试了"菜单式"服务,即由温馨幼儿园、川主幼儿园教师提出他们教育实践中最困惑的问题,再由培训团队照单上菜,提供相应的专业支持。培训团队设计了"数学操作活动中指导幼儿记录的策略"主题教研活动,通过"北碚、石柱"两地教师的"同课异构"来引领石柱普惠园教师专业再发展。差异就是资源,同质催生共鸣,碰撞产生激情。在主题教研活动中,由于问题来源于参培教师教学实践中的困惑,石柱县教师在协同北碚实验幼儿园教师准备这次同课异构主题教研活动中,早已主动参与到前期资料的收集和准备,对如何解决在数学操作活动中幼儿记录困难的问题也有了自己的思考。为此,在两地同课异构的教研活动现场研讨时,石柱县普惠园教师自信大胆,主动发言,有话可说,有话想说。

石柱县普惠园教师走访名园进班跟岗活动结束,在谈到两地幼教同行参与此次同课异构教研活动感想时,石柱县普惠园教师说:"我们与示范幼儿园的教师一起发现问题、研究问题、解决问题,我们感受到一种平等民主的教研氛围,研讨中我们获得专业自信与肯定,同时我们在过程中真正学到了东西,懂得如何组织教师的教研活动。北碚实验幼儿园教师说:"这次两地共研活动不再是'任务式''表演式',而是一个常态教研活动的真实展现,因而对我们数学教研组的要求更高,通过此次活动的全程参与,我们组内的每个组员都收获颇丰。"

(摘自胡波《从携手到共进——北碚石柱两地联片教研总结》)

评析:案例中的北碚实验幼儿园、石柱温馨幼儿园采用了姐妹园帮扶结对,联合教研,很好地实现了资源互补,建立了城乡学习共同体,这正是一种有效的乡村教师专业发展支持方式。这种支持方式结合了乡村教师实际,在优势互补、合作共赢的基础上,构建出了城乡学习共同体。构建过程中,北碚、石柱两地的教师都有着强烈的专业发展愿望和劲头,打开了园所间封闭的大门,缩短了城乡教师间的心理距离,就像是一个快乐的学习大家庭。

案例7-7:专家团队后续支持

2014年12月15日,北碚区教师进修学院整合高校、县级教师进修校、示范园优质教师资源,打造出了一支结构合理的导师团队再次走入石柱县,对"2012年国家扶贫开发区县普惠性幼儿园送教石柱培训"班学员进行专业发展的后续支持。本次送教活动主题为"指南背景下幼儿园美术活动开展策略"。团队指导专家有:西南大学教育学部学前教育硕士胡兴元、北碚区教师进修学院学前教育研训员周霞、石柱县教委幼教干部温万香、西南大学实验幼儿园园长宋武及2名美术教研组长。此次活动主题来源于石柱县普惠幼儿园教师在《3-6岁儿童学习与发展指南》(以下简称《指南》)颁布后,践行《指南》时所遇到的美术困惑选定而出。于是,北碚区教师进修学院派出了专家团队给予专业支持。活动由宋武园长主持,首先,她抛出了《指南》艺术领域中关于美术活动的两条建议,请大家进行头脑风暴,畅谈想法;随后,她抛出活动主题,并给现场教师发放两份听课表格,请大家边观课边记录;随后,两位美术教研组长为大家呈现了《二方连续图案》《敲敲打打来画画》两节示范课。活动紧紧围绕《指南》艺术活动目标展开,利用最简单的材料:石头、树叶等,充分激发孩子们的创作欲望,鼓励孩子们在轻松愉快的气氛中大胆绘画,创作出具有独特个性的美术作品。课例结束,全体学员分成5个小组开始研讨,5位专家团队成员加入各组,担任每组的专业引领者。下午,专家团队组则结合《指南》进行了2个美术专题微讲座,讲解了幼儿园手工活动组织的方法与技巧。讲解完后,学员们利用剪刀、纸杯、油画棒、水彩笔、双面胶、卡纸现场设计一副手工作品,并上台展示和讲解了作品构成及用途,整个活动取得圆满成功。北碚区教师进修学院组织的此次专业支持活动,让石柱县普惠幼儿园教师在实践《指南》时遇到困惑有了清晰的认识,找到了处理问题的方法,掌握了《指南》背景下幼儿美术教学、手工教学的开展技巧。

(摘自周霞《找四需抓四重,提升农村幼儿园教师保教能力》)

评析:此案例呈现的乡村教师专业发展支持方式属于专家团队后续支持指导。培训单位根据学员需要,集合幼儿园美术学科优质的团队力量,打造出了一支由高校专家、研训员、行政部门幼教主管、示范园专家团队组合而成的送教师资队伍给予学员及时的专业支持。活动中专家团队一改以往单纯的"送"为集体的"研",变以前的"我送你看"为"大家一起研",让专家团队和参培学员在平等、互助、共研、对话的基础下,就问题反思、研究,寻找对策。培训团队充分考虑石柱县教师的实际需要,量身定做教研活动,引导参培学员就本次教研活动中的问题思考、梳理,提出自己的想法和要求,从而更有效地支持他们的专业发展。

案例7-8:教师构建自我成长路径

2012年初,马凤梅还只是石柱县下路小学附属幼儿园的普通教师,2012年底,她参加了重庆市级培训项目"2012年国家扶贫开发区县普惠性幼儿园送教石柱培训"。用马教师的原话说"这次送教培训让自己脱胎换骨"。在与马凤梅的对话中,她谈到了培训结业展示会上的感悟:"我在上学员展示课时,第一次尝试绘本教学,以前根本都没听说过的东西,班主任教师也为我担心。因为绘本对于我们山区幼儿教师来说是一个新事物,从未有人用在课堂上。我认为,既然是学员展示课,即使失败了,我们也会赢得专家们引领机会。不料,我的展示课上得很成功,不仅得到了领导和授课教师们的充分肯定,还被评为优秀学员,面对第一次获得优秀学员的荣誉,着实让我高兴了好一阵子。"培训结束后,她与北碚区教师进修学院学前教育研训员也是培训班主任的周霞结为师徒。随后,周霞结合自己的区级课题《幼儿园早期阅读活动有效回应的策略研究》给予了马凤梅持续2年的绘本教学指导。2014年12月底,同在石柱县南宾小学,作为石柱县下路小学附属幼儿园园长的马凤梅为全县幼儿园教师上了一堂绘本教学展示课——《粽子里的故事》。展示课上,她教学技能大幅提高,成熟的教风,巧妙精彩的回应,熟练的控场,与孩子们热情互动,赢得了石柱县幼教同行的赞许。成长还在继续,2015年2月1日,中国教育报头版刊登了名为《马凤梅:研修助职业发展"三级跳"》的报道。报道了马凤梅2011年—2015年"从音乐科班转岗幼儿教师、从门外汉成长为专业能手、从专业骨干到教学管理能手"的专业发展经历。更可喜的是,2015年11月,马凤梅再次参加石柱县送教下乡培训,不过这次她并非为学员身份,而是以"石柱县专家指导团队"中指导教师角色参加,从一个被培训者转变成培训者,成为石柱县乡村幼儿园教师的专业指导者。

(摘自马凤梅《"国培计划"助我发展"四级跳"》)

评析:此案例很好地体现了送教成果不仅是注重送教辐射学校的数量、送教的次数、教学资源数量等显性成果上,更要注重教师在培训后的专业持续发展及实践运用效果,关注教师个体积极主动的专业发展愿望与需求。案例中采用导师制专业发展支持方式,通过师徒结对,让培训学员马凤梅从一名普通教师、一个门外汉成长为一名优秀的幼儿园教师、一名园长。马凤梅通过自己的努力学习和培训单位给予的专业支持,找到了专业自信,清晰地勾画出了自己的专业成长路径,真正实现了专业发展的三级跳。

第八章
送教下乡培训的评价

教育评价难吗？教育评价是一道世界级难题。如何破解这道难题？无数的教育工作者潜心钻研，大胆探索，学生评价、教师评价、学校评价改革进行得如火如荼，然而送教下乡培训的评价研究却是一块未开垦的处女地。2015年《指南》的下发，标志着送教下乡培训刚刚开始在全国启动，按照《"国培计划"——送教下乡培训质量标准》(下简称《培训质量标准》)要求，送教下乡培训的评价要以提高乡村教师课堂教学能力为价值取向，突出重点内容，注重导向激励，选择送教下乡培训项目基本的、核心的、关键的要素，构建科学可行的质量标准体系。

本章在教育理论的指导下，重点阐述"为了乡村教师发展"的评价新理念，依据评价目标，从评价的主体维度、内容维度、方法维度建构评价体系，结合实践探索，通过案例剖析，为评价的具体实施提供行之有效的操作策略。

❖ 第一节 送教下乡培训评价的理念 ❖

要充分发挥送教下乡培训评价的积极作用，增强评价的针对性和有效性，以评价促建设、以评价促发展，就必须高度重视理论研究，在理论的指导下，建构"为了乡村教师发展"的评价新理念，评价应该遵循的基本原则及评价的特点。

一、送教下乡培训评价的理论基础

(一)柯氏评价理论

柯氏评价理论是由美国威斯康星大学的唐纳德·柯克帕特里克教授建立的,是目前应用最广泛的评估理论,他所建构的柯氏四级培训评估模式,不仅仅应用于企业、公司员工培训,而且对送教下乡培训评价的建构、实施有着重要的指导意义。

按照柯氏理论,第一层级是反应评估(Reaction):评估被培训者的满意程度。在送教下乡培训评价中,我们可以通过参培者对课程的反应来评估。参培者对课程是积极的还是消极的,能评估出是课程开发设计的问题还是实施带来的问题。第二层级是学习评估(Learning):测定被培训者的学习获得程度。目前学习评估是最常见、也是最常用的方式。基于此,在送教下乡培训评价中,对参培者培训前和培训后的学习情况进行比较,对培训设计中设定的培训目标进行核对,都能检验出培训工作是否有效。第三层级是行为评估(Behavior):考察参培者的知识运用程度。培训前后有无变化,是否在工作中运用了培训中学到的知识。启发我们在送教下乡培训的评价中,也要建立后续的评价保障机制,学员是否学以致用,需要对学员进行跟踪回访。第四层级是成果评估(Result):计算培训创造出的效益。参培者给组织带来的具体而直接的贡献。在送教下乡培训的评价中,我们不仅要关注乡村教师课堂教学能力的提升,还要关注校本研修的实施,乡村学校资源库的建设等内容,通过评价,了解培训所带来的效益。

(二)CIPP评价模式

CIPP评价模式是美国教育评价学家斯塔夫尔比姆倡导的课程评价模式。斯塔夫尔比姆(Stuffle beam,D.L)认为,课程评价不应局限在评价目标达到的程度,课程评价应该是一种过程,旨在描述、取得及提供有用资料,为判断各种课程计划、课程方案服务。

CIPP评价模式尽管是课程评价模式,但是对我们送教下乡培训评价很有启发。首先该评价模式注重背景评价。即要确定课程计划实施机构的背景,明确评价对象及其需要,诊断需要的基本问题,这也和我们送教下乡培训的理念不谋而合,送教下乡培训中诊断示范是第一环节，诊断是起点，为后续培训奠定基础，所以我们要高度关注诊断的评价。其次是输入评价。主要是为了帮助决策者选择达到目标的最佳手段，面对各种可供选择的课程计划进行评价。送教下乡培训评价中很重要的内容就是对课程计划、课程方案进行评价。三是过程性评价，按照"培训质量标准"要求，送教下乡培训也应该坚持过程性评价与终结性评价相结合，更多关注过程性评价。四是注重成果评价，要测量、解释和评判课程计划的成绩，启迪我们在评价的实施中要坚持定性和定量结合的评价方法，为科学评价提供依据。

（三）反思性评价

反思性教学是20世纪80年代以来，世界范围内教育改革和实践蓬勃兴起的一种教育理论和实践。反思被广泛地看作是教师职业发展的决定性因素。反思性评价是指培训中教师本人对自我的教育教学进行评价的过程，反思性评价的核心是教师的自我评价。教师的自我评价内容包括反思自己的教育理念、教学内容、教学方式、教学效果、教学风格等等，这其中，有显性的教学行为，也有隐性的教育思想。教师的自我评价要和行动研究紧密结合，在行动研究中引导教师自我反思，自我评价，拓宽反思、评价的广度和深度，既反思、评价自我教育理念的问题，又反思、评价自身教学行为的问题，不断促进自身专业发展。

在送教下乡培训的评价中，反思性评价理论引领我们，评价的过程一定要尊重教师，关注教师，引导他们去发现自身课堂教学存在的问题，不断地去思考，积极主动地参与校本研修，解决问题，挑战自我，通过自我评价，一次次反思，专业能力得到提升。通过送教下乡培训的评价，真正实现使乡村教师逐步由"输血"式向"造血"式发展转变，有可持续发展的动力。

二、送教下乡培训评价的理念

（一）为发展而评价

送教下乡培训是国家实现教育均衡发展的一项重要举措，实施送教下乡培训归根结底就是要以促进乡村教师发展来助推乡村教育发展。基于此，送教下乡培训评价要坚持"为了乡村教师的发展"的评价理念,为乡村教师的专业发展而评价。按照"培训质量标准"要求,评价要紧紧围绕"提高乡村教师课堂教学能力"而展开,充分考虑不同地区乡村教师的实际情况,从乡村教师的课堂实际出发,引导乡村教师通过自我诊断、自我改进、自我完善、自我提高促进乡村教师的专业发展。

(二)为培训而评价

送教下乡培训评价要注重为培训而评价。一是送教下乡培训是多主体参与的培训。"培训质量标准"指出:承担乡村教师送教下乡培训的教师培训机构、项目区县教育行政部门、县级教师发展中心、乡镇片区研训中心和乡村学校等都是评价的主体单位,教育行政部门领导、高等院校专家、教师研训机构教科研人员、乡村学校校长和教师、学生及家长等都是评价的主体。二是送教下乡培训持续时间长,有"三段四环节"。三段指"培训准备、培训实施、培训跟踪",四环节指"诊断示范、研课磨课、成果展示、总结提升",因此,对培训的评价要注重全过程的评价。

(三)为改进而评价

送教下乡培训评价要贯穿培训的全过程。培训团队深入到乡村学校听课,进行现场指导,了解课堂问题,并实施"集体会诊,对症下药,确立主题,围绕主题进行示范引领,研课磨课、成果展示、总结提升"。在这一系列的行动中,乡村教师的课堂教学到底改善了多少?从不合格课提升到合格课有多少?从合格课到优质课又有多少?这些都是送教下乡培训评价应该关注的问题,因为本次送教下乡培训的评价目标就是提升乡村教师课堂教学能力。

需要特别注意的是,送教下乡培训评价过程都有复杂性和多变性,影响因素多,我们要坚持定性评价和定量评价相结合的方式来推进评价过程,努力确保评价结果的完整性和准确性,为课堂改进提供科学的依据。

三、送教下乡培训评价的原则

(一)培训场即评价场

送教下乡培训评价的主战场在哪里？培训场。在建构送教下乡培训评价体系时，我们需要严谨的态度，因为评价体系只有真正应用到实际的培训中才能体现其意义和价值。走进乡村课堂，走进乡村教师，走进乡村学校，植根于真实的教育教学情境，突出送教。评价指标的建构要有可行性、可操作性，尽量避免主观臆断，在评价实施过程中，要坚持实事求是，充分考虑乡村的地域特点，乡村教师所处的环境，乡村教师的教学起点等。培训场即评价场，是送教下乡培训评价应该遵循的基本原则。

(二)培训主体即评价主体

传统的教师培训评价，往往是对参培教师在培训之后的终结性评价。评价主体、评价对象以及评价方式都比较单一，主客分离。上级行政部门和培训者将参培教师作为评价对象，评价主要体现其甄别选拔的功能，对培训者、培训过程、培训组织管理机构的评价基本缺失，评价的发展性功能的发挥受到了制约。

送教下乡培训评价和送教下乡培训紧密结合，培训主体即评价主体，本次送教下乡培训主体是多元的，涉及了不同层面的各类主体，按照"培训质量标准"，培训评价主体既有教育行政部门领导，也有高等院校专家、教师研训机构科研人员，还有乡村学校的校长和教师、学生等，这些评价主体都应该参与到评价中去。

(三)评价过程即培训过程

送教下乡培训评价是送教下乡培训的重要组成部分，它和送教下乡培训的目标是高度一致的，都指向提升乡村教师课堂教学能力。因此，在送教下乡培训评价的建构上，无论是评价内容还是评价方法的建构都是围绕着送教下乡培训的课程设计来设置的。

在对送教下乡培训进行全过程的评价中，通过对送教下乡培训质量标准的引领，使各个评价主体更加明确了自己的职责，更加明白了送教下乡"培训准备、培训实施、培训跟踪"的任务，"病例诊断、研课磨课、成果展示、总结提升"的内容、方式和价值。评价过程就是培训过程。

(四)培训迁移即评价效果

柯氏评价理论告诉我们:对成果的评估要关注培训后创出的效益。这个效益既有及时效益,又有迁移效益。送教下乡培训按照国家文件规定,培训集中的时间是8~10天,时间是有限的,但在这有限的时间里,学到的新理念、有效策略能否付诸课堂实践,学以致用?能否在原有基础上,进一步完善校本研修机制?能否创建符合乡村教师需要的教学资源库?这些培训迁移,都是送教下乡培训效果评价的重要依据,通过评价,实现培训在有限的时空里能无限生长。

四、送教下乡培训评价的特点

(一)促进性

送教下乡培训评价的显著特点就是促进性,通过评价促进乡村教师的发展。送教下乡培训评价通过向管理者、培训者以及参培教师等提供评价的指标体系,如评价目标、评价内容、评价方式、评价主体等,为进一步改进送教下乡培训提供了依据。同时,通过评价向参培教师指出在专业情意、专业知识、专业能力等方面的不足,为参培教师的进一步学习和实践提供努力的方向,其最终目的都是为了促进教师的课堂能力提升,促进教师专业的发展。

(二)多维性

送教下乡培训评价的全过程是多维的。为避免单一评价方式的弊端,在送教下乡培训的评价中,始终坚持多种评价方式相结合的理念。首先在具体评价方式上采取自评与他评相整合,特别是改变原来受培教师单纯被评的状况,注重引导乡村教师自我评价;其次在具体评价方法上采用网络评价、问卷调查、现场观察、电话采访、当面访谈和个别交流等多种评价方法,综合评价结果,保证评价的客观性;最后还应积极建立各级各类评价机构的协同评价机制。

(三)生长性

送教下乡培训的现场定点于乡村教师的课堂,《基础教育课程改革纲要(试行)》明确指出:课堂教学应该关注生长、成长的整个生命,要构建充满生命活力的课堂教学运行体系。送教下乡培训评价和它一脉相承,关注乡村教师的课堂,关注乡村教师的生长。

积极建构科学的送教下乡培训评价体系,用评价去促进发展,发挥评价的导向和激励作用。通过评价,促使送教下乡培训在原有基础上有改进,有生长。如对目标设计的评价,培训前培训团队应有预设的方案,评价要求应基于参培教师的需求来确定明确的、切合实际的送教目标。培训团队就会按照评价要求,在预设的基础上,通过诊断生成新方案。通过对课堂教学的评价,促使乡村教师及其送教团队在一次次课堂研磨和一次次行动跟进中提升、生长。

(四)持续性

现代人本教育理论告诉我们,必须强调尊重教师个性的充分、自由的发展,尊重教师专业成长与发展的多元化学习需求,才能促进教师可持续发展与专业化水平的不断提高。

基于此,送教下乡培训体系的建设要紧紧围绕乡村教师的可持续发展,乡村教师课堂能力的可持续提升而开展。通过评价,激发乡村教师自主发展的愿望和潜能;通过评价,使乡村教师把送教下乡培训中学到的新理念、新方法慢慢沉淀,学以致用;通过评价,使乡村学校的校本研修制度更加完善,建立起有利于乡村教师学习的资源库,使乡村教师的发展具有可持续性。

(五)乡土性

送教下乡培训评价的对象是乡村教师。乡村教师和城市教师相比,有自身的特点,因此对他们的评价要体现出乡土的特点,那就是弱化一般性、整体性、相同性,强化特殊性、差异性、过程性。建构评价体系时,要尊重地域差异、学科差异、教师的年龄差异,实实在在地为乡村教师服务。

第二节 送教下乡培训评价体系的建构

本着"为了乡村教师发展"的评价新理念,根据"培训质量标准",本小节从送教下乡培训的评价主体维度、评价内容维度、评价方法维度,重点阐述如何建构送教下乡培训评价体系的,详细分析了三个维度中最基本的、核心的、关键要素。

一、送教下乡培训的评价主体维度

为改变以往教师培训中评价单向、主体单一的评价现状,打破评价主客体分离理念,在送教下乡培训项目中,在对所参与到的各责任主体与角色的分析基础上,确定了送教下乡培训评价的主体,同时也是评价的对象。

(一)教育行政部门

教育行政部门是教师培训项目的统筹管理者。在送教下乡培训中,教育行政部门更是承担着从管理规划到经费支持、从资源整合到经验推广等方面的重要工作。因此,一方面教育行政部门作为送教下乡培训的最高管理者,自然是培训评价的重要主体;另一方面,教育行政部门是否履行好自己的职责,对整个培训项目实施效果起着决定性作用,基于此,教育行政部门也是送教下乡培训评价的对象,这既是对教育行政部门工作的监督,也是保障培训有效实施的重要途径。从送教下乡培训项目实践看来,送教下乡培训评价在教育行政部门包括省级教育行政部门、区县教育行政部门两个层级。

(二)培训实施者

培训实施者是具体承担培训项目的组织者。在送教下乡培训中,培训实施者是直接落实教育行政部门规划的人员,需要对所承担的培训项目,从方案设计到组织规划,再到对每一个环节的实施等培训全程的参与和调控。可以说培训的实施者在整个培训过程中起着至关重要的作用,培训实施者是否明确自身的职责任务并加以落实,直接关系到培训的实效性,因此培训实施者也必然是送教下乡培训评价的重要评价对象。此外，培训实施者既是对教育行政部门执行者，对教育行政部门的规划方针是否符合实际有着一定的评判，同时也是与培训对象接触最多，情况最了解的人员，因此培训实施者本身也是重要的评价主体。在送教下乡中培训实施者有两个：一是培训团队，包括具体组织者和培训专家；二是送教所到的乡村中小学或幼儿园。

（三）培训对象

培训对象一般指作为被培训者参与到培训中的教师，在传统的教师培训中，培训对象在培训中往往都是"聆听者"角色，难以参加到培训的各个环节之中，在这种被动式的培训评价环节中，被培训者的角色往往就只是评价对象，难以发挥出培训对象的主体性。送教下乡培训与传统教师培训一个重要的区别就是，特别注重培训对象在培训过程中的参与性和主体性，送教下乡培训评价更是强调乡村教师不再只是被评价的人，他们本身就是评价的主体。在送教下乡培训中，作为评价对象的乡村教师在培训各个环节中的参与性备受关注，作为评价主体的乡村教师一方面是对个人自我情况的反思提升，另一方面通过直接或间接的各种方式更要对整个培训的方方面面做出反馈。只有通过对乡村教师的评价以及乡村教师的自我评价和对整个培训项目的反馈，才能够真实反馈培训的效果。总而言之，乡村教师在送教下乡培训中不只是评价对象，更是评价的主体。

二、送教下乡培训评价内容维度

送教下乡培训评价不仅是多元主体参加评价，在内容上也是多层次的。传统的教师培训评价大多只是在培训结束之后对培训结果的单一评价，忽视了培训之前的规划设计、培训过程中的管理、组织、实施等等环节的评价，从而影响了培训最终的实效性。因此送教下乡培训要改变这种片面化的评价内容，从培训项目管理、培训组织实施、培训效果三个维度构建评价的内容。

（一）培训项目管理评价

送教下乡培训是"国培计划"的重要组成部分，同时也是乡村教师支持计划的重要途径，因此送教下乡培训是有计划、有组织地对乡村教师进行的系统的专业培训，其本身就是自上而下的一项教育管理项目，而管理的规范与否直接影响着培训效果的好坏。因此送教下乡培训评价的内容之一就是对培训项目管理的评价，特别是对教育行政部门以及所送教的学校的相关管理工作。

对送教下乡培训项目管理维度的评价，主要包含三个方面的评价内容：一是培训的顶层设计，包括区域统筹规划、相关方案设计、制订计划等方面的要素；二是相关的管理机制建设情况，包括管理章程、保障机制、监管机制等等要素；三是相关支持策略，包括经费支持、组建团队、资源支持、经验介绍等人、财、物各方面的要素。

不同层级的评价对象，因本身的职责不同，所以选择评价要素中的评价指标也不同，在评价指标之下再设计每一指标的具体考察点。以对省级教育行政部门的评价为例(见表8-1)，省级教育行政部门是送教下乡培训项目管理评价的直接对象，结合其职责对其进行的评价的指标主要有：建章立制、经费支持、监管指导、推广经验四个方面，每个指标之后分别设立了具体的考察点。

表8-1 对省级教育行政部门的评价内容表

评价对象	评价指标	考察点
省级教育行政部门	建章立制	全省送教下乡培训统筹规划，相关制度、保障机制制定情况，各区县开展送教下乡培训推动情况
	经费支持	支持区县开展送教下乡培训的国培、省培经费利用情况，表现出的示范带动作用
	监管指导	对区县送教下乡培训的监管力与指导
	推广经验	对区县送教下乡培训的先进做法和典型经验的发掘，及时总结并推广情况

(二)培训组织实施评价

无论多完美的培训规划、方案都需要通过实施才能实现其意义与价值，也只有在实施过程中，被培训者才能真正进入到培训之中，因此培训的组织实施是送教下乡培训最重要环节。如果送教下乡培训评价忽视了对培训组织实施过程的评价，那么培训往往容易流于形式，最终影响培训效果，难以达成预期的目标。因此对培训组织实施的评价也是送教下乡培训评价的重要内容之一。

对送教下乡培训组织实施维度的评价,主要包含两个方面的内容:一是组织能力的评价,具体包括制订计划、执行方案、合作互助、活动安排等要素;二是培训能力的评价,具体包括培训课程设计、方案实施、资源建设、方式创新、总结提升等方面的要素。培训组织实施评价主要针对的是培训团队和送教学校的内容。以对培训团队的评价内容来看(见表8-2),结合培训团队在送教下乡培训中的职责,对其评价的指标包括参加培训、培训任务、培训能力、方式创新、成果辐射五个方面,既包含了组织能力相关内容,又包含对配需能力的评价。

表8-2 对培训团队的评价内容表

评价对象	评价指标	考察点
培训团队	参加培训	每位培训者参加培训积极性,所形成的教学教研能力和培训指导能力
	培训任务	按要求执行培训方案,完成送教下乡培训任务的质量
	培训能力	能够解决乡村学校和教师的课堂教学难题的程度
	方式创新	培训方式方法创新性,送培实效性
	成果辐射	对送培经验与成果能总结并推广的及时性,对其他一线教师辐射引领情况

(三)培训效果评价

培训最终是否达成预期目标需要通过对培训效果的评价来检验,因此培训效果评价也是送教下乡培训评价的一项内容。送教下乡培训以促进乡村教师、乡村教育发展为目标,对培训效果的评价主要考察乡村教师发展及乡村学校教育教学改善情况。此外,培训结束后,所积累形成的项目相关成果,能够形成一定的体系并为后续或其他培训项目所借鉴,也是评价效果的重要体现。基于此对培训效果的评价主要包含三个方面的内容:一是乡村教师成长体现,具体包括任务明确、过程参与、教学改进、形成成果等要素;二是乡村教育发展体现,具体包括教师队伍专业成长、校本研修提升、学校学科教学改进等要素;三是培训成果积累,具体包括培训资源库建立、课程体系开发、专家团队组建等要素。

送教下乡培训效果的评价主要是乡村教师及送教学校的评价,另外还有个别要素是对培训团队的评价。从针对乡村教师的评价内容来看(见表8-3),具体的评价指标包括明确任务、改进教学、形成成果以及自我评价四个方面,通过设定每个指标的考察点,关注乡村教师在培训过程的成长以及自我提升,通过乡村教师成长来反映培训的效果。

表8-3 对乡村教师的评价内容表

评价对象	评价指标	考察点
乡村教师	明确任务	投入到诊断示范环节的积极性,能明确自身在课堂教学中存在的突出问题及研修任务,制订基于教学改进的个人研修计划
	改进教学	参与研课磨课的积极性,能借鉴示范课例优化教学设计,能将培训所学用于课堂实践提升课堂教学实效
	形成成果	在培训中形成了个人成果的丰富性,参与"说课、上课、评课,微课例、微案例、微故事"等展示活动
	自我评价	对研修过程进行自我评价,提炼个人经验,改进目标明确,制订了下一步研修计划

三、送教下乡培训评价方法维度

多种评价方法相整合的理念之下,送教下乡培训评价的方法也必定是多样化的。根据不同的主体不同的评价内容,选择适当的评价方法,真正发挥评价的发展性功能,促进乡村教师培训走向良性循环。送教下乡培训评价主要采用的是调查性评价、过程性评价、表现性评价三种性质维度的方法。

(一)调查性评价

调查式评价方法借用社会科学研究方法中的调查法,主要通过设计适当的调查工具,利用调查工具来进行调查,调查的过程本身也是在进行评价,最后通过分析得出调查结果,形成评价报告。具体看来送教下乡培训评价主要运用的有问卷调查和访谈两种方式。利用问卷调查的评价主要是在培训开始之初的需求诊断,以及培训之后的满意度调查。需求诊断问卷调查能够很好地了解培训对象的实际状况,评估学员的学习和培训起点,以便培训能够更切合教师们的需求。满意度调查是培训之后通过对培训对象对整个培训满意情况的了解,同时也是对培训效果、培训管理等方面的评价。

如果说问卷调查适合大范围现状了解,访谈则适合就某一个内容点的深度挖掘,它对问卷调查的补充,也可是针对单独的内容进行深入的了解和探索。访谈法可用于送教下乡培训的整个过程中,适用于各项评价内容。作为评价方式的访谈既可以设计访谈提纲的正式访谈,也可以是在培训过程中相互交流的非正式访谈,此外访谈过程中访谈者与被访者既可以是面对面的交谈,也可以是网络、电话等非面对面的交谈。

(二)过程性评价

过程性评价关键在于"过程"两个字,是针对传统的评价过多关注结果忽视过程而提出来的,过程性评价就是要改变单纯结果评价的甄别,实现评价的导向激励。乡村教师在送教下乡培训中的成长,是在经历培训每个阶段后循序渐进的积累起来的,要发挥评价对教师及培训本身的导向激励,就必须关注送教下乡培训的过程。所以过程性评价是送教下乡培训评价的重要方法之一。

过程性评价在送教下乡培训评价具体运用中可归纳为四个方面。第一是培训管理过程的督导评价,例如定期查看学员签到表、培训的简报、培训班级团队建设情况、培训活动安排表等等;第二是学员参陪过程性资料收集与整理评价,包括对学员培训中的作业、"磨课研课"中学员每次修改的教学设计、学员的教学反思、研讨会的总结发言稿等等材料的查看;第三是培训资源建设过程的跟进,例如考察培训团队共享课程资源、学员的优秀课例及微课等生成性资源的系统性;第四是评价对培训课堂的参与,可随时进入培训课堂,特别是学员上课的课堂,考察送教的过程性效果情况。

(三)表现性评价

表现性评价这一个概念和方法目前更多的用于师生课堂教学评价,在教师培训评价中还运用甚少。然而送教下乡培训要促进乡村教师、教育、教学的发展,最终主要是通过教师教育教学行为表现的改进提升得以落实。因此,送教下乡培训评价需要借用表现性评价的方法,关注培训过程中各主体,特别是乡村教师的各种表现,通过其表现评估判定培训的实效、教师的成长情况,及时发现培训中的问题并解决问题,使培训得以不断优化。

送教下乡培训评价中表现性评价主要的对象是乡村教师,主要可通过三个方面来进行评价。第一,乡村教师在培训中的一般性行为表现的评价,这将贯穿于培训过程的始终,例如乡村教师在诊断示范阶段中听评课表现、在研讨会中发言表达自我观点表现、反思总结的表现等等;第二,乡村教师在课堂教学中行为表现的评价,这是表现性评价的核心部分,一般情况下送教下乡培训中乡村教师在磨课研课、成果展示阶段都会进入到课堂,并且很多情况下不止一次,持续跟踪地记录观察教师每次教学行为表现,才能真正发现教师成长和不足之处;第三,学生行为表现的评价,教育教学最终服务于学生的发展,通过观察学生在课堂中的行为表现,能够反观出教师课堂教学改进情况,也是对乡村教师以及培训效果的评价。

第三节 送教下乡培训评价的实施

送教下乡培训评价的实施从省级教育行政部门、县级教育行政部门、参与培训的中小学、培训团队直至参培学员,实施主体和对象较多,评价的主体也是评价的对象。本节将在前两节理论探讨的基础上,结合送教下乡培训实践,讨论送教下乡培训评价的具体实施情况。根据实际情况看来,目前送教下乡培训项目在具体实践之中探索出了分阶段评价、分层次评价、回访跟踪式评价三种路径。

一、分阶段评价

所谓分阶段就是按照送教下乡培训的时间序列展开的,分为培训设计评价、培训过程评价、培训成果评价,主要考察培训方案的客观性、科学性及可行性,培训过程是否突出了对乡村中小学的送教指导和对农村教师的培训,培训结果是否达到了预期目标。

(一)送培设计评价

培训项目开展之前的设计是十分重要的,培训需求的了解、实施方案的设计、课程的安排等等都是在培训设计阶段需要完成的任务。评价设计方案,就需要对这些内容进行评价。

1.对项目组前期开展需求调研情况的评价

对送教下乡培训真实的需求调研,是设计优秀培训方案的前提条件。一个好的设计方案,在设计之前一定有充分深入的学员需求调查,并以此作为制订培训方案的依据,以此作为设计送教下乡培训内容、方式方法以及课程开发的基础。

案例8-1:培训需求分析

为了全面了解掌握我区乡村教师的培训需求,我区今年专门组织10个调研组开展实地调研,通过走访、问卷、听课和座谈会等多种方式,对乡村教师的培训需求进行了了解,并结合这两年我区自己开展"送教、送培到乡"工作的具体情况和经验,发现主要培训需求如下:

1.从培训经验看

乡村教师对"送教、送培到乡"反响很好,认为培训目标设计科学合理,内容切合乡村教师实际,方法能够接受,特别是示范课与说课评课最受农村教师欢迎。

2.从调研情况看

(1)在培训目标上,乡村教师最期望的是学会实施和应用的操作技能,其次为提高教育教学能力,最后是掌握新观念和新知识。

(2)在培训内容上,乡村教师最感兴趣的内容是"课堂教育教学实践",其次是"班主任管理与教育信息技术能力",再次是师德及专业理论知识讲座。

(3)在培训方式上,学员最喜欢的培训方式依次为实践观摩、案例研讨和行动学习,最后为专题讲座。

正是在这样的需求分析基础之上,该培训项目才能科学合理地设置培训内容和培训方式,最终这次送教下乡培训确定了面向全员、立足岗位、注重实践的指导思想,以任务驱动为主线,采用问题研讨、专题讲座、典型示范、同课异构、异课同构、互动交流、案例教学、探究式、参与式、结对校扶助等方式,通过诊断示范、研课磨课、成果展示和总结提升等四阶段主题式培训,确保培训内容乃乡村教师"所需、所缺和所能",切实提升我区乡村教师课堂教学能力,实现送教下乡培训的目标。

应该说送培项目组对参培学员需求调研做得很好,情况把握很准,且能很好地把培训需求与培训设计结合起来,值得赞赏。

(此案例由重庆市××区教师发展中心提供)

2. 设计方案的评价

一般来讲对培训设计方案的评价主要就是要考察方案中所体现的培训目标是否明确、培训主题是否聚焦和课程设计是否合理。具体到送教下乡培训实施方案的评价主要考察方案的客观性、可行性、保障性三个方面的内容。第一，送教下乡培训方案的客观性评价。一方面考察是否通过方案的前期调研，对所送教的乡村学校的硬件设施、教师情况、学生情况和现有的教学水平有全面了解和分析。另一方面评估方案设计各个环节的针对性，是否有效地促进该乡村学校的校本研修，促进乡村学校教育教学的持续发展，是否考虑了乡村教师和乡村学生的实际情况以及他们的现有教学水平。第二，送教下乡培训方案的可行性评价，主要考察培训方案中对乡村学校的前期沟通情况，包括乡村学校对送教的态度，特别是乡村学校的校长、教导处和科研处的教师对培训的支持力度等；教师对培训的认识水平和参与培训的预期主动性和积极性情况，对送教乡村学校的校本研修情况深度了解。第三，方案中支撑体系的保障性评价，主要考察方案中所体现的制度和专业人员的保障情况，是否体现了相关完善制度和措施并能得到有效地执行，培训队伍的专家配备合理性，能否保质保量地完成任务等等内容。

3. 课程设计的评价

培训课程可以说是培训设计阶段的一项核心的任务，此处将之从培训方案中独立出来，意在强调培训课程的重要性。课程是培训的载体，所有培训的目标都要通过课程来体现和落实，所以在送教下乡培训设计阶段的评价，培训课程设计是必不可少的内容。首先，是对课程目标要与培训目标统一性的评估，考察课程目标是否符合送教下乡培训的总体要求，满足乡村学校、乡村教师的基本需求；其次，是对课程系统性的评估，培训课程应该是成体系而非割裂的，送教下乡培训课程要包含师德师风建设、教育理论素养、学科专业素养、学科教学能力、教学反思能力等基本模块，并且各模块之间相互联系，构成乡村教师培训课程体系；再次是对课程内容针对性的评估，具体考察是否基于学习者知识结构和岗位需求，开发知识、能力和情意不同方面的多领域培训课程，是否基于成人认知规律，开发实践性的培训课程，基于乡村教师教育教学上的急需，设计有针对性的培训课程；最后是对课程形式多样性的评估，传统的教师培训往往是课程形式都比较单一，以专家讲座为主，实效性差，送教下乡培训对课程形式的评估就是要考察对课程形式的设计是否结合送教下乡培训的特点和阶段，包含了专家讲座、微型讲座、观课议课、上课研讨、论坛讨论等多种形式。

(二)送培过程评价

过程性评价是送教下乡培训评价的重要方法之一,因此对培训过程的评价是十分必要的,培训的过程不仅是对培训方案的落实过程,也是对培训课程的实施过程。对过程实施的评价一方面考察实施过程的组织管理情况,此外更重要的是对送教下乡培训四个阶段有效性的评价。

1. 组织管理评价

送教下乡培训实施过程中对组织管理的评价主要是考察管理培训项目的相关部门、人员以及培训团队是否有序的保障培训得以顺利地开展。首先在活动组织上,主要考察培训团队在送教下乡培训过程的各个阶段的组织情况,是否对活动的开展、课程的实施在时间和空间上都组织有序,按照方案落实到位;其次在制度管理上,主要考察送教下乡培训管理制度是否健全,各方职责明确与否,以确保规章制度得以有效的执行及四环节工作落实到位。如对学员的考勤制度,作业考核制度等;再次在资源管理上,主要考察在培训过程中人力、物力、财力三方面资源的管理,评价管理队伍、培训队伍是否得力,培训所需相关硬件、乡村学校场地是否能够保障培训过程顺利进行,培训经费的使用是否合理等等;最后在支持体系上,考察培训实施过程中,是否整合本地培训、教研、电教等部门资源,是否真正建立并实现了高等学校、县级教师发展中心、片区研修中心和中小学幼儿园四位一体的送教下乡培训支持服务体系。

表8-4 重庆市江津区送教下乡培训评价内容(摘录)

考核指标	分数	考核人	评分细则
出勤	20分	班主任	迟到1次减1分;早退1次减1分;事假半天减2分;旷课减4分
学习表现	20分	班委 班主任	认真听讲,积极参与小组互动研讨和教学实践、主动回答教师的提问、认真做听课记录。分优、良、合格、不合格四个等级
作业考核	40分	小组长 培训团队	3份教学设计(10分)、3节常态课教学展示(20分)、3份教学反思(随笔等)(10分),分优、良、合格、不合格四个等级
培训总结	10分	班主任	完成一篇论文式的培训总结。分优、良、合格、不合格四个等级
跟踪考核	10分	培训团队	培训结束一年内随机听学员随堂课,跟踪考核常态课课时目标制订与达成情况

2. 培训四阶段有效性评价

诊断示范、研课磨课、成果展示、总结提升是送教下乡培训实施过程的四个阶段，对培训过程实施的评价最主要的就是对这四个阶段的有效性评价。第一，诊断示范阶段，主要考察是否清楚诊断出的问题并提供相匹配的示范，即针对问题通过说课、上课、评课等多种方式提供教学示范。第二，研课磨课阶段，主要考察课例的指导性、研磨的导向性和过程的实践性。通过同课异构、异课同构、一课多构、反思研讨等方式进行现场指导，生成合格课、优质课、精品课，让学员明确好课的样子和方向，体验好课具有的思想与方法，感悟好课的形成过程。第三，成果展示阶段，主要考察参培乡村教师教学改进成效是否明显，通过微课例、微案例、微故事等内容展示教师的进步，让他们获得成功的体验，提高教学的自信心。第四，总结提升阶段，主要考察培训效果和成效，通过梳理经验、反思问题、明确改进方向，生成各种成果，制订出进一步的校本研修计划和个人发展计划。

案例8-2：培训过程评价内容

（1）实施过程性任务驱动考核。每位参培学员在一年的培训中，要做4次独立的教学设计、上4次教学研究课（含诊断课1次、实践改进课2次、达标展示课1次）、做课例研修报告1个，参与4次课堂观察研修；每个送教团队要提供10次示范研讨课（含6次示范课、6次同题异构课）、组织4次主题讲座、组织10次课例研修和1次学科论坛，整理完成优秀教学设计、优秀教学视频课例、优秀课例研修报告、课堂教学观察量表、学科课堂教学标准。

（2）推进行为改进式阶段评价。区教委组织学科专家组成员，参加学员改进课、达标展示课评价，考核其达到基于"一维多元"（"一维"即学科核心素养、"多元"即教学目标定位、教学内容分析、教学结构优化、教学方法改进）的行为改进培训效能，同时对三校的基于片区协作的校本研修机制进行评估，推进"阶段培训结束即为校本研修新起点"的教师专业发展机制建设。通过行为改进式阶段评价考核学员学习的变化和课堂达标，以学员的课堂变化及达标情况评价送教团队的培训成效。

（摘自《铜梁区2015年送教下乡培训方案》）

评析：在这个案例中，第一项实施过程任务驱动考核，主要是将送教下乡培训实施过程中诊断示范和研课磨课两个阶段的很多内容做了量化的评价标准，以便利用这个标准作为任务，驱动送教团队对培训活动的组织以及学员的过程性参与；第二项内容主要是针对送教下乡培训实施过程中成果展示和总结提升两个阶段过程的考核,通过课堂观察等较为质化的评价方法,关注教师行为的改进、课堂教学的提升,既是对学员的评价,也是对送教团队的评价,更是对培训效果的检验。总而言之,培训过程的评价是十分重要的,评价的方式和方法也是多样,但其目的主要是对激励和导向,进而真正实现促进发展。

(三)送培成果评价

培训结束后的成果评价是所有培训项目长期以来都比较关注的,一般情况下此类评价主要是对培训效果的客观分析,其结果主要用于甄别或评选。送教下乡培训的成果评价,包括两个方面:一是对学员参培培训取得的成果(课例、论文、作业、视频、故事等)进行评价;二是对送教下乡培训项目组取得的成果(培训模式建构、制度建设、送培策略、评价体系)进行评价。

评价本身也是送教下乡培训内容的一部分,通过评价来反思总结项目的实施情况,从而为今后改进培训作准备。具体来说就是在培训项目结束之后,可以采取选择资料查阅、座谈、问卷调查、成果展示、现场观察、电话采访、个别访谈或网络评价等多种方式,考察培训结束后各方面的成果如何,即培训是否转变了他们的教学行为,提升了乡村教师专业素质,促进乡村教育的发展,发挥参培者在本区域辐射引领等等。

案例8-3:培训结果与实践运用评价

1. 结果考核

(1)"六参加"(参加集体备课、课堂教学研讨、听课评课、校本研修、问题反思、网络研修平台的活动)。

(2)完成规定的"五个一"(做一节课的教学设计,上一节课,写一篇案例分析,写一篇培训心得,做一次讲座)。

2. 实践运用

培训结束后,教师回学校后,将方案结合本校实际,进行修改完善,并邀请专家上门指导,开展各类校本研修活动等,促进教师专业发展。

(此案例由重庆市彭水县教师进修学校提供)

以上这一案例反映的是培训结束后对学员的评价。第一项结果考核是指学员经历了培训过程后应该完成的"六参加""五个一"的任务,主要采用查阅过程性资料的评价方式,评价所得结果可作为学员是否可结业的参考标准,第二项实践运用是指参培教师把培训成果在实践中运用的情况,充分发挥评价的发展性功能,让参培的乡村教师变成真正的"造血"者,这就需要对先进骨干教师做后续的跟踪评价,督促其运用培训成果。

二、分层次评价

如果说送教下乡培训评价中,分阶段评价是比较宏观的多维的评价,那么分层次评价的实施则主要是以学员为评价对象的相对微观评价。分层次评价以柯氏模型作为理论基础,柯氏模型是由美国威斯康星大学柯克·帕特里克(Kirkpatrick)教授建立的"四层次培训评价模型",该模型认为评价需从反应、学习、行为、结果四个层次分别进行(见图8-1)。

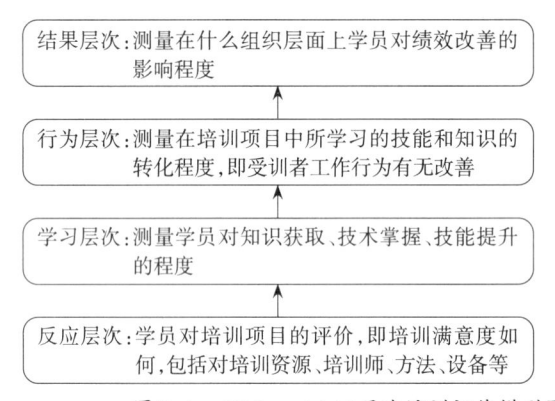

结果层次:测量在什么组织层面上学员对绩效改善的影响程度

行为层次:测量在培训项目中所学习的技能和知识的转化程度,即受训者工作行为有无改善

学习层次:测量学员对知识获取、技术掌握、技能提升的程度

反应层次:学员对培训项目的评价,即培训满意度如何,包括对培训资源、培训师、方法、设备等

图8-1 Kirkpatrick四层次培训评价模型图

柯式模型作为经典的培训评价模型,侧重从参培者入手,对效果进行评价,这对构建送教下乡培训评价实施有着重要的指导和启发意义。

(一)反应层次的评价

反应层次评价主要评价参培者参加培训项目的主观感受,也就是说在这一层次中评价参培者的反应。主要的指导原则包括:确定自己希望了解的事项;设计一份能够量化学员反应的评估表;鼓励学员提交书面的意见和建议;及时得到学员百分之百的意见反馈与诚恳的回答;确定大家认可的评估标准;根据标准衡量培训反应并及时采取相应措施;对培训反应进行适当的沟通。该层次的评价主要是对教师的参培态度和参培意图做调查分析,评价主要采用问卷调查、座谈讨论等形式进行,所以一般在送教下乡培训方案设计前的需求评估以及培训过程中的诊断示范阶段使用。

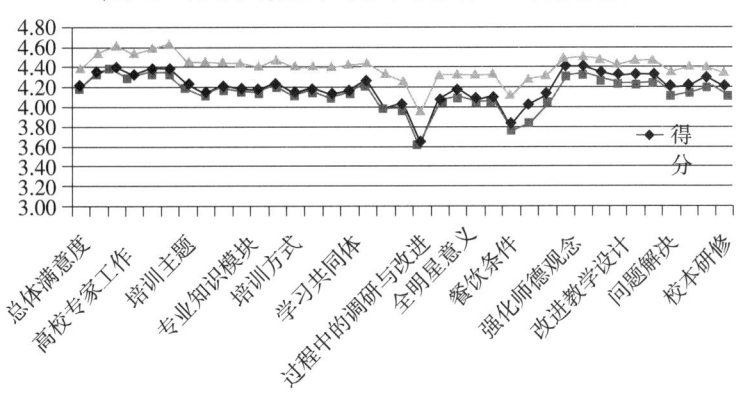

表8-5 问卷分析:匿名评估结果分析——李克特量表

结果以上案例的图表是在一次送教下乡培训中对学员基本情况及培训方案满意度的调查,通过调研结果可以看到学员的基本心理倾向和期望所在,这些直接的心理反应为后续培训的进行提供了有力的依据。

(二)学习层次的评价

学习层次评价主要是用来了解学员在培训过程中学习的结果如何,即测量学员知识的获取、技术的掌握以及技能提升的情况。在送教下乡培训评价中,对学员学习层次的评价主要是考察学员学到了哪些知识,掌握或提升了哪些技能,学员在哪些态度上发生了转变等。其实施指导原则包括借助对照组进行分析;在培训项目前后对知识、技能或态度进行评估;通过笔试对学员学习的知识和技能做出测试;通过绩效测评学员学习的技能;让学员全部参加测试;采取恰当的措施。这种层次的评价一般情况下是采用量化的评价方式,送教下乡培训中主要用于磨课研课,即成果展示部分,主要方式为借助课堂观察量表,对每个学员所展示的所有课程进行观察记录,从而分析学员的学习情况。

案例8-4：《对话式课例研修培训调查问卷》得分的前后测对比

为了解教师经过对话式课例研修培训学员学习的变化，以《对话式课例研修培训效果调查问卷》的得分作为衡量教师掌握对话式课例研修有关知识的标准，采前后测重复检验分析考查了教师在培训前后的得分差异，结果如下表所示：

《对话式课例研修效果调查问卷》得分的前后测对比

	平均分	标准差	F
前测	47.70	3.40	−16.84**
后测	52.15	2.76	

（注：*p<0.05，**p<0.01，***p<0.001）

评析：在培训后，教师的得分有显著提高，说明培训有效地提高了教师对话式课例研修有关知识的掌握水平，教师对培训内容的学习成效显著。

（此案例由重庆市秀山县教师进修学校提供）

（三）行为层次的评价

行为层次的评价是较反应和学习层次来说更高级的评价，主要任务就是弄清学员参加培训后在教学行为上会发生怎样的转变，而行为的评估比前两级面临的挑战更为复杂和艰巨。该层次评价实施指导原则包括尽可能借助对照组进行分析；留出充足的时间促使行为转变；尽可能在培训项目前后都要进行评估；对那些了解参培学员行为的人进行调查；对所有参培学员进行评估或选择部分学员作为调查样本进行评估；在适当的时间范围内进行多次评估。送教下乡培训最主要的一个目的就是改进、提升乡村教师的教育教学行为，然而很多教师在反应和学习层面的表现都十分良好，然而等到培训结束返回到真实的工作场景和岗位中去的时候，往往又"回归原样"，无法在行为上发生根本性的改变，从而影响培训的实效性，因此送教下乡培训对参培教师行为的评价至关重要。在对乡村教师行为评价过程中，需要由参培教师的上级、下属、同事、专家团队、学生以及其本人共同来进行，比较其培训前后的行为变化，得出能相互佐证的评价结论。

案例8-5：课堂观察表得分的前后测对比

北师大曾琦教授为了解教师经过"合作学习"参与式培训之后的行为变化,采取了这样的措施:[①]

在培训之前,两名研究助手听取了17位教师自然状态下的课堂教学,用课堂教学观察表记录了教师组织合作学习的教学情况,并摄制了录像带。两人记录的观察表,达到92%的一致性;对于不同之处,通过核对课堂录像和讨论,达成共识。

在培训之后,两名研究助手再次观察17位教师的课堂教学,并用摄像和课堂教学观察表进行了记录。两人记录的观察表,达到95%的一致性;对于不同之处,通过核对课堂录像和讨论,达成共识。

通过对培训前后教师在课堂中组织合作学习的教学行为水平的比较分析,形成结果。由于教师在课堂观察表上的得分不呈正态分布,故以相关样本的非参数检验进行差异比较,结果如下所示:

课堂观察表得分的前后测对比

	配对组		平均分	标准差
准备阶段得分	前测	9.76	1.39	-.50
	后测	10.00	1.54	
组织阶段得分	前测	15.82	3.4.	-3.55***
	后测	19.35	2.34	
评价阶段得分	前测	8.17	2.48	-2.13***
	后测	9.67	1.72	

从表中可以看出,在培训后,教师的得分有显著提高,说明教师的参与式培训有效地改变了教师在课堂上实施合作学习的行为,教师对培训内容的学习成效显著。

(四)结果层次的评价

按照柯式模型理论,结果层次的评价并不是简单的指参培者培训学习的结果,而是考察参培教师在参加培训后其所在的单位的工作绩效是否有提高,即是一种培训收益结果的分析评价。事实上任何教师培训的投入比较容易计算,而教师接受培训

[①] 曾琦、杜蕾.参与式教师培训效果的评价研究[J].教师教育研究,2008(9).

后的实际收益和潜在收益却很难测量,特别是教育的收益显现又是个十分漫长的过程,所以结果层次的评价无疑十分困难。实施培训结果评价的指导原则包括:尽可能借助对照组进行分析;留出充足的时间促成培训结果的实现;尽可能在培训项目前后进行评估;在合理的时间范围内进行多次评估;比较成本和评估收益;在无法提交培训结果的证据时应该对现有的可靠的数据进行分析。虽然送教下乡培训的结果层次评价实施起来十分困难,但是借助这样的评价即使不能在短时间内评估到培训后的收益,但至少能够不断强化对乡村教师培训持续跟踪和不断督促的意识,从而促进乡村教师、乡村教育的不断发展。

三、回访式跟踪评价

培训的真实效果,更多取决于教师后续教学行为和态度的改变。因此,我们要真正了解培训的效果,就需要在培训后开展回访式跟踪评价。相对于其他的"国培计划"项目,送教下乡培训的受培对象区域相对集中,为开展回访式跟踪评价提供了方便。如何来开展回访式跟踪评价呢?

1. 回访评价的时间。开展回访式跟踪评价,距离培训结束的时间要适中,不能相距太长,也不能间隔太短。较为适中的时间为半年至一年时间,其原因一是因为教师培训的转化需要一段时间,要通过教师的不断尝试探索来内化、转化、固化下来,时间短了就不能很好地转化培训成果;二是这个时段能排除其他学习、培训对教师的影响,其行为的转变与培训之间有较高的关联度,能够真实地反映出培训的效果。如果时间长了,受其他无关变量影响,得出的结论不能准确反映培训效果。

2. 回访评价的内容。评价的内容主要集中于工作态度、教育理念、教学行为这三个方面。工作态度评价主要是看通过培训之后,教师对职业的认同感是否增强了,是否更加喜爱自己的工作,愿意花更多时间来思考教学、研究教学,即职业情意是否改变。教育理念评价,是指教师在教育教学中的观念是否发生了变化,如学生观、课程观、教材观等是否发生了变化。教学行为评价,即是指教师在课堂上的行为变化,是否突出以生为本,是否注重师生互动,是否重视课堂活动,是否注重课程资源的整合等。除此之外,如果是乡村部分教师参与的送教下乡培训,那么参培学员还承担着辐射影响的任务,这个也应纳入评价范畴。

3.回访评价的方式。回访评价,需要涉及受培学员、学校领导、学员同事、学员任教班级学生。送培专家通过对课堂观察、问卷调查、提问、座谈、访谈、测试、活动考察、资料收集等方式来反馈信息。如送培专家围绕几项重点指标,运用课堂观察量表,将回访时所听的随堂课与送培前的诊断课进行比较,进行定量分析与定性的评述,从中就可测查出教师课堂行为的变化,同时,也可以听取领导与同事的反馈意见。如表8-6就是对学员所在学校领导的调查,可以从中折射出学员的变化。

表8-6 培训效果跟踪表

以下由学员本人填写:

学员姓名		所属部门	
培训项目			
组织部门		培训时间	
培训内容 (列明要求学员掌握的技能)			

以下请学员的部门领导填写:

问题	学员的部门领导意见
该学员运用了培训中学到的技能吗?请实际举例。	
您怎样督促该学员运用这些技能的呢?	
通过这次培训,该学员的工作绩效有了怎样的改进?	
您对我们的培训工作还有何建议与要求吗?	领导签名:

非常感谢您的合作!

××培训中心:＿＿＿＿＿＿＿
年　　月　　日

培训,绝不是让培训对象记住一些东西,更重要的是需要他们把培训内容转化为可以用来解决问题的智慧。回访式跟踪评价,评价的不是看学员记住了什么,而是看学员内化了些什么,形成了哪些教学智慧,因此,这样的评价是真正意义上的培训效果的评价。

以上三种评价方式,涵盖了送培项目实施的多个阶段、多个对象、多个目标。这些评价方式的综合运用,就能构建起对送培项目组(送培专家团队)、参培教师的全面的、完整的评价体系;这样的评价,就能真正实现以评促训、以评促改的效果。

第四节 送教下乡培训评价案例评析

下面是重庆市北碚区2015年送教下乡培训评价案例,此评价案例包括三个方面的调查:一是满意度调查,二是培训的感言,三是培训建议。

一、培训的满意度调查

案例8-6:北碚区2015年初中历史送教培训满意度查询

调查内容:初中历史送教培训满意度

调查方法:问卷调查

使用平台:问卷星

开始时间:2015-9-10 结束时间:2015-12-23

样本总数:38份

原始数据来源:http://www.sojump.com/report/2588187.aspx?qc=

本报告分析内容:自定义查询

本报告包含样本数量:38份

数据与分析：

一、职称

选项	小计	比例
正高	0	0%
副高	3	7.89%
中级	20	52.63%
初级	15	39.47%
本题有效填写人次	38	

二、培训设计——请根据您的实际情况选择最符合的项：1表示非常不满意；5表示非常满意

题目/选项	很大程度5	一定程度4	一般3	有一点2	一点也不1
1.培训目标明确，贴近本学科课程及教学实际。	35(92.11%)	3(7.89%)	0(0%)	0(0%)	0(0%)
2.培训内容先进，符合本学科课程发展，为本学科课堂教学的有效教学策略。	37(97.37%)	1(2.63%)	0(0%)	0(0%)	0(0%)
3.培训形式丰富，讲授与师生互动交流结合、案例分析与理论讲解结合，能调动学习积极性。	37(97.37%)	1(2.63%)	0(0%)	0(0%)	0(0%)
4.班主任管理能以参训教师为本，规范、人文。	33(86.84%)	5(13.16%)	0(0%)	0(0%)	0(0%)
5.总体说来，这次培训体现了学科性，具有针对性和实效性。	36(94.74%)	2(5.26%)	0(0%)	0(0%)	0(0%)

三、培训实施——回忆这次培训，对于下列的陈述，请选择一项最能够反映您验的选项。

题目/选项	非常好5	不错4	一般3	有一点2	一点也不1
1.教学目的清晰，紧紧围绕学科课程或教学展开。	34(89.47%)	4(10.53%)	0(0%)	0(0%)	0(0%)
2.教学内容经过精心选择，能围绕教学目标进行。	34(89.47%)	4(10.53%)	0(0%)	0(0%)	0(0%)
3.教学内容理论联系实际案例丰富，易于理解和接受。	33(86.84%)	5(13.16%)	0(0%)	0(0%)	0(0%)
4.教学方式为目标和内容服务，适合教师成人学习特点。	33(86.84%)	5(13.16%)	0(0%)	0(0%)	0(0%)

四、培训过程——送教培训四环节评价

题目/选项	非常好5	不错4	一般3	有一点2	一点也不1
1.诊断示范环节准确把握了课堂问题，名师示范与教师教学问题匹配度高。	34(89.48%)	3(7.90%)	1(2.63%)	0(0%)	0(0%)
2.研课磨课环节能基于教师的经验和针对教师存在的问题来展开，研课磨课的过程扎实有效，对我促进作用大。	37(97.37%)	1(2.63%)	0(0%)	0(0%)	0(0%)
3.成果展示环节展示的成果丰富，展示形式丰富多样。	30(78.95%)	7(18.42%)	1(2.63%)	0(0%)	0(0%)
4.总结提升环节从多个角度总结，延伸培训。	30(78.95%)	4(10.53%)	4(10.53%)	0(0%)	0(0%)

五、送培专家授课、指导、点评评价

题目/选项	课程设置	培训形式	专家授课或组织技巧	行平均	行小计
1.历史课堂教学评价研究与课堂观察(专题讲座)——X老师。	4.95	4.92	4.92	4.93	14.79
2.课堂诊断及点评(专题讲座、互动研讨)——X老师、X老师。	4.97	4.95	4.97	4.96	14.89
3.中国历史研究的新变化与发展趋势(课堂示范、说课、互动研讨)——X老师。	4.97	4.92	4.97	4.95	14.86
4.夏朝与商朝(课堂示范、说课、互动研讨)——X老师、X老师。	4.89	4.89	4.92	4.90	14.7
5.张骞通西域(研课指导)——X老师、X老师。	4.92	4.87	4.89	4.89	14.68
6.鸦片战争(研课指导)——X老师、X老师。	4.95	4.92	4.92	4.93	14.79
7.红军长征(磨课指导)——X老师、X老师。	5	4.92	5	4.97	14.92
8.三国鼎立局面的形成(磨课指导)——X老师、X老师。	4.97	4.97	4.95	4.96	14.89
9.成果展示指导——X老师、X老师。	4.95	4.89	4.95	4.93	14.79
10.总结提升指导——X老师、X老师。	4.97	4.95	4.92	4.95	14.84
列平均	4.954	4.92	4.941	4.94	14.82

六、培训效果——回忆这次培训,对于培训管理、效果,请选择最能反映您的感受的一项

题目/选项	非常好5	不错4	一般3	有一点2	一点也不1
1.这次培训规模很大,但是整个培训管理基本到位,考勤考核严格	38(100%)	0(0%)	0(0%)	0(0%)	0(0%)
2.这次培训对我理解学科课标教材很有帮助	33(86.84%)	5(13.16%)	0(0%)	0(0%)	0(0%)
3.这次培训对我的课堂教学、教学评价等都很有帮助	34(89.47%)	4(10.53%)	0(0%)	0(0%)	0(0%)
4.总的来说,对学科这次培训的效果感觉	34(89.47%)	4(10.53%)	0(0%)	0(0%)	0(0%)

评析：该评价运用网络问卷星平台对参培教师进行问卷，从基本情况、培训设计、培训实施、培训过程、培训效果几个方面来了解送教下乡培训的情况。从定量评价的角度来看，内容丰富，便于送教团队了解参培教师的收获，反馈送培情况，从而改进项目设计与实施。

二、送教下乡培训感言

请你用一句话来表达你参与送教下乡培训的感受。

序号	提交答案时间	来源	答案文本
1	########	邀请短信	学习,创新,奋进
2	########	邀请短信	高效卓越
3	########	邀请短信	精炼,实用,受益匪浅
4	########	邀请短信	收获颇丰,理论提升
5	########	邀请短信	学习针对性丰富,效果好
6	########	邀请短信	收获颇多,受益匪浅
7	########	邀请短信	实用
8	########	邀请短信	好
9	########	邀请短信	深入浅出,贴近日常教育对我启发很大
10	########	邀请短信	好
11	########	邀请短信	帮助从实践到理论又从理论到实践的成长,受益匪浅
12	########	链接	规模大,时间长,效果好
13	########	链接	实用性强,对教学有较强的帮助注重了理论与实践的结合
14	########	链接	生动,客观,具体
15	########	链接	很有实效 受益匪浅
16	########	链接	有较高的价值,收获大
17	########	链接	受益匪浅
18	########	邀请短信	收获很大

续表

序号	提交答案时间	来源	答案文本
19	########	邀请短信	有效,适用
20	########	邀请短信	受益匪浅,观念转变
21	########	邀请短信	好
22	########	邀请短信	人文激情认真交流多元化形式卓越课堂双主共学
23	########	链接	充实、丰富、共享、快乐
24	########	邀请短信	启发收获知识拓展视野增进交流
25	########	链接	追求卓越,不懈努力,结合实践,艰苦奋斗
26	########	邀请短信	实在有效 收获大有利于教学
27	########	链接	创新,实用,扎实
28	########	邀请短信	感触颇多,受益匪浅,对自己今后的教学或说怎样教学才有更大的效果有极大的帮助
29	########	邀请短信	受益匪浅
30	########	邀请短信	有收获,有启发
31	########	邀请短信	高效贴近实际
32	########	链接	充实
33	########	链接	共同进步
34	########	邀请短信	听时静,讨论热烈
35	########	邀请短信	收获很大,双主共学和卓越课堂理念深入人心
36	########	链接	学有所用
37	########	邀请短信	形式好内容丰富,收获很大
38	########	链接	在经历中收获在收获中成长

评析:此表是参培教师填写后,由问卷星平台导出的,展示了教师在培训之后的感受。这种评价方式属定性评价,可以弥补定量评价的不足。从表中可以看出,教师反映较好。

三、对送教下乡培训的建议

你对送教下乡培训有什么建议,请用一句话表述出来。

序号	提交答案时间	来源	答案文本
1	########	邀请短信	多加强教师培训
2	########	邀请短信	时间控制在3天以内
3	########	邀请短信	面向全体,注重实践
4	########	邀请短信	对此类培训非常必要,但培训时间应该缩短一点并解决午餐问题
5	########	邀请短信	时间太紧
6	########	邀请短信	继续
7	########	邀请短信	时间短点
8	########	邀请短信	网上培训更好
9	########	邀请短信	建议增加这类培训的次数和规模并采用电教的听课形式和作业的考核形式
10	########	邀请短信	好
11	########	邀请短信	能多分享一些优秀的真实的课例为我们改进教学提供更现实的借鉴
12	########	链接	找一下地方进行培训就好啦,中午应准备午餐
13	########	链接	对参培教师实施补用
14	########	链接	在一定时期再组织形式多样的培识别码
15	########	链接	形式更多样化,时间安排更紧凑
16	########	链接	缩短时间,少而精
17	########	链接	理论学习的同时,加强实践指导
18	########	邀请短信	今后多组织区内培训
19	########	邀请短信	时间不要太长,希望能解决伙食问题
20	########	邀请短信	多组织提升教师的活动
21	########	邀请短信	灵活、多样、自主。

续表

序号	提交答案时间	来源	答案文本
22	########	邀请短信	1.培训很好,但能提供午餐更好 2.应走出去,到发达地区去培训
23	########	链接	能包饭吗,食堂也行呀发点补贴更好辛苦呀,搞点活动,寓教于乐
24	########	邀请短信	无建议
25	########	链接	多多安排类似培训,积极参与,很有收获
26	########	邀请短信	形式多样化
27	########	链接	建议多组织观摩学习跨地区交流
28	########	邀请短信	对我们普通学校的老师来说平时忙于备课、上课、批改作业,但教学效果总是不好,通过培训才知道自己差距在哪里希望多几次这样的培训 提高我们的自身素质 对搞好教学、提高教学质量是有莫大的帮助
29	########	邀请短信	继续加强教师队伍建设和培训
30	########	邀请短信	多请教授给我们讲解
31	########	邀请短信	多请专家或高校教授培训
32	########	链接	多组织专家讲
33	########	链接	形式多样化
34	########	邀请短信	可变换一点地点和形式
35	########	邀请短信	中午饭给我们安排了
36	########	链接	最好采用网络形式
37	########	邀请短信	浓缩时间,增加讲师和听课教师之间的互动
38	########	链接	可开展对外交流的学习

评析:此表是调查参培教师对以后开展送教下乡培训的建议,从中可以了解到教师们的需求,为以后设计送教下乡培训项目作依据。

总的来看,此评价案例注重了对结果的定量与定性的评价,内容较为翔实,从中可以看培训项目的实施情况。但这一评价方式,还只是重点针对项目本身,对于学员在送教下乡培训中的理念及行为的改进还评价不到位,更多是依赖于学员自身的感觉。这个评价案例值得改进之处在于应加入对学员个体的评价,通过发言、论坛、教学设计、课堂行为改进、成果等来评价;也可通过受培学校领导对学员课堂教学行为的变化来进行评价。评价的方式,应增加在实施环节中的即时性评价,而不只是在送培结束之后再来凭印象进行评价,这样评价的准确度、可信度将下降。虽然此评价案例仍有改进空间,但是在评价是世界性难题的大背景下,能做到如处,也实属难能可贵了。

附录一

◇ 送教下乡培训指南 ◇

为贯彻落实《国务院办公厅关于印发乡村教师支持计划(2015-2020年)的通知》(国办发〔2015〕43号)和《教育部 财政部关于改革实施中小学幼儿园教师国家级培训计划的通知》(教师〔2015〕10号)的相关要求,推进各地做好送教下乡培训,切实推动培训团队深入课堂、现场指导,着力提升乡村教师课堂教学能力,特制定本指南。

一、目标任务

省市统筹,区县组织,依托本地培训团队,整合区域外专家资源,采取任务驱动方式,定期开展送教下乡培训,以送教下乡培训带动校本研修,创新乡村教师培训模式,提升乡村教师培训实效。主要任务如下:

1. 分学科组建结构合理的高水平送培团队
2. 分阶段开展主题鲜明的送教下乡培训
3. 现场指导乡村学校开展校本研修
4. 提升乡村教师课堂教学能力
5. 加工生成一批本土化培训课程资源
6. 完善乡村教师专业发展支持服务体系。

二、实施流程

区县教育行政部门要将送教下乡培训纳入乡村教师全员培训规划,制定送教下乡培训周期计划与年度计划。原则上同一乡镇、同一学科每年送培不少于4次,每次不少于2天,确保送教下乡培训实效。县级教师发展中心(培训教研机构)会同高等学校,根据教育行政部门相关要求,做好培训需求调研,确定培训主题,研制实施方案,按照以下主要环节实施送培:

1. 诊断示范

送培团队深入乡村学校现场,通过课堂观察、师生访谈、工具测评等方式进行诊断,找准乡村教师课堂教学存在的突出问题。针对问题,选择契合主题的课例,采取说课、上课、评课等多种方式提供示范教学,提出教师研修任务。

2. 研课磨课

学校组织教师围绕研修主题,按照研修任务,结合校本研修,开展研课磨课。研课环节着力于开展课例研讨,进行对照反思,突出经验学习。磨课环节突出课堂教学问题解决,围绕教学目标、教学内容、教学方法与手段、教学评价等进行打磨,不断改进教学设计。送培团队针对学校研课磨课的难题,通过示范教学、同课异构、专题研讨等方式进行现场指导,生成合格课、优质课、精品课。

3. 成果展示

送培团队会同乡村学校或研修片区开展阶段性研修成果展示,采取说课、上课、评课等方式展示教学改进成效,通过微课例、微案例、微故事等展示研修成果。

4. 总结提升

送培团队指导乡村学校和教师对年度送教下乡培训工作进行系统总结、梳理经验、反思问题、明确改进方向,生成代表性成果,制订下一年度校本研修计划和个人发展计划。县级教师发展中心(培训教研机构)对各个送培团队课程及学校研修的代表性成果进行加工,形成本土化培训资源包,支持学校校本研修和乡村教师专业自主发展。

三、职责分工

1. 省市教育行政部门职责

(1)统筹规划,完善制度,建立机制,大力推动区县开展送教下乡培训。

(2)有效利用国培计划、省培、市培经费对区县进行支持。

(3)依据培训质量标准,做好区县开展送教下乡培训工作的指导、监管、评估。

(4)发掘区县先进做法和典型经验,及时总结推广。

2. 区县教育行政部门职责

(1)根据省市要求,制定区县送教下乡培训计划和实施方案。

(2)积极引进高等学校资源,有效整合本地培训、教研、电教等部门资源,建立高等学校、县级教师发展中心、片区研修中心和乡村学校四位一体的送教下乡培训支持服务体系。

(3)按照培训者与本地乡村教师比不低于1:30建立县级培训团队,整合区域内外专家资源,分学科(领域)组建结构合理的高水平送培团队。制定相关激励政策,支持县级培训团队开展送培工作。

(4)根据培训规划和职责分工,落实培训经费。

(5)健全管理制度,明确各方职责,确保各环节工作落实到位。

(6)有效加工送教下乡培训生成性资源,并纳入本地培训资源库,进行推广利用。

(7)依据培训质量标准,做好对县级教师发展中心(培训教研机构)、送培团队和乡村学校的过程监管和绩效评估工作。

(8)发掘先进做法和典型经验,及时总结推广。

3. 送培团队职责

(1)积极参加培训学习,切实提升送教下乡培训能力。

(2)按照培训实施方案,高质量完成送教下乡培训任务。

(3)梳理、研究乡村教师课堂教学的突出问题,提出解决方法、策略。

(4)创新培训方式方法,提升送教下乡培训实效。

(5)及时总结送培经验,有效推广送培成果。

4. 乡村学校职责

(1)将送教下乡培训纳入校本研修规划,制订本校实施方案,实现送教下乡培训和校本研修有机整合。

(2)会同送培团队做好诊断示范、成果展示和总结提升等环节的实施工作。

(3)负责研课磨课环节的实施工作。

(4)做好培训生成性资源的汇集整理工作,向区县推荐代表性成果。将区县培训资源包和本校资源纳入校本研修课程。

(5)做好本校学科组和教师研修的过程监管和绩效评估。

(6)做好本校实施工作总结,督促指导乡村教师做好总结提升。

5. 教师职责

(1)认真参加诊断示范,找准自身课堂教学存在的突出问题,明确研修目标任务,制订个人研修计划。

(2)认真参加研课磨课,借鉴示范课例,优化教学设计,及时将培训所学应用于课堂实践,切实提升课堂教学实效。

(3)积极参与"说课、上课、评课"和"微课例、微案例、微故事"的展示活动,提炼生成个人代表性成果。

(4)认真进行个人总结,梳理经验、反思问题、明确改进方向,制订下一步个人发展计划。

附录二

◇ 送教下乡培训评价体系 ◇

注：本评价体系由教育部《送教下乡培训指南》编写组研制。

评价对象	核心指标	观测点及评价等级			
		优	良	中	差
省级教育行政部门	建章立制	全面统筹规划本省送教下乡培训，有完善的制度、健全的机制作保障，积极推动各区县开展送教下乡培训	对本省送教下乡培训进行了统筹规划，制度较完善、机制较健全，较好地推动了各区县开展送教下乡培训	对本省送教下乡培训统筹规划不力，有制度但不完善、有机制但不健全，基本能推动各区县开展送教下乡培训	没有统筹规划本省送教下乡培训，没有建立送教下乡培训的制度和机制，区县各自为政开展送教下乡培训
	经费支持	利用国培、省培经费支持区县开展送教下乡培训效益显著，很好地发挥了示范带动作用	利用国培、省培经费支持区县开展送教下乡培训效益较好，起到了示范带动的作用	利用国培经费支持区县开展送教下乡培训效益一般，示范带动作用较差	利用国培经费支持区县开展送教下乡培训，但效益较差，没有发挥示范带动的作用
	监管指导	对区县送教下乡培训的监管力度大，指导实	对区县送教下乡培训的监管有力度，有指导	对区县送教下乡培训有监管和指导，但基本没有力度和效果	对区县送教下乡培训缺乏监管和指导
	推广经验	对区县送教下乡培训的先进做法和典型经验能充分发掘，及时总结并推广	对区县送教下乡培训的先进做法和典型经验进行了发掘和总结，在一定范围内进行推广	对区县送教下乡培训的先进做法和典型经验能进行了发掘和总结，但没有推广	没有对区县送教下乡培训的先进做法和典型经验进行发掘和总结

评价对象	核心指标	观测点及评价等级			
		优	良	中	差
区县教育部门	制定规划	根据国家和本省要求，制定本县切实可行的送教下乡培训三年规划和年度实施计划	制定的本县送教下乡培训三年规划和年度实施计划基本符合国家和本省要求	制定了本县送教下乡培训的实施计划	没有制定本县送教下乡培训三年规划和年度实施计划
	整合资源	引进高等学校资源，整合本地培训、教研、电教等部门资源，建立高等学校、县级教师发展中心、片区研修中心和中小学幼儿园四位一体的送教下乡培训支持服务体系，以上三方面均做得好	引进高等学校资源，整合本地培训、教研、电教等部门资源，建立高等学校、县级教师发展中心、片区研修中心和中小学幼儿园四位一体的送教下乡培训支持服务体系，以上三方面中的两方面做得好	引进高等学校资源，整合本地培训、教研、电教等部门资源，建立了高等学校、县级教师发展中心、片区研修中心和中小学幼儿园四位一体的送教下乡培训支持服务体系，以上仅有一方面做得好	引进高等学校资源，整合本地培训、教研、电教等部门资源，建立高等学校、县级教师发展中心、片区研修中心和中小学幼儿园四位一体的送教下乡培训支持服务体系，以上三方面都没有做得好
	组建团队	按照培训者与本地乡村教师比不低于1∶30的比例建立县级培训团队。依托县级教师培训团队，整合县外专家资源，分学科组建结构合理的高水平送教下乡培训团队。制定相关政策，支持送培专家团队成员服务乡村教师专业发展。以上三方面都做得好	按照培训者与本地乡村教师比不低于1∶30的比例建立县级培训团队。依托县级教师培训团队，整合县外专家资源，分学科组建结构合理的高水平送教下乡培训团队。制定相关政策，支持送培专家团队成员服务乡村教师专业发展。以上三方面中的两方面做得好	按照培训者与本地乡村教师比不低于1∶30的比例建立县级培训团队。依托县级教师培训团队，整合县外专家资源，分学科组建结构合理的高水平送教下乡培训团队。制定相关政策，支持送培专家团队成员服务乡村教师专业发展。以上三方面中仅一方面做得好	按照培训者与本地乡村教师比不低于1∶30的比例建立县级培训团队。依托县级教师培训团队，整合县外专家资源，分学科组建结构合理的高水平送教下乡培训团队。制定相关政策，支持送培专家团队成员服务乡村教师专业发展。以上三方面都做得不好

评价对象	核心指标	观测点及评价等级			
		优	良	中	差
区县教育部门	落实经费	足额落实送教下乡培训所需经费,且很好地发挥了经费的效益	足额落实送教下乡培训所需经费,但经费的效益发挥一般	基本落实了送教下乡培训所需经费,但经费的效益发挥一般	没有完全落实送教下乡培训所需经费,且经费的使用与管理较差
	建章立制	健全送教下乡培训管理制度,明确各方职责,确保四环节工作落实到位。以上三方面均做得好	健全送教下乡培训管理制度,明确各方职责,确保四环节工作落实到位。以上三方面中的两方面做得好	健全送教下乡培训管理制度,明确各方职责,确保四环节工作落实到位。以上三方面中仅有一方面做得好	健全送教下乡培训管理制度,明确各方职责,确保四环节工作落实到位。以上三方面均做得不好
	资源建设	安排专门机构对送教下乡培训生成性资源进行有效加工,并纳入本地资源库,进行推广利用	安排专门机构对送教下乡培训生成性资源进行加工,并纳入本地资源库,但是没有较好地推广利用	对送教下乡培训生成性资源进行加工,但是没有纳入本地资源库,也没有进行推广利用	没有对送教下乡培训生成性资源进行加工
	绩效评估	对培训机构、送培团队和参与学校的过程监管和绩效评估。对上述三方的过程监管和绩效评估都做得好	对培训机构、送培团队和参与学校的过程监管和绩效评估。对上述有两方的过程监管和绩效评估都做得好	对培训机构、送培团队和参与学校的过程监管和绩效评估。对上述有一方的过程监管和绩效评估都做得好	对培训机构、送培团队和参与学校的过程监管和绩效评估。对上述三方的过程监管和绩效评估都没有做好
	经验推广	能及时发现先进做法和典型经验,并采取现场展示、经验交流等多种方式宣传推广	能发现先进做法和典型经验,并进行一定的宣传和推广,但采取宣传和推广的方式不多	发现了一些先进做法和典型经验,但宣传推广的方式不多、面不宽	基本没有发现先进做法和典型经验,即使发现了一些,也没有进行宣传和推广

评价对象	核心指标	观测点及评价等级			
		优	良	中	差
培训团队	参加培训	每位培训者都能积极参加培训,形成了很强的教学教研能力和培训指导能力	大多数培训者参加了培训,形成了较强的教学教研能力和培训指导能力	少数培训者参加了培训,教学教研能力和培训指导能力一般	培训者基本没有参加培训,他们的教学教研能力和培训指导能力很一般
	培训任务	能很好地按要求执行培训方案,保质保量完成送教下乡培训任务	能较好地按要求执行培训方案,基本上保质保量完成送教下乡培训任务	能按要求执行培训方案,完成送教下乡培训任务,培训效果一般	不能完全按要求执行培训方案,完成送教下乡培训任务有一定困难,培训效果较差
	培训能力	能认真钻研,妥善解决乡村学校和教师的课堂教学难题	能认真钻研,较好地解决乡村学校和教师的课堂教学难题	基本能解决乡村学校和教师的课堂教学难题	对乡村学校和教师的课堂教学难题基本不能解决
	方式创新	能积极探索,创新培训方式方法,送培实效强	能主动探索,对培训方式方法有一定创新,送培实效较强	能开展培训,培训方式方法较陈旧,送培实效一般	培训的主动性不强,培训方式方法陈旧,送培实效较差
	成果辐射	对送培经验与成果能及时总结并推广,辐射引领更多一线教师	对送培经验与成果能进行部分总结并推广,辐射引领较多一线教师	对送培经验与成果能进行部分总结,但推广、辐射与引领做得较差	没有对送培经验与成果进行总结,培训的辐射引领面较窄
中小学幼儿园	制订计划	将送教下乡培训纳入校本研修规划,制订本校实施计划,将送教下乡和校本研修有机整合,落实送培方案	制订了本校送教下乡培训实施计划,且较好地落实了送培方案,但送教下乡培训与校本研修整合得不好	制订了本校送教下乡培训实施计划,且较好地落实了送培方案,但没有将送教下乡培训与校本研修整合	没有制订本校送教下乡培训实施计划,也没有将送教下乡培训与校本研修整合,仅仅是执行送培方案

评价对象	核心指标	观测点及评价等级			
^	^	优	良	中	差
中小学幼儿园	协助实施	能主动协助送培团队组织诊断示范和总结提升等环节的实施工作,找到要解决的真问题,总结落实,提升有目标和高度	能协助送培团队组织诊断示范和总结提升等环节的实施工作,对要解决的问题比较明确,总结较落实,提升有一定的目标和高度	基本能协助送培团队组织诊断示范和总结提升等环节的实施工作,但对要解决的问题不是很明确,总结与提升的质量不高	基本没有协助送培团队组织诊断示范和总结提升等环节的实施工作,对要解决的真问题不明确,缺乏总结提升
^	负责实施	采取多种形式的研课磨课、校级成果展示等环节的工作,参与研课磨课的教师达50%以上,效果好。成果展示内容丰富、形式多样	积极开展研课磨课、校级成果展示等环节的工作,参与研课磨课的教师达20%以上,效果较好。成果展示内容丰富、形式多样	开展了研课磨课、校级成果展示等环节的工作,参与研课磨课的教师较少,效果一般。成果展示内容和形式单调	开展了研课磨课、校级成果展示等环节的工作,参与研课磨课的教师很少,效果不好。成果展示内容和形式单调,效果较差
^	资源建设	能将送培过程中的资源进行收集整理;能筛选出优秀成果提供给区县加工升级;能将区县资源和本校资源有效转化为校本研修课程。以上三方面都做好	能将送培过程中的资源进行收集整理;能筛选出优秀成果提供给区县加工升级;能将区县资源和本校资源有效转化为校本研修课程。以上有两方面都做得好	能将送培过程中的资源进行收集整理;能筛选出优秀成果提供给区县加工升级;能将区县资源和本校资源有效转化为校本研修课程。以上有一方面都做得好	能将送培过程中的资源进行收集整理;能筛选出优秀成果提供给区县加工升级;能将区县资源和本校资源有效转化为校本研修课程。以上三方面都做得不好
^	培训总结	学校能及时总结本校送教下乡培训实施工作,也及时督促参培教师做好总结提升工作	对本校送教下乡培训实施工作,仅从学校或参培教师层面进行了总结,效果较好	学校和参培教师对本校送教下乡培训实施工作进行了总结,但效果一般	学校没有对本校送教下乡培训实施工作进行总结,也没督促参培教师做总结提升工作

评价对象	核心指标	观测点及评价等级			
		优	良	中	差
中小学幼儿园	监管评估	采取多种有效方式对本校学科组和教师的参培过程进行监管和考核评估	对本校学科组和教师的参培过程进行了监管和考核评估，但方式单一，力度不大	对本校学科组和教师的参培过程有时进行了监管和考核评估，但方式单一，力度不大	没有对本校学科组和教师的参培过程进行监管和考核评估
乡村教师	明确任务	积极投入到诊断示范环节，找准自身在课堂教学中存在的突出问题，明确研修任务，制订基于教学改进的个人研修计划	积极投入到诊断示范环节，对自身在课堂教学中存在的突出问题找得不够准确，研修任务基本明确，制订了个人研修计划	较为被动地投入到诊断示范环节，对自身在课堂教学中存在的突出问题找得不准，研修任务不够明确，制订的个人研修计划敷衍了事	诊断示范环节处于被动，找不到自身在课堂教学中存在的突出问题，研修任务不明确，没有制订个人研修计划
	改进教学	积极参与研课磨课，能借鉴示范课例，优化教学设计，及时将培训所学用于课堂实践，切实提升课堂教学实效	积极参与研课磨课，能借鉴示范课例，优化教学设计，将培训所学用于课堂实践，课堂教学实效有较大提升	基本能参与研课磨课，借鉴示范课例，能优化教学设计，将培训所学用于课堂实践，课堂教学实效提升不明显	很少参与研课磨课，没有理解示范课例，没有将培训所学用于课堂实践，教学设计和课堂教学没有改变和提升
	形成成果	在培训中形成了丰富的个人成果，积极参与"说课、上课、评课，微课例、微案例、微故事"等展示活动	在培训中形成了一些个人成果，积极参与"说课、上课、评课，微课例、微案例、微故事"等一些展示活动	在培训中形成了个人成果，参与"说课、上课、评课，微课例、微案例、微故事"等展示活动中的少数活动	在培训中形成的个人成果很少，参与"说课、上课、评课，微课例、微案例、微故事"等展示活动不积极
	自我评价	主动对研修过程进行自我评价，提炼个人经验，改进目标明确，制订了可行的下一步研修计划	对研修过程有自我评价，能提炼个人经验，改进目标比较明确，制订的下一步研修计划比较可行	对研修过程有自我评价，对个人经验提炼不够，改进目标不很明确，制订的下一步研修计划缺乏个性	对研修过程缺乏自我评价，对个人经验缺乏提炼，改进目标不明确，没有制订下一步研修计划

附录三

"国培计划计划"——中西部项目送教下乡培训

申 报 书

（培训单位填写）

子项目名称：中西部项目送教下乡培训

申报单位：××省××市××区教师进修学校

协同单位：××省教育学院

教育部、财政部制

一、基本情况

1.申报单位基本情况

单位名称	×××区教师进修学校				
单位类型	□高等学校　　☑市、县级教师发展中心				
负责人	姓名		职务		职称
	电话		手机		电子邮箱
整合情况（市、县级教师发展中心填写）	整合年份	1956年	所整合部门	13个部门：教师培训部、干部培训部、中学教研培训部、小学教研培训部、幼儿教研培训部、综合教研培训部、电化教研培训部、职业教研培训部、名师办公室、教育科研所、教育学会、教务处和总务处	
管理团队					
姓名	职务		专业	学历	负责事务
相关培训经验	请列出近两年承担的与送教下乡相关的培训项目，培训人数、时长、特色与成果、社会影响等。 ××区教师进修学校坚持"以培训为己任，以服务为宗旨，以学习求发展，以工作为幸福"的办学理念，遵循"为教师专业发展服务，为学校特色发展服务，为教育科学发展服务"的办学宗旨，开展了扎实、有效的培训活动。 1.开展"分岗多元"专题培训。近两年来，按照《××区教育内涵式发展十大行动计划》和《××区教育内涵式发展十大提升计划》文件精神，以常规和专项培训为载体，创新培训模式，采取分岗多元的培训新机制，开展了全员培训、专任教师全员通识培训、专任教师新课标解读培训、专任教师教育教学技能培训、专任教师学科教材分析培训、专任教师教育科研能力培训、初高中毕业年级专任教师中、高考考前复习策略培训、骨干教师全员提高培训、骨干教师全员送教帮扶培训、专任教师校本研修培训、电教及装备技术人员专业培训、幼儿园专任教师全员专业培训、专科教师转岗专业培训、培训团队领导培训、培训团队中层培训和培训团队教研员培训共16类培训活动。据不完全统计，各级、各类培训活动计260多次，全区受益人数达22248人次，覆盖面达100%。				

相关培训经验	2. 开展"送教下乡培训"。2015年5月,经省教育厅组织专家评审,确定该区为首批"国培计划"项目县。××区教师进修学校经过申报竞标,承担了"国培计划(2015)——中西部项目和幼师国培项目送教下乡培训"项目。2015年"送教下乡培训"项目涵盖了小学语文、数学、英语、科学,初中语文、数学、化学、思想品德、美术和学前教育9个学科1个领域的培训,计划培训教师509人,实际培训509人,参培率为100%。 在不懈地努力下,××区教师进修学校形成了"立德 修业 精研 广培"的良好校风,培育了一支博采精研、厚德善导的卓越研训团队,形成"研培结合、实践研修"的培训特色。学校的培训工作得到了上级领导部门的表彰和奖励。先后被评为市继续教育远程培训先进单位;2008——2013年××省基础教育研究所校本科研先进单位;××省"十一五"教育科研先进单位;2011年——2013年省级"生命安全教育"课题研究先进单位;教育部"责任教育课题"先进实验学校,××省电化教育先进单位;首批县(区)电教馆标准化建设达标单位;"(2011)国培计划××省农村中小学教师教育技术能力远程培训项目"优秀县区级培训机构。××区成为"十一五"省级校本科研先进实验区、××市教育局"多途径开展心理健康教育课题研究"先进实验区、××省、××市"十一五"干训工作先进单位、中国伦理学会责任教育先进实验区。

首席专家

姓名		职务		职称	
单位		研究专长			
电话		手机		电子邮箱	

培训专长	
主要社会兼职	
拟承担的主要工作	全面指导"送教下乡"培训工作,做学科培训顾问

专家团队

姓名	职务/职称	学科(领域)	专业	工作单位	研究 专长	是否为一线教师教研员

2. 协同申报单位基本情况

单位名称	××省教育学院				
单位类型	☑ 高等学校　　　□市、县级教师发展中心				
负责人	姓名		职务		职称	教授
	电话		手机		电子邮箱	
整合情况（市、县级教师发展中心填写）	整合年份		所整合部门			
管理团队						
姓名	职务		专业	学历	负责事务	
相关培训经验	请列出近两年承担的与送教下乡相关的培训项目，培训人数、时长、特色与成果、社会影响等。 1. 置换项目：2013—2014年，承担初中语文、初中数学"国培"置换项目。培训人数共120人，培训时间均为三个月，开发了置换项目的培训资源，积累了相关的培训经验。 2. 覆盖全学段、全学科的"国培"短期集中培训：近两年，省教育学院承担了80余项"国培计划"短期集中项目，覆盖幼儿园、小学、初中三个学段的各个学科（领域），聚焦学科教学能力、教研能力、"种子教师"培训能力的提升。 3. 针对教师进修院校的专项培训项目：近两年，省教育学院连续承办了面向全省的教师进修院校培训管理者高级研修班，培训时长累计20天，人数400余人次；另外，自2006年开始至今，承办面向全省中小学各学科教研员的培训班数十个，累计培训教研员2000余人次。对于如何提升教研、培训能力做了大量的实践，并积淀了较为丰富的资源与经验。 近年来，省教育学院形成了"研培结合"的机构设置和培训模式，充分发挥"研培一体化"优势，组建高水平的管理团队和师资团队；实践性课程的开发与实施卓有特色，让学员亲历微课题、微教研、微培训的行动研究；凸显学术引领，增强学术含量，注重学员学习力、研究力、培训力的提升；倡导细致、精致、极致的"三致"服务理念。 在2013年的教育部"国培"匿名评估中，省教育学院的短期集中培训项目位列全国第一，在近两年的置换项目评估中，省教育学院承担的两个项目位居全省前列。中国教育报、中国教师报、省电视台等多家媒体对省教育学院的"国培"工作进行了专题报道，产生了广泛的社会影响。					

首席专家					
姓名		职务		职称	
单位		研究专长			
电话		手机		电子邮箱	
培训专长	学科教学理论与实践　基础教育课程改革与发展 教师教育				
主要社会兼职					
拟承担的主要工作					

专家团队						
姓名	职务/职称	学科 （领域）	专业	工作单位	研究专长	是否为一线 教师教研员

二、培训实施方案

目标定位	请根据"国培计划"对该类项目的目标要求以及省级教育行政部门对该子项目的通用性目标要求,阐述本项目能够达到的具体目标和定位。 根据省国培办对"送教下乡培训"项目的要求,××区教师进修学校与高等学校、乡镇片区研修中心协同承担,以本地教师培训团队为主体,整合省、市、区专家资源,分学科组建送教培训团队,开展送教下乡培训活动。送教下乡与校本研修指导并重,以任务驱动为主线,按年度分阶段实施主题式培训,切实提升乡村教师课堂教学能力。从教师发展、学校发展、教育发展三个维度,实现三个目标: 1.丰富完善乡村教师的知识结构。深入研究与学科领域相关的专业知识,完善知识结构,使参培教师具有较高的专业教学与专业研究水平。 2.提高乡村教师的教育教学能力。特别注重提高乡村教师的教学设计能力、课堂驾驭能力、课后反思能力、教学评价能力,切实提高乡村教师的教育教学水平。 3.推动学校形成校本研修特色。在原有校本研修经验的基础上,针对自身学校文化特色与教师特点,探讨有本校特色的校本研修模式。在硬件配备基本均衡的基础上,通过"送教下乡培训",促进乡村教育软环境的发展,让乡村教育进入科学发展轨道。
送培工作规划	以某项目区县或本项目区县为例,说明本年度送教下乡培训覆盖的乡镇、学科、学时(天)及人数等。我区共有12个乡镇,全部参加本年度的送教下乡培训活动。综合一线教师的年龄结构、学科需求、学校条件、素质现状,重点帮扶土顶镇、长岭乡等五个薄弱乡镇,全面支持,整体推进其发展。同时,帮扶奢岭镇、太平镇等相对优势的乡镇,帮扶其薄弱学科,解决教育教学中遇到的发展瓶颈,促进全区教育均衡发展。 根据我区乡村教师的队伍现状,综合考虑教研员及学科骨干教师的综合素质、教育科研及培训能力,本年度选择10个学科、2个领域进行送教下乡培训。10个学科分别是:小学语文、小学数学、小学品德与生活(社会)、小学音乐、小学体育、小学美术、初中英语、初中物理、初中生物、初中历史,2个领域是学前教育和教育科研骨干,共计600人。按照"集中研修、诊断示范、研课磨课、成果展示、总结提升"五段式培训模式,每个学科每年送教下乡不少于5次,每次不少于2天,每天按6学时计算,每人最少达到60学时。

对象分析	请根据本项目的目标定位及学员需求调查情况,分析培训对象的需求。 我区共有2611名乡村教师,全部参加2016年的"送教下乡培训"活动。综合考虑乡镇一线教师的年龄结构、素质现状、学科需求、学校条件,我区打算重点帮扶培训相对薄弱的5个乡镇教师,其他乡镇帮扶薄弱学科,解决教育教学中碰到的实际问题。通过两年的培训,促进全区教育均衡发展。 我区乡村教师有如下特点: 1 教师知识结构不完善。由于缺乏系统的知识,导致课堂驾驭能力较低,有待大幅度提升。多数教师处于"吃老本状态",专业知识不够系统化,甚至出现退化,并没有真正领悟新课改的内涵。 2 缺乏自我发展的内驱力。乡村教师由于长时间住在农村,信息闭塞,教学观念滞后。较多的教师很少有机会参加市级以上培训活动,缺乏专业引领。一些教师也期待外出观摩学习,渴望得到专家名师的指点,但是经常由于参加名额的限制,或者无人代课等种种原因不能如愿。我区有乡村专任教师2611人,其中参加过国培外出培训的237人,参加过省级外出培训的127人,占乡村专任教师总数的13.94%。 3 教师教学方式单一。教师主宰课堂,学生被动听讲,学生学习热情不高。一些教师没有将教学内容看作是启发学生思维过程的材料,对书上的"现成"的内容教学只停留在知识的传授上,没有有效指导学生探究过程,在教学设计、课堂组织、教学评价、反思成长等方面还有很大的提升空间。 为了"送教下乡培训"更具有针对性和实效性,更好地了解中小学教师的培训需求,分科学实施好教师培训工作,我们对6个乡镇12所乡村学校的教师进行了访谈和问卷调查,他们对培训满怀期待。经分析认为乡村教师急需转变教学观念、开阔视野,从培训需求上看,他们不仅需要教学理论上的提升,更需要学科专业知识和技能的丰富与提高,需要帮助他们把教学理论转变成课堂教学行为,真正实现教学目标三位一体,达到教书育人的目的。 乡村教师培训内容需求调查 1. 您的学校所在地:(　　) 　A.县城　　　　　　B.乡镇　　　　　　C.乡村 2. 您任教学校:(　　) 　A.高中　　　　　　B.初中　　　　　　C.小学　　　　　　D.幼儿园 3. 您的学历情况:第一学历是_____;专业是_____;最高学历是_____;最高学历获取方式_____;现在任教学科是_____。 4. 您的职称:(　　) 　A.初级　　　　　　B.中级　　　　　　C.高级　　　　　　D.特级 5. 您的职务:(　　) 　A.普通教师　　　　B.班主任　　　　　C.教研组长　　　　D.骨干教师 　E.中层干部　　　　F.校长　　　　　　G.副校长　　　　　H.其他

<table>
<tr><td rowspan="20">对象分析</td><td>

6. 您的教龄有:(　　)

A.少于3年　　　　　　B.3-10年　　　　　　C.10-20年　　　　　　F.20年以上

7.您以前参加过其他的培训吗?(　　)

A.有　　　　　　B.没有

8. 您以前参加过的新课程培训是(　　)组织的培训。

A.省级　　　　　　B.市级　　　　　　C.区县　　　　　　D. 学校

9. 您参加教师培训的主要目的是:(　　)

A.学习新的教育理念,掌握新的教育教学理论、方法

B.作为一种自我完善与发展的途径

C.专业知识的拓展与更新

D.为了评优评职称

E.服从上级安排

10. 您认为在新课程实施中遇到的最大的困惑或问题是:(　　)

A.教学设计　　　　　　B.教学行为转变　　　　　　C.教学评价

D.课程资源整合与开发　　　　　　E.研究性学习

11.您所在学校新课程校本培训进行的内容有:(　　)

A.教育观念　　　　　　B.教学策略　　　　　　C.角色转变

D.教育评价　　　　　　E.课程开发

12.在应对新课程的挑战中,您认为最关键的品质是:(　　)

A.对教学有兴趣和热爱　　B.人格等综合素质　　C.健康而有活力　　D. 能与人合作

E.教育智慧　　　　　　F.乐观和有幽默感　　　　　　G.良好的工作习惯

H. 广泛的工作兴趣

13.您认为实施新课程的首要素质是:(　　)

A.敬业精神　　　　　　B.教学能力　　　　　　C.学科专业知识　　　　　　D. 教科研能力

14.您认为自己目前比较欠缺的知识有哪些?(　　)

A.信息技术、多媒体和课程整合应用知识　　　　B.对课程改革、新课程标准、新教材的理解

C.人文方面的知识　　　　　　D.课程与教学论知识

15.您在教育教学中最需要哪方面的知识:(　　)

A.专业学科知识　　　　　　B.德育及心理健康教育的理论

C.教育科研方法　　　　D.教师的职业道德规范　　　　E.新课程标准的解读

16.在"教育教学专业能力"方面,您认为教师目前较欠缺的方面是:(　　)

A.应用现代教育信息技术教学的能力　　　　　　B.课程资源开发能力

C.教学科研能力　　　　　　D.运用现代教育教学评价能力

E.课堂教学过程的组织与监控能力　　　　　　F.课堂教学活动的实施能力

G.教学活动的设计能力　　　　H.教学反思能力

</td></tr>
</table>

	17.您认为目前教师教研培训急需的专题内容是:( ) A.课标解读　　　B.教材分析　　　C.教学设计　　　D.教学智慧 18.您认为在知识与能力方面,教师培训的内容应侧重于:( ) A.以知识培训为主　B.以技能培训为主　C.技能培训与知识培训并重 19 您认为教师通识培训课程模块应由哪些部分组成更合理:( ) A.政治思想教育　　B.师德修养　　C.现代教育理论　　D.学科前沿知识与综合性知识 E.教育教学研究　　F.现代教育技术　　G.教育科研 20.您在教学中亟待提高的能力是:( ) A. 多媒体、信息网络的应用能力　　　B. 教育科研和论文写作能力 C. 科学的教育方法和创新教育能力　　D. 分析处理学内容、整合课程教材的能力 E. 设计教学模式、实施教学方案的能力　　F. 校本课程开发能力 21.您认为目前教师在教育教学中存在的主要问题是:( ) A.教育观念陈旧　　B.知识结构狭窄　　C.教学方法单一　　D.教研意识、能力薄弱 E.缺乏专家引领 22.您认为影响青年骨干教师职业倦怠的形成与发展的主要因素是:( ) A.家庭生活压力　　B.受升学率所迫　　C.工作时间较长,放学后一般加班 D.社会对高中教育期望值太大　　E.教学任务重　　F.个人生活压力大,无心工作 23.您认为制约专业发展的主要原因是:( ) A.没有充足的时间　　B.缺乏良好的环境　　C.缺乏专业指导
送教 培训 模式	**请具体说明送教下乡培训模式,须阐述将送教下乡培训与校本研修指导有机结合的工作安排。** 我区在总结以往"送教下乡培训"经验的基础上,本次"国培计划""送教下乡培训"采取"集中研训、诊断示范、研课磨课、成果展示和总结提升"五段式培训。以科学发展观为宏观指导,以师生可持续发展和教育教学创新为工作目标,将"送教下乡培训"与校本研修有机整合,推动校本研修工作向纵深发展,充分发挥中心校辐射功能,挖掘乡村教师潜在能力,用科学的态度和求实的精神研究教学现象,解决教学问题,揭示教学规律,提升教学质量。 　1.问题式送教下乡培训与有主题的大学区校本研修活动相结合,以区域校本教研的组织和管理为引领,深入探索有效教学模式,提高课堂教学效率。 2.利用校本研修,广泛开展主题培训。 (1)全体教职工师德培训。以"十八大"精神为指导,对教师进行教师职业道德培训和职业行风培训,使教师树立正确的世界观、人生观、价值观和教师职业观,塑造良好的教师形象。 (2)专任教师全员通识培训。根据上级继续教育主管部门要求和部署,组织所有专任教师参加通识培训。 3.强化实践意识,扎实开展行动研究。 送教下乡培训,以学区大教研组为单位继续开展"同课异构 同课多轮"的主题教研活动。鼓励和帮助教师在大的研究主题下确立针对性强、切合自己教学实际的小主题,进行行动研究,指导教师将理论转变成自己的课堂教学行为,不断提高教学水平。

送教培训模式	4.优化管理,加强整合,提高工作实效。 (1)根据各乡镇上报的校本研修计划及时间安排,到各乡镇进行"送教下乡"培训活动,本着时间允许、不冲突的原则,有计划地开展培训活动。 (2)各学区在开展校本教研、科研等实践培训的同时,学科培训团队加强对教师进行送教下乡研修主题的理论培训。 (3)"送教下乡培训"主题教研活动与课堂教学竞赛、听评课竞赛等实践活动、常规教育活动加强整合,为老师减负,为学校工作增效。
阶段设计	请用图示化方式说明诊断示范、研课磨课、成果展示和总结提升等四个环节的分阶段设计及各阶段培训目标及实施主体,须明确同一乡镇同一学科每年送培的时间安排。 　在诊断示范、研课磨课、成果展示和总结提升等四个环节的基础上,我区进行补充和改进,采取"集中研训、诊断示范、研课磨课、成果展示和总结提升"五段式培训模式,分阶段设计,对于相对优势的乡镇同一学科每年送教不少于5次,每次2天,对于相对薄弱的乡镇同一学科每年送教不少于6次,每次2天,把追求实际效果作为唯一追求目标,以递进提升、边送边改的推进方式,确保培训对象真正得到实惠。上半年我们打算完成集中研训、诊断示范,下半年完成研课磨课、成果展示和总结提升。 集中研修　　诊断示范　　研课磨课　　成果展示　　总结提升 　↓　　　　　↓　　　　　↓　　　　　↓　　　　　↓ 在××区　　大学区　　　深入到乡　　大学区　　　××区 　↓　　　　　↓　　　　　↓　　　　　↓　　　　　↓ 理念引领　　问题筛选　　对话交流　　课堂展区　　模式构建 案例教学　　诊断分析　　观课研讨　　精品示范　　专家点拨 课堂反观　　任务驱动　　反复打磨　　经验共享　　模式推广
课程内容设计	请说明培训课程内容设计,应坚持以任务驱动为主线,根据各阶段培训目标及培训重点科学设置培训模块,明确每个模块核心内容、主要培训方式及学时(天),切实提升乡村中小学教师课堂教学能力。 培训项目以任务驱动为主线,依托"提升乡村教师课堂教学实践能力培养"的培训主题,围绕专业知识、专业能力、专业情意三个维度,通过专题讲座、案例分析、课例研修、对话交流、校本研修、导师带教、世界咖啡等多种方式,开展专业性知识为引领,实践性知识为主体的培训课程。 具体培训课程实施过程中,遵循"集中研修—诊断示范—磨课研课—成果展示—总结提升"五段式培训模式进行操作,每个模块课程历时两天,每天按6学时计算。 具体课程内容设计情况见下表:

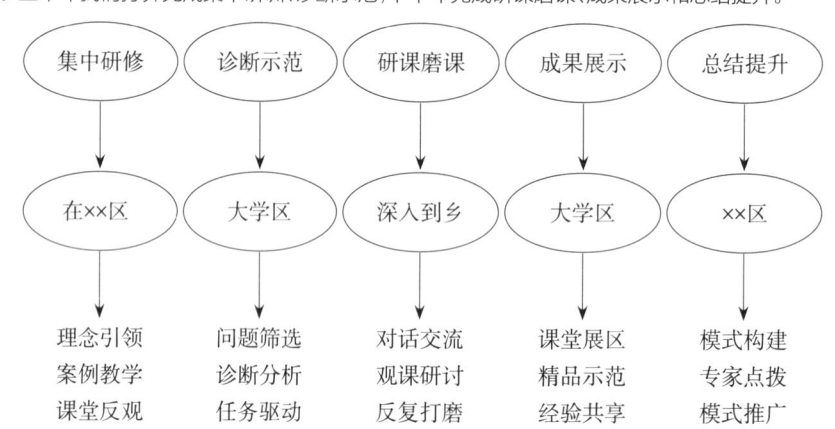

××区送教下乡培训课程设计一览表

模块	核心内容	培训方式	学时
集中研修	师德规范与践行策略	专题讲座	3
	乡村教师专业成长策略	专题讲座	3
	有效课堂教学理念与实践	专题讲座、案例分析	3
	新课程理念下的教学方式与学习方式的变革	专题讲座、案例分析	3
诊断示范	走向专业的听评课——课堂观察理论与实践	专题讲座	3
	学员常态课堂观察及问题诊断	课堂观察、交流研讨	3
	学员常态课堂观察及问题诊断	课堂观察、交流研讨	3
	示范教学	说课、上课	3
研课磨课	同课异构个体设计	自主研修、校本研修	3
	同课异构集体设计	交流研讨	3
	首轮课堂实践	课堂观摩	3
	二轮课堂操作	课堂实践	3
成果展示	大学区研修成果展示	参观交流	3
	大学区研修成果展示	参观交流	3
	优秀课例展示	课堂观摩	3
	学员研修成果展示	经验交流	3
总结提升	研修过程反思	学员个体反思、组内交流	3
	专家答疑解惑	互动交流	3
	培训成果展示	展示、观摩	3
	结业式	总结交流	3

| 协同机制 | 请简要介绍共同承担培训任务的高等学校、市、县级教师发展中心、乡镇片区研修中心之间的责任分工和协同机制。<br>构建高等院校、教师进修学校、乡镇片区研修中心共同承担培训任务,高校负责培训送培团队;教师进修学校协同高校负责统筹本区域内的各类培训项目的落实,并承担"送教下乡培训";乡镇片区研修中心负责引领各基层学校开展有效的校本研修;各基层学校负责具体落实培训项目和开展校本研修。它们之间是互相依托、互相协同、互相合作、互相支持的关系,最终形成促进我区教师专业发展的强大力量。<br><br>```
高等院校 ──────────→ 培训教师培训团
   ↓                      ↑
片区研究中心 ─────────→ 校本研修
   ↑                      ↑
县级教师发展中 ───────→ 统筹项目落实
``` |
| 网络研修 | 请说明利用网络研修社区(可为自建平台、购买服务或开放平台)支持参训学员开展校本研修的工作安排。
随着××省"构建区域协作的教师继续教育新体制"改革工作的推进,网络研修有效搭建起跨地域、跨学区、跨校际的教师研修交流平台,线上线下贯通,区域校际联动,逐渐形成区域与校本常态化研修机制。通过网络研修,构建教师专业成长社区,使基于网络的校本研修成为教师职业生活不可或缺的一种新常态,为教师专业成长提供科学高效的远程网络化培训模式,实现优质教育教学资源共享,通过校际间联动、区域联动,形成整体推进、共同提升的研修氛围和良性发展机制,培养一流的学科教师队伍。
依托××省中小学教师研修网,开通××区网络研修平台,依托这个平台创建网络研修社区和教师工作坊,以学区同学科教研组为单位,由学科教研员牵头,吸纳省、市、区级学科带头人、骨干教师加入工作坊,通过课程学习、资源共享、同课异构、协同备课、在线辅导、答疑等形式,引领学科教师开展研讨交流,加快提升教师专业素养。
网络研修充分发挥"教师工作坊"和"个人空间"的功能,实现两者的优势互补。建立坊内学习小组,实现分层研修;建立学员相互指导和帮扶机制,满足学员个性化学习需求;建立坊间有效联结机制,实现协作研修。
具体任务:
1."送教下乡"每个环节的学习任务,在网络平台上交流,提交相关作业。
2.通过网络研修,提升学校与区域自主开展校本研修活动的能力。
3.通过网络研修,促进教师学习意识和骨干教师教学研究能力的提升。 |
```

网络研修	4.组织好区域内学科集体备课活动与优秀课例的研究活动,提高学科教研活动的有效性,大幅度提高教师驾驭课堂教学的能力以及利用网络平台研究课堂教学的能力。 5.聚焦问题,引领和改进教学实践,体验教学、教研、培训三位一体的工作学习方式,引导教师形成追求职业价值的工作理念,在研修过程中体会专业进步、学生受益的幸福感。
团队建设	请说明分科组建送培团队的工作安排。 1.组建学科送培团队的目标和任务 打造一支能够满足本土教师培训需求的送培团队和本土专家团队。承担培养区域内乡村教师专业发展的培训任务,引领乡村学校开展扎实有效的校本研修,带动我区乡村教师专业能力不断提升。 2.学科送培团队的基本情况 人数:按照教师培训团队与参培教师总数1:30的比例,确定我区第二批送培团队为60人。 学科结构:小学语文、小学数学、小学品德与生活(社会)、小学音乐、小学体育、小学美术、初中英语、初中物理、初中生物、初中历史、学前教育及教育科研骨干。 3.工作举措 一是我区的送教下乡培训,将以送培团队为主导,发挥团队的示范作用。在送教下乡工作中,学科送培团队需承担"专题讲座、备课指导、课例示范、引领反思"等工作,有效落实我区的"送教下乡"培训工作;二是我区乡村学校的校本研修工作,将以送培团队为引领,发挥他们的辐射带动作用。在校本研修工作中,送培团队须切实投入到校本研修的每个细节中,用行动影响其他教师积极参与校本研修;三是我区的其他培训项目,将以送培团队为龙头,促进各项培训工作扎实有效发展。在"网络研修、乡村教师访名校"等其他培训项目实施的过程中,送培团队需要充分发挥龙头作用,促使我区教师队伍整体水平得到提升。 4.管理机制 我区的送培团队实行"校管区用"的两级管理机制,不论是"校管"还是"区用",都必须在双阳区教育局的统一领导之下开展工作,送培团队的教师在本校工作的同时,还应该服从于教育局的统一安排,承担区域内乡村教师的培训工作。 5. 奖惩措施 制订我区送培团队考核评价机制,明确工作待遇及奖惩措施,采取学员匿名评价、送培团队教师工作述职及业绩考评,对我区送培团队进行评价,对达到培训目标和培训效果的送培教师,将由教育行政部门给予荣誉奖励;达不到培训目标和培训效果的送培教师,将由教育行政部门或业务主管部门对其进行勉励谈话,甚至撤销其送培团队成员资格,确保我区送培团队的培训质量。

资源建设	请简要说明拟开发和使用的培训课程资源,介绍对送培课程及生成性成果进行加工,构建本地资源库的工作计划,说明资源加工的方式和主体,明确资源包建设的数量、学时及后续推广利用手段。 1.开发和使用培训课程资源 以"基于乡村需求、三方协同共建"为课程建设的指导思想,深入挖掘并整合我区优势教育教学资源,建设开发以解决乡村教育教学问题为核心的区本培训课程;立足我区的乡村教师培训需求,协同高校紧密合作,引进高校优质培训课程资源,进行本土化建构,促进乡村教师理论指导下的教育教学实践能力的提升;充分利用网络平台的课程资源,推动校本研修常态化运行,使乡村教师在网络社区中实现专业水平的发展。 (1)利用送培团队置换培训的学习成果,结合学科教学实际开发"基于问题解决"的专题课程。以"送教下乡、网络研修"等方式对学科乡村教师进行学科小专题培训。 (2)总结提炼区内特级教师、名教师成长经历、教育思想、开发师德及专业理念类课程,以集中研修的方式实施培训,助推乡村教师专业成长。 (3)发挥区内名师工作室及骨干教师作用,整合优质教学资源,开发教学实践类课程。通过"送教下乡"、"跟进指导"等方式对乡村教师实施培训,最终达到诊断问题、形成策略、提高技能的目的。 (4)将高校的优质培训课程资源,进行本土化构建,开发"基于理论指导下的实践能力提升"的专题课程。以专题讲座、名家引领、实践指导、案例分析等形式,借送教下乡、网络研修、校本研修的时机,对乡村教师进行集中培训。 (5)依托网络平台的资源,整合区内"学科资源库"与"一师一优课活动"及微课评比活动的信息资源,开发教师信息技术素养提升、教育技术与学科课程整合、教育研究能力等培训课程,以网络研修的形式对乡村教师进行培训,促进教师研修成长。 2.建设资源库计划 (1)建设目标 以我区教育优势资源为依托,联合高校,整合网络平台资源,建设精品培训课程资源平台,收集培训课程资源,建立系统化培训资源库,为我区教师培训及常态化校本研修提供课程资源保障。 (2)资源库内容 文本素材:培训过程管理相关制度、管理办法、宣传报道等生成性文本材料;参训教师自我研修与反思成长记录等。 图片素材:反映培训项目过程管理的图片等。 视频素材:专家讲座、课堂教学实录、微课、研讨交流录像等。 课件素材:教师课堂教学设计、课件、习题、典型教育案例等。 (3)建设规划 ①资源采集和资源库建设 利用我区原有培训积累的课程资源,并与学科资源库整合。以"自主积累、网络采集为主,购买为辅,

资源建设	开发为补"的方式,充分接收好、管理好、应用好乡村中小学现代远程教育的资源;利用好地区间和跨省市的教学资源网站的资源,网络采集或链接,对课程资源进行分类整理,形成较为系统的课程资源,利用一年时间集中完成立体式资源库框架的构建。资源的采集上调动一切积极因素,调动教师全员参与,并建立资源互换机制,尽可能地让本区访问者变成资源库的建设者,拓宽资源的采集面。 ②资源库的应用推广 从应用推广范围方面,由服务进修培训到支持全区校本研修,本着边建设边应用的思路,逐步扩大受益范围;从应用推广对象方面,由参培教师到面向全区教师,采取多种形式,积极引导广大教师利用和开发教学资源,促进教育教学资源与学科课程的有机整合,在教学应用中充分发挥资源的效益,并不断地完善资源库建设,以应用促发展。 ③资源库的管理更新 为保证培训课程资源库的可持续发展,按照共建共享、边建边用的原则,创建资源库平台运行管理和更新维护机制,确保培训课程资源持续更新,满足培训需求和教师发展的需要,每年更新比例不低于10%。 ④有机整合,不断更新 做好培训课程资源库与区内原有学科资源库的整合,利用学科资源库中典型案例丰富培训的实践类课程。要建立资源库更新的具体管理办法,由专人负责,不断丰富资源库内容。 ⑤合理评价,建立机制 建立合理的评价、激励机制,定期对参与人员的工作进行评价,评价结果与单位和个人的考核、评先评优直接挂钩,真正把工作落到实处,促进大家端正态度,提高认识,使资源库的建设形成规模,发挥效益。
资源建设	**请着重阐释对项目参与各方包括送培团队、参训学员等的考核评估要求及指标。** 实施多元评价,设立专门的评价领导小组,形成参培教师、参培学校、培训团队、领导小组自下而上的多元评价体系,注重过程性评价和终结性评价,量化评价和综合评价,保证评价客观、公正,全面考核培训过程与效果,真正实现以评价推动活动开展的目标。 考评领导小组负责统筹安排评价活动和评价结果的运用,学科送培团队队长负责组织自评,基层学校校长负责组织对本学校参培教师进行评价。通过组建监控与评估团队、开发监控管理工具、建立绩效评估体系等形式,探索以评估结果为导向的监控管理机制,实现培训精细化、规范化、高效化。 1.组建监控与评估团队:①教学监控团队:由优秀的送培团队人员组成,对培训过程的教学工作进行指导、检查、评估;②班主任工作团队:每个乡镇配一个班主任,负责培训日常事务和行政事务管理与服务工作;③绩效评估团队:负责组织评估整个项目活动及数据整理与分析,撰写评估报告等工作。 2.开发监控管理工具:制订教学监控、班主任工作、绩效评估工作流程图及考核量化表,监控与评估团队按工作流程对对接高校、区级送培团队和学员进行监控评估。 ××区送培团队送教下乡活动考核评价细则

项目		A级指标（20分）	B级指标（15分）	C级指标（10分）	得分
考核评价	集中研修（20分）	1.主题贯穿整个培训活动。 2.主题明确,体现递进式提升。 3.研修方式多样,讲座和参与式培训相结合。 4.研修效果好,领导小组、参培教师等评价"好"达到90%以上。	符合其中3项	符合其中2项	
	诊断示范（20分）	1.问题筛选精准,具有普遍性。 2.诊断包括自我诊断、同伴诊断和领导诊断,真实可信,促进反思。 3.诊断示范科学、准确,有应用价值。 4.诊断示范效果好,领导小组、参培教师等评价"好"达到90%以上。	符合其中3项	符合其中2项	
	研课磨课（20分）	1.对话、交流围绕培训活动主题进行。 2.带着问题观课,针对问题研讨。 3.研磨科学,符合新课程理念和专业议课。 4.研磨效果好,领导小组、参培教师等评价"好"达到90%以上。	符合其中3项	符合其中2项	
	成果展示（20分）	1.能够将前期学习成果落实到教学实践中。 2.示范具有引领、可操作性,体现主题。 3.成果内容丰富,形式多样,具有代表性,能体现成果多样化。 4.展示效果好,领导小组、参培教师等评价"好"达到90%以上。	符合其中3项	符合其中2项	
	总结提升（20分）	1.将成果进行总结提升,形成有价值、可借鉴的经验。 2.构建模式,积极推广。 3.成果在省、市、区会议交流、发表、展示等。 4.运用效果好,领导小组、参培教师等评价"好"达到90%以上。	符合其中3项	符合其中2项	
	总分				

评价人：　　　　评价时间：

	学员考核评价细则				
考核评价	考核项目	考核依据	考核者	考核标准	分值
	出勤情况	考勤记录	培训者团队	按时全程参加学习	20(分)
	参与情况	参与培训过程评价	参培学员 培训者团队	积极参与研讨、经验分享、实践探索、合作探究、成果交流等各项活动	40(分)
	学习效果	研修作业(教学案例、教学设计、习题、课堂教学、微课等)、学员培训手册、学员反思总结	培训者团队	完成全部培训任务,学习收获丰富,学习成效显著	40(分)
	考核结果分为三个等级,即优秀、合格、不合格。 3.建立绩效评估体系,在评估过程中,将采取量化与质化相结合、自评和他评相结合、过程性评价与综合性评价相结合的方式,通过问卷、课堂观察、访谈、比较分析等方法,对课程设置、团队服务质量、学员参训过程等进行全面评估。 具体方式是:制订教师培训项目评估模型和学员影响力评估标准;编制学员满意度调查表、学员访谈问卷、课堂观察评价表、教师访谈表、校长访谈表等评估工具,并对评估数据进行收集、整理、分析,撰写评估报告,对评估结果及时进行反馈,通过评估结果及信息反馈进行监管,并逐渐建立监控机制。				
特色与创新	**请简要阐述培训的亮点、特色、创新之处。** 1.以问题为突破口,打造有效课堂。聚焦问题,聚焦课堂是此次"送教下乡培训"的最大亮点。打造有效课堂,是最有实际价值的培训目标,通过10个学科及2个领域的课程设计与培训实施,能扎实、有效地改善乡村学校课堂教学现状,惠及全区乡村一线教师和全体学生。 2.各学科(领域)自行设计有学科特色的培训子主题。因学科不同、教师不同,各学科课堂教学存在的问题也就不同。我区设计的培训主题充分考虑到这一情况,给每个学科(领域)自主权,根据本学科(领域)存在问题自行设计培训的子主题,保证培训更有针对性。 3."送教下乡培训"与校本研修相结合。在以往各学区开展校本研修的基础上,继续采用"同课异构,同课多轮"的形式进行研课磨课,两者融合减少乡村教师多次远程奔波,减轻工作压力。 4.强化评价,以评促训。我们实行"开展一个乡镇一评价,实施一个环节一评价",通过多元评价,发现培训中存在的问题,修改培训计划,让评价真正成为培训实施的助推工具。				

三、课程内容列表(以两个主要学科为例,分别说明)

小学语文主题:探究阅读教学中教学内容指向表达的策略与实施

阶段与环节	模块	专题	核心内容	学时	是否为实践性课程	主要授课者或组织者	单位	职称	是否为一线教师/教研员
第一阶段	集中研修	专题讲座	培训方案解读 师德规范与践行策略	3	否				
		专题讲座	乡村教师专业成长策略	3	否				
		专题讲座 互动交流	基于阅读教学:指向表达的教学策略与实践探究 小组确定阅读教学课例,进行教学设计	3	是				
		专题讲座	做一个有幸福感的教师	3	否				
第二阶段	诊断示范	专题讲座	走向专业的听课与评课	3	是				
		课堂观察交流研讨	学员常态课堂观察与问题诊断	3	是				
		课堂观察交流研讨	学员常态课堂观察与问题诊断	3	是				
		课例观摩	导师示范课	3	是				

阶段与环节	模块	专题	核心内容	学时	是否为实践性课程	主要授课者或组织者	单位	职称	是否为一线教师/教研员
第三阶段	研课磨课	自主研修校本研修	同课异构个体设计	3	是				
		集中研修交流研讨	同课异构集体设计	3	是				
		课堂观摩	学员首轮课堂实践：课堂教学主题观摩活动—课后反思—参训教师评课—导师作主题阶段研究报告	3	是				
		课堂观摩	学员多轮课堂实践：参训教师上研讨课—课后研究打磨—修改教案—参训教师上提升课	3	是				
第四阶段	成果展示	课堂教学展示	优秀教师精品课堂展示，同伴、导师观摩点评	3	是				
		课堂教学展示	优秀教师精品课堂展示，同伴、导师观摩点评	3	是				
		参观交流	大学区之间参观交流、代表课例	3	是				
		专题讲座	语文教师的文体意识	3	否				

阶段与环节	模块	专题	核心内容	学时	是否为实践性课程	主要授课者或组织者	单位	职称	是否为一线教师/教研员
第五阶段	总结提升	互动交流	教学经验(心得)分享	3	是				
		互动交流	专家答疑解惑	3	是				
		展示观摩	以不同形式展示研究过程中的材料	3	是				
		总结交流	总结提升成果,将构建的模式在全区内推广应用	3	否				

小学数学主题:小学数学基于学习方式转变,培养学生核心素养的教学设计与实施

阶段与环节	模块	专题	核心内容	学时	是否为实践性课程	主要授课者或组织者	单位	职称	是否为一线教师/教研员
第一阶段	集中研修	专家讲座	培训方案解读 师德规范与践行策略	3	否				
		专家讲座	乡村教师专业成长策略	3	否				
		专题讲座	《小学数学课标》解读	3	否				
		专题讲座 研讨交流	新课标下的小学教学设计	3	是				

阶段与环节	模块	专题	核心内容	学时	是否为实践性课程	主要授课者或组织者	单位	职称	是否为一线教师/教研员
第二阶段	诊断示范	座谈调研	甄选问题，了解需求	3	是				
		课堂观察	实地听课，诊断问题	3	是				
		课堂观察	实地听课，诊断问题	3	是				
		课例观摩	导师示范课	3	是				
第三阶段	研课磨课	自主研修校本研修	同课异构个体设计	3	是				
		集中研修交流研讨	同课异构集体设计	3	是				
		课堂观察	学员首轮课堂实践：课堂教学主题观摩活动—课后反思—参训教师评课—导师作主题阶段研究报告	3	是				
		课堂观察	学员多轮课堂实践：参训教师上研讨课—课后研究打磨—修改教案—参训教师上提升课	3	是				

阶段与环节	模块	专题	核心内容	学时	是否为实践性课程	主要授课者或组织者	单位	职称	是否为一线教师/教研员
第四阶段	成果展示	优秀课例观摩	优秀教师精品课堂展示,同伴、导师观摩点评	3	是				
		教学论坛	将研究过程中形成的经验进行交流,分享成果	3	是				
		参观交流	大学区之间参观交流	3	是				
		参观交流	大学区之间参观交流程中的材料	3	是				
第五阶段	总结提升	互动交流	受训教师通过前四个阶段的学习,谈收获、困难及存在的问题	3	是				
		互动交流	专家答疑解惑	3	是				
		展示观摩	以不同形式展示研究过程中的材料	3	是				
		总结交流	总结提升成果,将构建的模式在全区内推广应用	3	否				

四、培训课程资源列表(分别列出与所举例学科相关的培训课程资源,须区分通识课程与学科课程)

1. 拟使用的资源

序号	课程资源名称	形式	内容要点	建议学时	主要作者
1	突破瓶颈——基于"关键教育事件"的教师教育	文本(通识课程)	"关键教育事件"国内外研究和实践成果的借鉴研究的分析与阐发等	8	
2	差异教学策略	文本(通识课程)	阐述差异教学的基本策略	8	
3	怎样做课例研修	文本(通识课程)	对课例研修的五大关键环节进行详细介绍	8	
4	问题化学习教师行动手册	文本(通识课程)	以"问题"为线索,从导入、行动到解答引领教师一步步实现问题化学习	8	
5	基于标准的学生学业成就评价	文本(通识课程)	开发评价工具和评分规则、设计和实施表现性评价、校内考试监控等	8	
6	高效教学技能十项修炼	文本(通识课程)	高效教学技能十项修炼	8	
7	校本研修的活动策划与制度建设	文本(通识课程)	讨论学校教学常规落实的过程管理、教研活动、教育科研及教师评价等四个问题	8	
8	教师如何上好课——课堂教学问题诊断与解决(系列丛书)	文本(学科课程)	如何培养学生的数学创新思维;如何开展课题学习;学生没有时间怎么办;学生对二次函数的应用感到困难怎么办等	24	
9	个性化作业设计经验(语文卷)	文本(学科课程)	提醒教师寻找教学个性,个性化作业设计经验	8	
10	小学语文专题培训——识字教学如何有效实施	音视频(学科课程)	识字教学如何有效实施策略	6	

备注：资源形式包括文本课程、网络课程和微课程等。

2. 拟建设的资源（对生成性成果再加工形成的资源）

序号	课程资源名称	形式	内容要点	建议学时	加工主体
1	条件性课程资源建设研究报告及案例汇编	文本课程或音视频	包括图书馆、教学场所与实施、实践基地、校园网等的建设、利用与管理	20	区域学校团队
2	网络和信息技术资源的建设与开发	文本课程	研究我校课程资源网络平台建设与利用的有效模式，以及相关案例开发	20	电教培训团队
3	人力资源的开发	文本课程	研究"自主探究、合作交流"高效课堂教学模式以及构建"学习型教研组织"	10	区域学校团队
4	教学过程中动态生成的课程资源的开发	文本课程	搜集、整理教学过程中生成的认识、情感、态度等非预期性资源，形成典型的案例、教学叙事及教学反思	10	学科送培专家团队
5	信息技术与课程资源整合研究报告及案例汇编	文本课程	研究报告及典型的教学案例	20	学科送培专家团队
6	与教学同步、教材配套的导学案	文本课程	乡村教师导学案	10	区域学校团队
7	教师课例光盘	音视频	典型的教学案例	20	学科送培专家团队
8	素材性课程资源建设研究报告及案例汇编	文本课程或音视频	包括静态资源（如纸质文本、音像资料等）的建设、动态资源（如教学案例、学生作品等）的建设。	20	区域学校团队
9	学科微课程	网络课程	微课案例	20	学科送培专家团队

备注：资源形式包括文本课程、网络课程和微课程等。

五、申报单位意见

申报单位意见	申报单位对实施国培项目的承诺等。 我区申请A类项目县。我们保证能做到：一定会组建一支数量充足、结构合理、年龄适当、经验丰富、具有扎实的理论功底和较强的研训能力，能服务于本地教师、用得上、干得好的优秀送培团队。保证每年能按时、认真参加不少于2个月的置换脱产研修；以我们的送培团队为主体，整合省内外专家资源，分学科开展"送教下乡培训"，切实提升全区教师的课堂教学能力和综合素质；认真组织全区教师参加网络研修项目，加强大学区建设，形成区域与校本研修常态化运行机制。 负责人签名： （单位公章）

主要参考文献

[1]刘铁芳. 乡村教育的希望是超越城市取向[J]. 青年教师,2009(6).

[2]约翰·杜威著,王承绪译. 民主主义与教育[M].北京：人民教育出版社,2001.

[3]褚宏启. 教育制度改革与城乡教育一体化——打破城乡教育二元结构的制度瓶颈[J]. 教育研究,2010(11).

[4]李秀伟. 中小学校本研修的改进路向与模式建构[J]. 教育研究,2012(7).

[5]彭赟. 基于新农村建设的农村教师队伍建设[J]. 安徽农业科学,2007(28).

[6]毕天云. 布迪厄的"场域-惯习"论[J]. 学术探索,2004(1).

[7]刘生全. 论教育场域[J]. 北京大学教育评论,2006(1).

[8]王秀英. 有效教师培训的要素与模型建构[J]. 中小学教师培训,2015(4).

[9]朱郁华. 有效培训的关键要素与基本特征[J]. 教师培训,2015(2).

[10]王冬凌. 建构教师培训效果评估模式：内涵与策略[J]. 大连教育学院学报,2011(12).

[11]汪文华. "满意度"高≠培训效果好[J]. 教育科学论坛,2011(9).

[12]党登峰,王嘉毅茹. 浅析教育研究中的访谈法[J]. 教育评论,2002(2).

[13]鲁志鲲. 问卷调查法[J]. 中小学管理,1993(5).

[14]施良方,崔允漷. 课堂教学的原理、策略与研究[M]. 北京：北京师范大学出版社,1998.

[15]叶立军,彭金萍. 研课：促进教师专业发展的有效途径[J]. 天津师范大学学报,2014(7).

[16]陈瑞生. 同课异构：一种有效的教育比较研究方式[J]. 教育实践与研究,2010(1).

[17]孙德芳. 同课异构：教师实践知识习得的有效路径[J]. 天津师范大学学报,2012(7).

[18]周庆. "同课异构"教学活动探析[J]. 石家庄学院学报,2012(4).

[19]王敏勤."同课异构"教学反思例谈[J]. 中国教育学刊,2008(6).

[20]刘喜如."同课异构"的追问与思考[J]. 教育科学论坛,2011(3).

[21]张生斌. 有关"磨课"的冷思考[J]. 新课程研究,2011(10).

[22]杨仁元. 用磨课引领教师成长[J]. 高考,2014(4).

[23]刘建文. 磨课,这样改变了教师专业行走方式[J]. 今日教育,2016(3).

[24]张辉. 磨课"磨"出了什么[J]. 中小学教师培训,2010(6).

[25]沈坤林. 磨课:基于团队修炼的课程化设计[J]. 今日教育,2016(3),

[26]周云凤."磨课"方式ABC[J]. 幼教园地,2013(6).

[27]李琳,李由之. 在"同课异构"和"异课同构"中提高有效教学能力[J]. 中学地理教学参考,2015(2).

[28]孙云霄. 同课异构与异课同构之臻善[J]. 教育观察,2014(2).

[29]陈志山. 体育磨课试探[J]. 体育文化导刊,2014(11).

[30]张爱珠. 以"反思总结法"为核心的中小学教师校本培训的方法[J]. 中小学教师培训,2002,(2).

[31]刘利民. 认真总结"国培计划"实施工作经验,努力开创教师培训工作新局面[J]. 国培计划计划专栏,2011(5).

[32]张红梅. 提高送教下乡活动的实效[J]. 早期教育,2014(7-8).

[33]牛爽勤,牛晓梅. 甘肃教师研修网开展国培计划计划(2015)网络研修支持服务工作情况总结与反思[J]. 中小学电教,2016(3).

[34]周小山,严先云. 教研的学问[M]. 成都:四川大学出版社,2011.

[35]吴荷芬. 这样做,培训才有效——幼儿园教师职后培训指导手册[M]. 上海:华东师范大学出版社,2015.

[36]朱慧芳. 乡村教师队伍建设研究综述[J]. 江苏科技信息,2016(5).

[37]董炎焱. 送教下乡内涵式培训体系的研究与实践——以晋中市送培下乡为例[J]. 中国教育技术装备,2015(24).

[38]陈思,赵柯. 送教下乡——促进农村幼儿教师专业发展的重要途径[J]. 教师,2010(3).

[39]王丽霞. 河北省"送教下乡"长效发展机制的研究[D]. 秦皇岛:河北科技师范学院,2013(11).

[40]楼淑建. 如何激活"送教下乡"的"造血功能"[J]. 教学与管理,2015(1).

[41]马建富,陈春霞,品莉敏. 我国成人职业教育培训支撑服务体系存在问题及建设的思考[J]. 职教论坛,2013(9).

[42]居桐. 论我国农民职业培训支撑体系的建立[J]. 职教论坛,2009(8).

[43]陈光春,朱宛霞. 建立有效的教师专业发展支撑体系[J]. 教师教育与管理,2006(1).

[44]周宝荣. 新课改背景下的"送教下乡"和农村教师素质提高[N]. 河南教育学院学报,2008(1).

[45]杨雪. 基于培训迁移理论的农村教师培训后期支持服务设计研究[D]. 沈阳:沈阳师范大学,2014(5).

[46]荆永君,李昕. 持续关注理论视角下的教师培训迁移支持服务研究[J]. 中国电化教育,2014(11).

[47]陈霞. 培训迁移理论视角下提高教师培训实效性的策略[J]. 教育发展研究,2007.

[48]魏钧,魏妍妍. 培训迁移的干预策略及其效果[J]. 心理科学进展,2009(17).

[49]刘那日苏. 培训迁移影响因素及其对策分析[J]. 当代经济,2012(22).

[50]王姣姣. 基于培训迁移理论的教师培训有效性分析[N]. 教育理论与实践,2016(5).

[51]栾学东. 信息化环境中校本研修的变化与发展[J]. 中国电化教育,2014(2).

[52]成业国. 校本研修的制度性困惑与机制创新[J]. 教师教育研究,2013(25).

[53]王洁,顾泠沅. 行动教育——教师在职学习的范式革新[M]. 上海:华东师范大学出版社,2007.

[54]汤立宏. 校本研修专论:中小学教师人力资源开发与专业发展[M]. 北京:海洋出版社,2006.

[55]胡惠闵. 从区域推进到以校为本:校本研修实践范式研究[J]. 教育发展研究,2010(24).

[56]孙元涛. 教师专业学习共同体:理念、原则与策略[J]. 教育发展研究,2011(22).

[57]况姗芸. 网络学习共同体的构建[J]. 开放教育研究,2005(4).

[58]邓有为,冯志辉."送教下乡培训"实效性实施策略探寻[J]. 培养培训,2014(1).

[59]肖凯. 教师培训发展方向:乡村教师专业发展支持服务体系建设[N]. 赣南师范学院学报,2016(2).

[60]赵海利. 教师培训项目实施成效及影响因素[J]. 教育理论与实践,2010(10).

后记

　　《送教下乡培训的理论与实践》谋划于首轮培训期间，起笔于培训结束，历时年余，终于付梓出版了。回顾总结撰稿历程，欣喜与艰辛同在。

　　尤记去年时，"送教下乡培训"项目在全国几百个区县启动，不少项目区县茫然，不知道如何做。重庆市北碚区教师进修学院也承担了"送教下乡培训"项目，学院认真解读教育部《送教下乡培训指南》，总结曾经做过的类似培训，精心研制实施方案，把"送教下乡培训"做得有声有色。其实，大家对"送教下乡"并不陌生，不少地区曾经多次组织区域内的送教下乡活动，但这次增加了"培训"二字，不少培训机构、培训者就有些迷茫。"送教下乡培训"意义何在？什么是"送教下乡培训"？"送教下乡培训"和"送教下乡"有何区别？如何进行"送教下乡培训"？这一连串问题需要大家去解决。

　　带着一连串的问号，北碚区教师进修学院带领各学科培训团队学习、研讨。认识到"送教下乡培训"是在实施"精准扶贫"、推进教育现代化等大背景下提出的一项重要举措。国务院办公厅下发的《乡村教师支持计划（2015—2020年）》明确指出：到2020年全面建成小康社会、基本实现教育现代化，薄弱环节和短版在乡村，在中西部老少边穷岛等边远贫困地区……发展乡村教育，教师是关键，必须把乡村教师队伍建设摆在优先发展的战略地位。基于此，"国培计划"实现了转型，将培训重点转向了乡村教师，"送教下乡培训"应运而生。

　　如何将"送教下乡培训"的理念与目标落地？让乡村教师切实感受到专业成长的快乐，培训者如何把好事办好？如何让乡村教师足不出户，参加高质量的培训？北碚区教师进修学院坚持做好培训规划与方案，组建好学科培训团队，落实好"三段四环"细节，把握好提升乡村教师课堂教学能力与乡村学校开展校本研修的能力这两个重点，抓好诊断与示范匹配、研课与磨课等关键，控制好微讲座、精点评、全诊断、多示范、广研课、重磨课、全展示、重提升等量与质的关系，确保该项培训收到预期效果。

近来,当我们走进乡村学校时,总能听到"这个培训太好了""今后,你们的培训就要像做送教下乡培训那样做"。乡村教师的满意,乡村教师的成长,就是对送培团队的最高奖赏。让同在一片蓝天下的乡村孩子享受优质教育,让乡村教师的课堂教学有所提升,让乡村教师的专业发展驶入快车道,让送教下乡培训有限的空间促进教师无限生长!就是我们实施送教下乡培训的初衷。

我们把"送教下乡培训"中的点点滴滴用文字记载,供各地培训团队、其他培训同行批判与借鉴。为了写好这本书,我们放弃了周末、暑期,顶着酷暑,一遍遍地研讨,一次次地修改,尽管还有些稚嫩,但毕竟浸透着我们的心血和智慧,印证着我们前进的脚印。朱福荣拟定了《送教下乡培训的理论与实践》框架、目录并统稿,数次培训写作团队,贺晓霞协助做了统稿的诸多工作。各章执笔人员如下。绪论:黄吉元;第一章:高东、贺晓霞、刘蜀黔;第二章:陈家尧、邓凤军;第三章:杨蔚、辛亚、邓凤军;第四章:刘蜀黔、曾萍;第五章:刘昊、谢英、朱福荣;第六章:陈淋、刘玫、陈家尧;第七章:周霞、李春雨、杨蔚;第八章:杨蔚、袁秋红、陈家尧。

在成书的过程中,重庆市北碚区教师进修学院各学科送培团队以及区外同行,提供了大量的培训案例。西南师范大学出版社米加德社长、胡小松副社长,以及基教分社伯古娟社长、王宁副社长,设计中心王玉菊主任为本书的出版提供了支持与帮助;责任编辑张旭、美术编辑熊艳红在时间非常紧、设计与编校量很大的情况下,辛勤工作,使本书顺利与读者见面。在此,我们全体编者向以上人员致谢!

尽管我们很努力,但由于才疏学浅,书中差错和遗漏在所难免,敬请各位读者批评、斧正。

编者
2016年10月